RECONECTADOS

DRES. GREG Y ERIN SMALLEY

RECONECTADOS

VAYAN DE SER COMPAÑEROS DE CUARTO A SER ALMAS GEMELAS EN SU MATRIMONIO

Tyndale House Publishers
Carol Stream, Illinois, EE. UU.

ENFOQUE A LA FAMILIA.

Contenido

Viviendo con un desconocido

No sé en qué nos equivocamos. Pero el sentimiento

ya no está y no sé cómo recuperarlo.

GORDON LIGHTFOOT

«Si pudieras leer mis pensamientos»

—ME SIENTO COMPLETAMENTE desconectada y sola. Es como si viviéramos vidas independientes bajo el mismo techo. Estamos estancados como pareja. Yo te amo y estoy comprometida con nuestro matrimonio, pero siento que no somos más que compañeros de cuarto casados.

Estas fueron las palabras que yo (Erin) expresé durante una época muy frustrante de nuestro matrimonio. Duras, ¿verdad? En especial porque se suponía que éramos *expertos* en el matrimonio. Yo tenía una maestría en Consejería y Greg tenía un doctorado en Matrimonio y Familia. Ambos éramos consejeros matrimoniales. Habíamos escrito cinco libros (hasta entonces) sobre cómo tener un matrimonio floreciente. Uno hasta se llamaba *The Marriage You've Always Dreamed Of* (El matrimonio que siempre has soñado). Dábamos seminarios para matrimonios en todas partes del mundo y aconsejábamos a parejas que estaban a punto de divorciarse. Con todo, le estaba diciendo a Greg que nuestra relación de pareja se había ido desvaneciendo hasta convertirse en una relación de compañeros de cuarto. ¡Qué ironía!

Las palabras de Erin calaron hondo en mi corazón (Greg). Fue como si hubiera agarrado su alianza de diamantes y la hubiera usado para grabar en mi frente las palabras *fracaso* y *fraude* mientras yo la miraba perplejo ante su revelación.

Nuestro matrimonio no siempre fue así. Como ustedes, empezamos locamente enamorados. Teníamos grandes sueños y estábamos listos para enfrentar al mundo hasta que la muerte nos separara. Al principio, nuestra relación se parecía más a un cuento de hadas que a una pesadilla.

Varios meses antes de que Erin y yo nos casáramos, la invité a ayudarme a mudarme de Phoenix a Denver. Quería que viera dónde iba a vivir el año siguiente. Como esperábamos hacer esos 1400 kilómetros en un solo día, acordamos encontrarnos en la casa de mis padres a las cinco de la mañana y manejar hasta que llegáramos a Denver.

Para cuando Erin llegó, yo ya había cargado el camión de mudanzas U-Haul (el cual tenía palanca de cambios, cosa que yo nunca había usado) y enganchado mi automóvil a la barra de remolque detrás del tráiler. Erin y yo nos despedimos de mis padres y, con entusiasmo, partimos hacia nuestra aventura.

Mientras sacaba el camión de la entrada para autos de la casa, sin querer, solté el embrague e hice que el camión se sacudiera hacia adelante. Erin me miró nerviosamente y sonrió.

—Es normal —la tranquilicé—. Las palancas de cambio de los camiones suelen moverse bruscamente al principio.

¡Cómo si supiera!

Mientras bajaba ruidosamente por la calle, eché un vistazo al espejo lateral... y vi que mi papá corría con desesperación detrás de nosotros agitando los brazos.

—¿Qué hago? —le pregunté a Erin poniendo los ojos en blanco—. ¡Viene corriendo detrás de mí! Y es maratonista. ¡Puede perseguirnos al menos por cuarenta y dos kilómetros!

—Detente —dijo Erin con compasión—. Estoy segura de que solo quiere darte un último abrazo de despedida.

—¡Qué vergüenza! —me quejé—. ¡Es hora de dejarme ir! ¡Ya cortamos el cordón umbilical! ¡Tengo veintitrés años, por el amor de Dios!

Frené y bajé la ventanilla listo para oír cómo me suplicaba emotivamente que tuviera cuidado o rememoraba cómo se había desmayado en la sala de partos del hospital luego de enterarse que tenía un hijo. No fue eso lo que escuché.

—¡Greg, cabeza hueca! —gritó—. ¿No ves lo que quedó estacionado frente a la casa?

Miré con atención el espejo y, en efecto, ahí estaba mi auto. De algún modo, el automóvil se había salido del gancho cuando solté el embrague. Resulta que me había olvidado de insertar el perno de seguridad a la bola del remolque.

—¡Así que para esto era! —exclamé jocosamente al darme cuenta de mi error.

Erin pensó que era «tierno» que yo no hubiera revisado el perno de seguridad y se rio a carcajadas.

Di marcha atrás con el camión, volví a sujetar mi automóvil y ajusté el perno de seguridad. Lamentablemente, mi error nos costó unos cuarenta y cinco minutos. Supuse que todavía podríamos llegar a Denver a última hora de la noche, pero para las cuatro de la tarde me sentía extenuado.

—Cielo, tienes que conducir —le dije a Erin—. Estoy exhausto.

—Debes estar bromeando —me respondió—. ¡De *ninguna* manera conduciré este... semirremolque!

Esperaba otra respuesta, pero su miedo a manejar el «diminuto» camión U-Haul me hizo morir de risa. *Tiene miedo de conducir... qué linda*, pensé.

Además, lo único que quería era que estuviéramos juntos en nuestra primera gran aventura como novios.

De manera que, al no tener otras opciones, le expliqué a Erin que necesitaba algo que me mantuviera despierto. Imaginé que, como ella era enfermera, hablaba con la persona indicada.

—Eso es sencillo —anunció ella—. Estaciona en ese parador de camiones.

Cuando lo hice, salió del camión y, unos minutos después, regresó con una bolsa llena de productos energéticos como vitaminas B-12, cafeína en polvo, píldoras de cafeína, *Jolt*-Cola y lo que se te ocurra que tuviera altos niveles de cafeína.

—¿Estás segura de que puedo ingerir todas estas cosas juntas? —le pregunté un poco preocupado.

—Segura —replicó—. Confía en mí. —Luego, la oí decir por lo bajo—: Al menos, eso creo.

No tardé en impregnar mi sistema con un aluvión de cafeína. En el momento en el que hicieron efecto, me sentí como si pudiera conducir 14.000 kilómetros, en vez de apenas 1400. Le dirigí a Erin una gran sonrisa, me incliné hacia adelante y grité:

—¿A qué distancia estamos de Canadá?

Seguimos adelante riendo, hablando y contemplando cómo el paisaje pasaba volando delante de nosotros. Hablamos de las metas y las aspiraciones que queríamos alcanzar juntos, las cuales nos llevarían los próximos cincuenta años. ¡Nuestro cuento de hadas comenzaba con una explosión!

Cerca de la una de la madrugada, la cafeína se había desvanecido, hacía rato que el pico de azúcar había bajado y yo no podía manejar un kilómetro más.

—Si no encontramos un lugar donde parar ya mismo —me quejé—, literalmente, voy a chocar y volcar: nos vamos a matar.

Casi habíamos llegado a Colorado Springs, el cual parecía un lugar tan bueno como cualquier otro para hacer una parada. Pero nos topamos con un problema: era el Fin de semana de los Padres en la Academia de la Fuerza Aérea; cada cuarto de cada hotel y motel de la ciudad estaba ocupado. Así deben haberse sentido María y José cuando entraron a los tumbos en Belén.

Frustrados, buscamos durante una hora hasta que alguien nos indicó un motel. *Establo de caballos o no*, pensé, *¡aquí vamos!*

Llegamos al fin al destartalado motel (y llamarlo *motel* es generoso). Era un establecimiento en forma de U con una casucha como oficina en el medio, así que para entrar tuve que dar la vuelta con el camión a todo el complejo. Para entonces, casi deliraba de cansancio.

—Necesito dos habitaciones —le dije, adormilado, al encargado.

—Lo siento, solo tengo una —respondió.

¡Desde luego! pensé.

—¿Tiene dos camas? —pregunté.

—No, solo una —respondió rápidamente y pareció desconcertado—. Lo único que tenemos son las camas de un metro cincuenta con el masajeador que funciona con monedas.

Ah, está bien, pensé. *Supongo que dormiré en el piso. No pasa nada. Al menos, tendremos dos almohadas.*

—La tomaré —contesté con poca energía.

—¿Por cuántas horas le gustaría tener la habitación? —preguntó él.

Qué pregunta extraña. Consulté mi reloj. Eran las 2:35 de la mañana. Si lográbamos dormir cinco horas, aún podíamos llegar a Denver a las nueve en punto.

—Necesito el cuarto por cinco horas —le dije.

—*¡Bien*, amigo! —se rio resoplando por la nariz.

Ajeno a lo que quería decir, respondí con inocencia:

—La mayoría de las veces —me encogí de hombros—, rento una habitación por toda la noche.

El hombre se dobló de risa e hizo el gesto de «¡Choque los cinco!» mientras me entregaba un juego de sábanas y toallas.

Qué raro, pensé mientras me alejaba del mostrador.

—Este lugar es bastante extraño —le dije a Erin—, pero es nuestra única opción. Yo dormiré en el piso. Llamemos a nuestros padres para avisarles.

Pero los teléfonos no funcionaban. ¡Lo que faltaba! *Olvídalo*, pensé y me acosté sobre la gruesa alfombra roja, fría y asquerosa.

A la mañana siguiente, me desperté agarrotado por lo mal que había dormido. Fui cojeando hasta la oficina y le entregué las llaves, las sábanas y las toallas al mismo hombre que nos había registrado la noche anterior. Parecía muy molesto.

—¿Está todo bien? —le pregunté.

—No funciona ningún teléfono —se quejó—. No puedo descubrir por qué. ¡Esto me va a salir *caro*!

—Ni me lo diga —repliqué—. Anoche, mi prometida y yo tratamos de llamar a nuestros padres para avisarles lo que había pasado. No queríamos que nadie se preguntara por qué nos habíamos alojado en el mismo cuarto, así que...

Mi voz fue apagándose cuando quedó claro que él tenía cero interés en lo que le estaba contando.

Salí a comprar una Coca Cola *Light* para Erin y un refresco *Mountain Dew* para mí en la máquina expendedora. ¡Gracias a Erin yo estaba en medio de un proceso de abstinencia de cafeína! Cuando trataba de meter un billete arrugado en la ranura de pago, noté un cable cortado y tendido en el suelo. *Qué raro*, pensé.

Mientras caminaba por el complejo hasta mi camión U-Haul, observé que a unos pocos metros había otro cable tirado sobre el pavimento. Allí, a quince centímetros del frente de mi vehículo, colgaba un último cable todavía en su lugar. Y, entonces, me cayó la ficha: ¡Yo había cortado todas las líneas telefónicas la noche anterior, cuando manejé alrededor de las instalaciones!

Corrí a nuestra habitación y gritando dije:

¡Erin! ¡Métete en el camión *ahora*! ¡Tenemos que largarnos de aquí!

Por supuesto, Erin se preguntó si yo había asaltado al encargado. Cuando le conté toda la historia, insistió justamente en que pagáramos el perjuicio. Después de pagar en efectivo las líneas telefónicas averiadas y la tarifa por hora, ¡me di cuenta de que ese cuartito desagradable con la alfombra roja y la cama masajeadora terminó costándome más que la *suite* presidencial de un hotel caro!

Fuimos riéndonos todo el camino desde Colorado Springs hasta Denver y soñando juntos con nuestro futuro. ¿Por qué? Porque cuando estás en la etapa inicial de tu relación, locamente enamorado, las metidas de pata graves como dejar caer tu automóvil del remolque, darle a tu enamorado una sobredosis de cafeína y destruir el sistema telefónico de un motel de mala muerte son cosas graciosísimas.

Al comienzo del matrimonio, el mundo entero parece encantador. Vemos la vida color de rosa. Las extravagancias de la personalidad parecen adorables. Pasar tiempo juntos es nuestra prioridad en la lista de cosas por hacer. Hablamos con profundidad a nivel afectivo. Escuchamos. Prestamos atención. Salimos en pareja. Nos cortejamos. Nos conectamos. Reímos y nos divertimos. Nos ponemos de acuerdo con lo que vamos a mirar. Tenemos intereses en común. El sexo es apasionado. Nos besamos antes de irnos cada uno por nuestro lado y nos recibimos con emoción cuando el otro llega a casa. Los conflictos se resuelven pronto. Los errores se encaran con una camionada de gracia y perdón, como del tamaño del U-Haul. Oramos juntos. Soñamos con el futuro. Vemos lo mejor en el otro. Somos los mejores amigos, almas gemelas. Por eso nos casamos.

Así son las cosas casi siempre al principio del matrimonio. Pero con el tiempo, casi imperceptiblemente, algo empieza a andar mal. Y un día nos despertamos y nos damos cuenta de que estamos viviendo con un desconocido.

Los zorros pequeños

Hace miles de años, la futura esposa del rey Salomón (la doncella sulamita) advirtió sobre los zorros pequeños que pueden destruir los viñedos del amor. «Atrapen todos los zorros, esos zorros pequeños, antes de que arruinen el viñedo del amor, ¡porque las vides están en flor!» (Cantares 2:15). En la época de Salomón, un zorro era una pequeña y molesta criatura que se escabullía entre los viñedos, roía las hojas, rompía las ramas, comía las uvas, cavaba pozos profundos para mordisquear las raíces y, con el tiempo, estropeaba las vides.

Ahora bien, observa que la doncella sulamita usa la frase «zorros pequeños». Hace una distinción entre las grandes amenazas de la época (las bestias salvajes como los osos y los leones) y las pequeñas criaturas dañinas que furtivamente podían perjudicar su relación incipiente. Con sabiduría, anima a su esposo a actuar preventivamente y proteger su amor de las pequeñas amenazas que podrían causar estragos en su relación futura. En esencia, lo que está diciendo es: «Protégenos eliminando cualquier cosa que pueda hacerle daño a nuestro matrimonio, ¡en especial las pequeñas cosas que arruinarán nuestras raíces en crecimiento!».

Yo (Greg) desearía haber prestado atención a la advertencia de la doncella sulamita. Erin tenía razón aquel día cuando se puso a llorar por el estado de nuestro matrimonio. Los zorros pequeños habían invadido nuestra relación. Sutilmente, nos habíamos distanciado a lo largo de los años, solo que yo no estaba prestando atención. Mi inconsciencia era el resultado de haberme enfocado en proteger nuestra relación contra las grandes amenazas (infidelidad, pornografía, maltrato, adicciones, etcétera). Estaba resuelto a que esas «bestias salvajes» nunca destruirían nuestro viñedo. Estaba abstraído con las grandes amenazas: parado como un centinela en la puerta con unos binoculares enormes oteando el horizonte en busca de los peligros obvios. Y, mientras nos defendía, pasé por alto los zorros pequeños que habían cavado bajo la cerca y se habían escabullido en nuestro viñedo, robándole a la relación su fruto delicioso y royendo las raíces. Pero, en nuestro caso, las pequeñas criaturas dañinas no destruyeron nuestro amor; sino que nos transformaron de almas gemelas a compañeros de cuarto.

¿Cuáles son estos zorros pequeños que pueden destruir un matrimonio o convertirlo en un matrimonio de compañeros de cuarto?

Los investigadores también han sentido curiosidad por esta pregunta. Cada día, millones de usuarios de Internet le preguntan a Google sobre las cuestiones más difíciles de la vida. Una de las consultas más comunes es: «¿Por qué terminan las relaciones?»[1]. La autora Nell Frizzell escribió lo siguiente:

Una vez, un hombre sabio me dijo que nadie se separa por un adulterio, sino por la manera de hablar en la cena [...]. Las pequeñas descortesías cotidianas, las disculpas que no se piden, los besos que no se dan, las comidas que transcurren en silencio, el dinero que se malgasta [...]. Estas cosas preparan el terreno para que hagan erupción las grandes cosas. La infidelidad sucede, quizás, cuando uno de los cónyuges busca tapar un agujero; no solo uno físico, sino emocional, personal o psicológico, que quedó expuesto por los meses y los años de cortinas amarillentas, los fines de semana aburridos y comidas tibias en el horno. La separación quizás sea el final inevitable de comer en horarios distintos, dormir en el sofá porque llegaste tarde a casa, preferir irse de vacaciones con otra persona, mirar cosas distintas en sus teléfonos en lugar de ir al cine y de hacer planes en los cuales el otro no está incluido[2].

Los sociólogos han buscado afanosamente respuestas a esta misma pregunta y han hecho algunos descubrimientos increíbles. En los Estados Unidos, los investigadores estiman que entre el 40% y el 50% de todos los primeros matrimonios y el 60% de los segundos matrimonios terminan divorciándose[3]. ¿Por qué? Varias de las investigaciones principales se han enfocado en las razones específicas que dan las personas sobre su divorcio:

- Un estudio del año 2003 descubrió que «distanciarse» ocupaba el quinto lugar, después de la infidelidad, la incompatibilidad, el

alcoholismo o la adicción a las drogas y el maltrato físico o psicológico entre las razones por las cuales las personas se divorcian[4].

- En el 2004, la AARP (antiguamente, American Association
of Retired People, es decir, la Asociación Estadounidense para
Personas Jubiladas) encuestó a adultos mayores (de cuarenta años
en adelante) y reportó que el maltrato, los valores y los estilos de
vida discrepantes, la infidelidad y «sencillamente desenamorarse
o los problemas no evidentes» son las cuatro razones principales
para divorciarse[5].

- En el 2006, un estudio realizado en Países Bajos constató que la
tercera razón principal que las mujeres señalaron para divorciarse
fue «distanciarse» (precedida por no recibir suficiente atención y
no poder hablar). Los hombres dijeron que «distanciarse» era la
razón más importante para divorciarse[6].

- En un estudio publicado en el 2012, los investigadores descubrieron que las razones más comunes para divorciarse fueron
«distanciarse» y «no poder hablar»[7].

- Según las más de 800.000 personas que han completado la evaluación *Focus on Marriage* (Enfoque al matrimonio), las cinco principales áreas de dificultades matrimoniales son: (1) el sexo, (2) el
conflicto, (3) la comunicación, (4) la responsabilidad compartida
y (5) el tiempo juntos. Curiosamente, estas dificultades se corres-
ponden con la descripción de los matrimonios de compañeros de
cuarto: matrimonios sin relaciones sexuales que no resuelven los conflictos, no tienen una comunicación relevante, en los que los quehaceres del hogar no están equitativamente divididos y en los que el
ajetreo y la rutina reemplazan el tiempo de calidad que se dedican el
uno al otro (visita www.FocusontheFamily.com/marriageassessment
para realizar nuestra evaluación gratuita sobre el matrimonio, solo
disponible en inglés).

Distanciarse, no poder hablar juntos, falta de atención suficiente, desenamorarse, problemas que no son obvios; todas estas son diferentes maneras de decir que dichas parejas terminaron como un matrimonio de compañeros de cuarto. Como esposo joven, estaba encarnando los resultados de las investigaciones; nuestro matrimonio estaba en un momento de crisis. No quería que Erin y yo viviéramos como compañeros de cuarto ni, lo que era peor aún, terminar como otra estadística de divorcio.

El comienzo de la revitalización de nuestro matrimonio fue posible cuando entendimos qué era lo que había fallado en nuestra relación: cómo nuestro amor profundo (como el que teníamos en aquel loco viaje a Denver) se había transformado en un descuido gradual, en rutinas silenciosas y en una indiferencia respetuosa. ¿Cómo pasamos de almas gemelas a compañeros de cuarto?

De amantes a compañeros de cuarto

Sin duda, los grandes problemas como el maltrato, la infidelidad, la pornografía y las adicciones causan estragos en el matrimonio. No intentamos minimizar el impacto destructivo que provocan. Si tu matrimonio se vio afectado por una de estas «bestias salvajes», tienes que buscar ayuda profesional de inmediato. Enfoque a la Familia tiene un increíble programa intensivo de terapeutas llamado *Hope Restored* (Esperanza restaurada) para parejas en crisis. Tiene un índice de éxito del 80% en las parejas que están a punto de divorciarse (para más información, visita www.HopeRestored.com. Solo disponible en inglés). Aun así, no podemos pasar por alto que el «distanciarse» aparece sistemáticamente como una de las razones principales mencionadas para el divorcio.

Para las parejas que se sienten como compañeros de cuarto casados, la cosa se apaga lentamente. Las personas no se enamoran, se casan y, luego, se desconectan deliberadamente. Por lo general, se necesitan años para que la pasión, la intimidad y la conexión del matrimonio se deterioren. Si se ignoran, las almas gemelas poco a poco se transforman en compañeros de cuarto. La pasión se convierte en una rutina tediosa. La intimidad se transforma en desinterés. La conexión se vuelve una distancia gélida. El sexo se sustituye por sueño. El disfrute y la diversión mutan en aburrimiento. La conversación significativa es reemplazada por reuniones de trabajo. La paz se convierte en tensión. Los sueños en común desaparecen.

Mientras que los compañeros de cuarto hacen todo el esfuerzo propio de un matrimonio, muy pocos experimentan los beneficios increíbles de estar casados. Comparadas con los solteros, las parejas casadas viven más tiempo, son más sanas, gozan de deducciones impositivas y cuentan con una mejor cobertura médica y mejores beneficios jubilatorios.

Por más romántica que pueda sonar una buena exención de impuestos, estas ventajas nunca bastarían para inspirar a alguien a ponerse de rodillas y suplicarle a su amada que pasen la vida juntos. No le pedí a Erin que se casara conmigo para tener una mejor cobertura de seguro ni por los beneficios impositivos (aunque lo de mayor riqueza resulta intrigante). Quería pasar la vida con mi mejor amiga y experimentar la pasión, el romance, el sexo, las conversaciones significativas, la conexión profunda, el apoyo, los sueños compartidos, la risa, la oración, el flirteo, la paz, el buscar juntos a Cristo y el mismo sentir. La expectativa de compartir estas experiencias maravillosas es lo que nos impulsó a casarnos. Lamentablemente, los matrimonios de compañeros de cuarto se pierden estos beneficios apasionantes.

La frase «matrimonio de compañeros de cuarto» puede describir distintas realidades dependiendo de la pareja. Hemos investigado exhaustivamente a fin de comprender las diferencias sutiles para ayudarte a detectar qué está pasando en realidad en tu relación y a que puedas identificar las conductas similares a las de los compañeros de cuarto (los zorros pequeños) que han encontrado el modo de colarse en el viñedo del amor. Hemos identificado once comportamientos que poco a poco transforman a las parejas de almas gemelas en compañeros de cuarto. En tu caso, puede haber un problema evidente o puede haber una combinación de múltiples comportamientos que haya enredado a tu matrimonio. Sentirse como compañeros de cuarto es un proceso; no pasa de un día para el otro. El distanciamiento depende de la etapa de la vida. Una pareja con hijos lo experimentará de una manera distinta a una pareja que no tiene hijos. Puede que pases por una etapa de desconexión. O quizás sientas que las cosas van bastante bien por ahora, pero tal vez haya algunas conductas que podrían generar problemas más adelante. Dondequiera que estés hoy, entender cuáles son los «zorros pequeños» es fundamental para tener el matrimonio con el que sueñas.

A medida que leas las descripciones que aparecen a continuación, usa la siguiente escala para determinar en qué grado te identificas con cada uno de los once problemas y cómo afecta a tu matrimonio en realidad.

1—No me identifico *en lo más mínimo*
2—Me identifico *un poco*
3—Me identifico *medianamente*
4—Me identifico *mucho*
5—Me identifico *por completo*

Once características de un matrimonio de compañeros de cuarto:
(Encierra el número que mejor describa hasta qué punto este tema es cierto en tu matrimonio en este momento).

1. **Exhausto:** Estás falto de sueño, cansado o agotado. En general, no puedes controlar la causa de tu fatiga; está vinculada a tus circunstancias o a la etapa de la vida. Realidades como la crianza de los hijos, comenzar un trabajo o un negocio nuevo, cuidar a un progenitor de edad avanzada, lidiar con una enfermedad u ocuparse de un niño con necesidades especiales te dejan exhausto. Como consecuencia, estás más sensible, más confrontativo, te ofendes con más facilidad y es más probable que digas cosas de las que te arrepientes. Hay menos probabilidades de que tengas energía para invertir en tu cónyuge o en el matrimonio.

1 – 2 – 3 – 4 – 5

2. **Ocupado:** Se sienten como dos barcos que se cruzan de casualidad a la noche. Es fácil sentirse desconectados cuando las prioridades se desalinean y los horarios están desincronizados porque la atención está puesta en el trabajo, los niños, las tareas de la casa, las tareas en el jardín, los amigos, los pasatiempos, las cuentas, y así sucesivamente. Los horarios frenéticos y las responsabilidades exigentes les dejan poco tiempo para dedicarse el uno al otro. Pasar tiempo de calidad juntos ha quedado en el último lugar de su lista de cosas pendientes.

1 – 2 – 3 – 4 – 5

3. **Pragmático:** Tienen una relación administrativa en la vida que comparten. La mayor parte de su comunicación gira en torno a «administrar» su matrimonio: hablan de las cosas pendientes, los horarios, los hijos, las finanzas, etcétera. Su comunicación parece haber sido relegada a directivas breves y a respuestas cortantes. Esto apenas deja tiempo para una conversación importante en la cual hablar de su vida interior (emociones, necesidades, esperanzas, miedos y sueños).

1 – 2 – 3 – 4 – 5

4. **El descuido gradual:** Tú o tu matrimonio son constantemente pospuestos por los trabajos, los hijos, los amigos, los quehaceres hogareños y los pasatiempos. Te sientes ignorado. No te ves como una prioridad. La televisión, las redes sociales, los niños, el trabajo, los deportes y los pasatiempos monopolizan sus noches y el tiempo de los fines de semana. Cuando están juntos, tu cónyuge constantemente revisa su teléfono por si tiene nuevos mensajes o para ver las noticias, las redes sociales o el resultado de los deportes. Te sientes invisible.

1 – 2 – 3 – 4 – 5

5. **Autocomplacido:** Muchas personas trabajan duro para «ganarse» a su cónyuge, pero con el paso del tiempo se relajan. El entusiasmo inicial asociado con llegar a conocer a la persona, avanzar en la intimidad y probar cosas nuevas como pareja puede desaparecer cuando ambos se adaptan a la rutina. No es que perdamos el interés en nuestro cónyuge, es que nos sentimos cómodos. No consideramos que debamos hacer un gran esfuerzo. La chispa romántica se apaga o es reemplazada por lo cotidiano. El matrimonio resulta predecible, incluso aburrido.

1 – 2 – 3 – 4 – 5

6. **Espiritualmente distante:** Casi nunca oran juntos, pocas veces hablan de temas espirituales, rara vez asisten a la iglesia en pareja y no tienen amigos cristianos con quienes pasar el tiempo en la iglesia o en los pequeños grupos cristianos. No te sientes en un «mismo yugo». La falta de intimidad espiritual ha generado un distanciamiento en tu matrimonio y no sientes que se conecten a un nivel espiritual profundo, alma con alma.

1 – 2 – 3 – 4 – 5

7. **Evitar el conflicto:** Tú o tu cónyuge evaden las conversaciones difíciles, esconden las cuestiones negativas o casi nunca plantean una discusión para resolver algo de manera que ambos se sientan bien al respecto. Cuando evitamos el conflicto, los problemas no se resuelven y, más adelante, estas pequeñas frustraciones se transforman en grandes problemas. La evasión disminuye la intimidad y genera distancia porque los problemas no se abordan ni se resuelven. Con el tiempo, los cónyuges dejan de intentar solucionar las cosas y se ocupan individualmente de

los problemas de la relación. A la larga, la estrategia de evitar los problemas explota y los cónyuges se sienten resentidos y solos.

1 – 2 – 3 – 4 – 5

8. **Sin sexo:** Aunque el sexo es una parte importante del matrimonio, los investigadores estiman que entre el 15% y el 20% de las parejas estadounidenses no han tenido relaciones sexuales en los últimos doce meses[8]. En este tipo de matrimonio el sexo se convierte en algo rutinario, obligatorio, infrecuente o inexistente. El sexo aparece solo si está planeado. El romance se ha perdido, el afecto está ausente y el juego previo es un recuerdo lejano. Sin duda, hay fluctuaciones en la relación sexual del matrimonio, dependiendo de en qué etapa de la vida se esté o de las circunstancias que se enfrenten. Cuando no priorizamos el sexo, sin embargo, la pasión es reemplazada por la rutina aburrida, la obligación o la evasión. Con el tiempo, los cónyuges se sienten rechazados, solos y resentidos: vulnerables a encontrar la conexión emocional o física fuera del matrimonio.

1 – 2 – 3 – 4 – 5

9. **Sin compromiso:** Tu matrimonio se siente como si cada uno fuera por rumbos diferentes. Pareciera que los niños son casi lo único que tienen en común. Sin duda, las parejas no deben estar juntas las veinticuatro horas de los siete días de la semana; es saludable tener tiempo a solas, lejos el uno del otro. No estamos hablando del sano autocuidado. Más bien, en esta condición de compañeros de cuarto, hacen por separado la mayoría de sus actividades y apenas se ven cuando están en casa. Tienen horarios diferentes para dormir, mantienen cuentas corrientes separadas, duermen en cuartos separados, cada uno se va de vacaciones por su lado y tienen pasatiempos distintos; sienten

que llevan vidas paralelas. Con el tiempo, las parejas sin compromiso no tienen nada en común y nada más existen en cercanía el uno del otro.

1 – 2 – 3 – 4 – 5

10. **Inseguro:** Vivimos en un mundo hostil. Satanás (nuestro enemigo declarado) es como un león: merodea constantemente, listo para atacar. El trabajo es estresante. Los niños son revoltosos. Los amigos fallan. Las noticias son deprimentes. Las redes sociales nos generan sentimientos de envidia por no estar al mismo nivel. Las riñas de tránsito son generalizadas. El acoso sexual es el secretito sucio de nuestro país. Las tensiones raciales todavía existen. La batalla política es vil. El terrorismo ha llegado para quedarse. Los troles de Internet vomitan odio continuamente. Nuestro hogare debería ser un santuario para protegernos contra este caos desalentador. Para muchas parejas, sin embargo, su relación no es un refugio. El matrimonio se siente tenso o sobrecargado. En lugar de sentirte apacible, es como si tuvieras que andar con pies de plomo; tu cónyuge te hace sentir ansiedad. En lugar de paz, el enojo vive asomando la cabeza. En lugar de aprobación, te sientes implacablemente criticado y no te sientes libre de ser tú mismo. Con el correr del tiempo, cuando las personas no se sienten seguras, se desconectan y, a la larga, los corazones se endurecen. Ese el golpe mortal para el matrimonio.

1 – 2 – 3 – 4 – 5

11. **Sin visión:** La mayoría de las parejas de novios y comprometidos para casarse sueñan a lo grande sobre cómo será su vida juntos. Con el tiempo, sin embargo, la vida se carga de ocupaciones. Hacer malabares en el matrimonio, llevar adelante la

casa, equilibrar las profesiones, criar a los hijos y otros miles de desafíos logran dejar a un lado lado a los grandes sueños. Por lo tanto, dejas de compartir un sueño claro para la vida que están construyendo juntos. No tienes una visión de cómo usarán su «mismo sentir» para servir a Dios y bendecir a los demás.

1 – 2 – 3 – 4 – 5

¿Cómo evaluaste cada problema? ¿Hubo una sola dificultad principal o hay varios problemas combinados que los hacen sentirse como compañeros de cuarto? Quizás haya ciertos comportamientos que están sucediendo de los que quisieras protegerte. La toma de consciencia y la introspección son primeros pasos importantes para reconectarse. Esta información es fundamental para revertir una tendencia o para impedir que estos problemas se afiancen en tu matrimonio.

En retrospectiva, nosotros nos hubiéramos identificado fuertemente con varios de estos comportamientos de compañeros de cuarto. Estábamos exhaustos por habernos graduado de la universidad, criar a tres hijos pequeños y comenzar nuestra profesión como consejeros matrimoniales (estamos conscientes de la ironía). Estábamos vacíos y continuamente nos servíamos el uno al otro las sobras de la relación. Las responsabilidades exigentes dejaban poco margen para el otro; el tiempo de calidad dejó de ser una prioridad. El poco tiempo que dedicábamos a una conversación propiamente dicha, invariablemente, derivaba en resolver cómo manejar nuestro horario apretado o abordar los problemas cada vez mayores. El colmo, sin embargo, fue el descuido gradual.

Yo (Greg) recuerdo que evitaba pasar tiempo a solas con Erin porque estaba seguro de que hablaríamos de nuestro calendario aburrido y nuestras listas de cosas pendientes o discutiríamos por algo trivial. Además, manejaba pésimamente mi propio estrés alejándome emocionalmente y escondiéndome en mi «cueva» a mirar televisión. Manejar tan mal mi estrés y mi agotamiento hizo que Erin se sintiera descuidada en nuestro matrimonio. Como consecuencia de estos comportamientos de compañeros de cuarto, ambos empezamos a cuestionar nuestro amor por el otro. Poníamos más énfasis en criar a nuestros hijos y le dábamos menos prioridad a nuestro matrimonio. Era un círculo vicioso. En ese momento no me di cuenta, pero experimentábamos exactamente las mismas razones que daban las personas para divorciarse: distanciamiento, falta de conversación, atención insuficiente, desenamoramiento sin tener problemas evidentes. Estos zorros pequeños habían estropeado nuestro viñedo del amor y el matrimonio se extinguía lentamente. Cuando te comportas como un compañero de cuarto, los peligros reales son estos zorros pequeños.

Para muchas parejas, su matrimonio comenzó siendo genial y siguió así durante varios años. Luego, el lento deterioro fue puesto en marcha por los zorros pequeños del agotamiento, el ajetreo, la autocomplacencia, los problemas ignorados, el aburrimiento, la rutina, la pasión debilitada, las relaciones sexuales inexistentes, los intereses distintos y las prioridades diferentes. Con el tiempo, el descuido debilitó la relación.

Este último es el asesino silencioso del matrimonio. Cuando los cónyuges se sienten ignorados o desconectados, a la larga, empiezan a abordar sus problemas al margen del otro. La intimidad emocional se extingue poco a poco ante la indiferencia o el resentimiento. A medida que logran dominar individualmente la resolución de los problemas, comienzan a vivir vidas paralelas. Conviven, pero empiezan a separarse emocional, espiritual y físicamente. Y cuando la pareja empieza a vivir por completo vidas paralelas, el aislamiento y la soledad son inminentes. Poco a poco, las parejas pierden el interés mutuo y se alejan sin tener problemas evidentes, hasta que un día se despiertan sintiéndose emocionalmente muertos y se preguntan: «¿Dónde se fue nuestro amor?».

Los matrimonios de compañeros de cuarto pocas veces sobreviven a largo plazo. Más allá del misterio de la extinción lenta, el golpe definitivo es la soledad.

La soledad es el contraste descarnado del diseño de Dios para el matrimonio. En el relato de la creación, el momento en el que Dios declara que no era bueno que el hombre estuviera solo (Génesis 2:18) es transcendental. Sin demora, le crea a Adán un alma gemela para toda la vida, no una amante ni una compañera. Nos encanta cómo la versión de la Nueva Traducción Viviente captura la primera boda en Génesis 2:23-25:

> «¡Al fin! —exclamó el hombre—. ¡Esta es hueso de mis huesos y carne de mi carne! Ella será llamada "mujer" porque fue tomada del hombre». Esto explica por qué el hombre deja a su padre y a su madre, y se une a su esposa, y los dos se convierten en uno solo. Ahora bien, el hombre y su esposa estaban desnudos, pero no sentían vergüenza.

Dios nos creó como seres relacionales. Anhelamos la conexión y la intimidad, conocer y darnos a conocer por el otro al nivel más profundo. Sentirnos aislados y solos va en contra del deseo de nuestro corazón. Es como si nos dejaran sin el aire que nos rodea. Tal relación no durará. Cuando la soledad se propaga, aparece en escena el divorcio.

Quizás no has llegado a un punto crítico en tu matrimonio, pero sientes la desconexión, la tensión y la soledad que emanan de vivir comportándose como compañeros de cuarto. Sin importar dónde te encuentres hoy, ¡puedes redescubrir a tu alma gemela y recuperar tu matrimonio! Encontrarás la hoja de ruta en las páginas de este libro.

Antes de que nos lancemos al plan para la reconexión, queremos decir unas palabras sobre el concepto de las *almas gemelas*. Cuando usamos el término alma gemela, no nos referimos al concepto mágico que implica que Dios creó a una persona especial solo para ti, un único amor verdadero. ¿Quién no recuerda la famosa frase de la película *Jerry Maguire*: «Tú me completas»? Nuestra cultura describe al alma gemela como la otra mitad de tu corazón: la persona con quien estás destinado a compartir tu vida. Esa única persona que te completa y «te hace sentir plenamente entero, sano e intacto, como si no faltara ninguna pieza del rompecabezas»[9]. No creemos que haya un único amor verdadero y que no estarás completo hasta que encuentres a esa persona. Dios te completa. Cristo es la fuente verdadera de tu realización. Nuestra idea de alma gemela es la del cónyuge con quien te involucras en una relación de pacto con Dios para toda la vida y con quien, a menudo, experimentas los niveles más profundos de conexión e intimidad. Esta es nuestra idea de estar casado con tu mejor amigo, tu alma gemela (o alma *exclusiva*).

Entonces, ¡empecemos a atrapar a esos pequeños zorritos, antes de que arruinen el viñedo del amor!

CAPÍTULO 2

Completamente vivo

Cuidar de uno mismo nunca es un acto egoísta; es ser un buen mayordomo del único don que tengo, el don de haber sido puesto en la tierra para ofrecerlo a los demás.

PARKER PALMER

Los compañeros de cuarto están agotados y no tienen nada para dar; las almas gemelas dan a menudo de su corazón abundantemente lleno.

LA VIDA PARECE MÁS ACELERADA, ocupada y agitada. Es como si algo o *alguien* estuviera conspirando para mantenernos agotados y para perjudicar nuestro matrimonio a cada instante frenético. Nos recuerda a una historia escrita por Geraldine Harris y Kristen Maddox sobre el plan reelaborado de Satanás para «robar, matar y destruir».

Satanás convocó a una convención mundial. En el discurso inaugural a sus demonios dijo:

—No podemos impedir que los cristianos vayan a la iglesia. No podemos evitar que lean sus biblias y conozcan la verdad. Ni siquiera podemos apartarlos de los valores bíblicos. Pero sí podemos hacer otra cosa. Podemos impedir que construyan una experiencia íntima y continua con Cristo.

»Si logran ese vínculo con Jesús, nuestro poder sobre ellos es inservible. Así que déjenlos que vayan a la iglesia, que tengan su estilo de vida cristiano, pero róbenles el tiempo para que no puedan lograr esa experiencia con Jesucristo.

»Esto es lo que quiero que hagan: distráiganlos para que no logren aferrarse a su Salvador ni mantener esa conexión vital a lo largo del día.

—¿Cómo lo haremos? —preguntaron sus demonios.

—Manténgalos ocupados con las cosas superfluas de la vida y siembren innumerables maquinaciones para ocupar sus mentes —respondió.

»Tiéntenlos con gastar, gastar y gastar; luego, endeudarse sin parar. Convénzanlos de trabajar seis o siete días por semana, de diez a doce horas por día para poder pagar su estilo de vida. Impídanles pasar tiempo con su cónyuge e hijos. Cuando su familia se haga añicos, su hogar no podrá brindarles ningún escape de las presiones del trabajo.

»Sobreestimulen su mente para que no puedan escuchar esa voz suave y apacible. Incítenlos a mantener la TV, las computadoras, las tabletas, los celulares y los videojuegos siempre encendidos en su casa. Macháquenles la mente con redes sociales y noticias las veinticuatro horas del día. Invadan sus momentos al volante con infinitas opciones de música, deportes y radio hablada. Inunden sus buzones y bandejas de correo electrónico con basura, sorteos y toda clase de boletines y promociones.

»Que incluso en su recreación sean desmesurados. Hagan que de sus vacaciones regresen agotados, intranquilos y sin posibilidades de prepararse para la semana entrante. Y cuando se reúnan para la comunión espiritual, envuélvanlos en rumores y parleras para que salgan con el alma descontenta.

»Que se involucren en la evangelización, pero llénenles la vida con tantas causas buenas que no tengan tiempo para buscar el poder de Cristo. Pronto estarán trabajando con su propia fuerza, sacrificando su salud y la unidad de su familia por el bien de la causa.

Fue una gran convención. Los demonios salieron ávidamente a sus tareas[1].

La «clase de *spinning*» de la vida

¿Funcionó el plan de Satanás? Parece eficaz. Vivimos en una cultura acelerada y ocupada. Nuestro plato está lleno y rebosando de cosas buenas: los trabajos, los hijos, las actividades de los niños, las tareas en la casa, los pasatiempos, las actividades de ocio, la iglesia, el servicio comunitario, los proyectos de evangelización, la comunión en los grupos pequeños, los estudios bíblicos, los parientes y los amigos. Nos quedamos sin aliento, sin embargo, sintiéndonos saturados de trabajo y exhaustos.

Tenemos un enemigo totalmente consagrado a mantenernos sobrepasados, el engaño es que estemos ocupados haciendo «cosas buenas». Cuando nos quejamos de nuestra vida acelerada, nuestra cultura nos mortifica enviando un mensaje claro: «No seas tan llorón. Tú elegiste estas cosas. Entonces, ¡a otra cosa, mariposa! A seguir adelante». En muchos casos, tenemos miedo de fracasar, de que la gente piense que somos débiles o que no podemos salir adelante. Por lo que nos hemos convertido en nuestro crítico más exigente y creemos que, sencillamente, tenemos que «aguantar». En lugar de aprender a cuidar nuestra alma cansada, la mayoría hemos visto cómo nuestros padres subsistieron en esta misma vida fatigada y sobrecargada. Por eso, caminamos penosamente como los muertos vivos.

Ahora bien, la estrategia de «aguantar» no está funcionando. No hacerles caso a nuestro corazón y a nuestro cuerpo exhausto no hace más que empeorar las cosas. Tomamos menos vacaciones, trabajamos más horas, improvisamos más empleos para llegar a fin de mes y nos jubilamos más tarde. Hay infinidad de quehaceres rutinarios que se necesitan para mantener una casa y criar a nuestros hijos. Queremos más cosas y nos endeudamos por artículos de lujo. Como padres queremos lo mejor posible para nuestros hijos, por eso los recargamos de deportes, clases particulares, fiestas, salidas y formación académica. Pasamos incontables horas atascados en el tránsito. Competimos con nuestros amigos y vecinos por el césped más bonito y el automóvil más nuevo. Superponemos las actividades en las agendas. Parece que siempre llegáramos tarde a todo. Estamos todo el día conectados a la tecnología, lo cual nos mantiene constantemente «disponibles» e incapaces de escapar del trabajo. Las redes sociales engendran envidia cuando las imágenes «perfectas» de nuestros amigos y familiares desfilan sin cesar por nuestras pantallas. Sabemos que debemos vincularnos como pareja; entonces, hacemos planes para salir solos o tener escapadas de fin de semana que nunca se concretan. Queremos todo. Esperamos todo. En todo queremos ser perfectos: como empleados, jefes, padres, cónyuges, hijos, hijas, amigos y cristianos. Pero las exigencias y las aspiraciones nos pasan factura tanto en lo físico como en nuestras relaciones. Estamos acelerados y apurados, tenemos poco margen. Estamos agotados, estresados, enfermos, cansados, deprimidos, ansiosos, malhumorados, resentidos y enojados. Sentimos que nuestras relaciones son solitarias, desconectadas y tensas.

Por otra parte, es posible que la causa de tu agotamiento sea ajena a tu voluntad o que se deba a tus circunstancias particulares o a la etapa de tu vida. Realidades como criar hijos pequeños, comenzar trabajos o emprendimientos nuevos, cuidar a un padre anciano, lidiar con una enfermedad u ocuparse de un hijo con necesidades especiales son tareas que te hacen sentir físicamente agotado y emocionalmente vacío.

Piensa en esta última semana que pasó. ¿Tus horarios te parecieron frenéticos? ¿Te sentiste acelerado? ¿Recuerdas haberte sentido sobrecargado y tener demasiadas cosas en la agenda? ¿Estás cansado, incluso exhausto? ¿Estás privado de sueño? Ahora bien, esta es la verdadera pregunta que tienes que responder: ¿funciona esta estrategia?

El ritmo acelerado que estamos viviendo tiene un alto costo. Las agendas sobrecargadas provocan interacciones frenéticas que producen personas exhaustas y vacías. El símbolo chino que significa «excesiva actividad» es la combinación de dos símbolos. Uno representa al «corazón» y el otro, la acción de «matar». La excesiva actividad puede matar a tu corazón al limitar tu conexión con Dios (la fuente de vida) y el tiempo con tu cónyuge y con tu familia. Si nuestro corazón está vacío y embotado, nuestras relaciones sufren porque las personas vacías no tienen nada para dar. A la larga, nuestro cónyuge y nuestros hijos reciben las sobras de la relación; las relaciones no pueden sobrevivir mucho tiempo con las sobras. Entonces, ¿cuál es la respuesta? ¿«Aguantar» y exprimir las pocas reservas de energía que nos quedan?

La clave está completamente relacionada con el tiempo, pero no estamos proponiendo la *administración* del tiempo. No vamos a brindar un manojo de consejos para que administres mejor tu tiempo. No creemos que la respuesta sea necesariamente hacer menos. Nuestro objetivo es ayudarte a dar más, no menos; pero desde un lugar de abundancia, no de vacío. Se trata de descubrir el ritmo que mantenga tu cuerpo descansado y tu corazón vivo.

El ritmo del cuidado santo de uno mismo

Cuando era niño, mi madre (la de Greg) me hacía tomar clases de piano. Fue una parte penosa de mi infancia. Mientras mis amigos jugaban afuera, después de la escuela, yo estaba atascado practicando en un piano viejo y desvencijado. La señora Johnson era una mujer amable y paciente que tuvo que soportarme lloriqueando durante treinta minutos todos los miércoles a la tarde en la casa de los Smalley. Además del trauma de perder el precioso tiempo de jugar con mis amigos, casi lo único que recuerdo de las lecciones de la señora Johnson es su metrónomo: ese artilugio piramidal de madera que tiene una larga barra de metal que oscila de un lado para otro y cuyo sonido es como un chasquido. Estaba seguro de que su metrónomo era algún aparato medieval usado para hipnotizar a los muchachitos para que practicaran piano.

En aquel momento, no tenía idea de que el metrónomo de la señora Johnson estaba enseñándome una lección poderosa, mucho más allá del piano.

Los músicos han usado metrónomos durante siglos para ayudarse a desarrollar un fuerte sentido del ritmo y del tempo. El metrónomo produce un golpe estable que nos permite saber si estamos disminuyendo o acelerando la velocidad mientras practicamos. Los músicos tienen la libertad de pensar en otras cosas de la música como el fraseo y la dinámica porque el metrónomo los mantiene a raya[2].

La señora Johnson trataba de enseñarme a tocar en el ritmo correcto: que yo supiera cuán rápido o lento tocaba una canción. Usaba su metrónomo para obligarme a prestar atención al *tiempo*. De la misma manera, necesitamos un «metrónomo interior» para estar atentos al tiempo, al ritmo y al paso de nuestra vida. El enemigo quiere que subsistamos en un ritmo acelerado y caótico; quiere que terminemos hechos polvo. Pero Dios nos diseñó para una vida más reposada y con propósito. En su libro *La vida que siempre has querido*, John Ortberg recuerda una ocasión en la que se acercó a su mentor queriendo saber cómo podía profundizar su relación con Dios. El mentor le respondió: «Tienes que eliminar implacablemente de tu vida todas las prisas»[3]. Qué gran consejo. Dios no tuvo la intención de que viviéramos vidas agotadas, sin alegría, estresadas, deprimidas, desgastadas, agobiadas, apuradas, amargadas, fundidas, resentidas y vacías, porque eso nos impide cumplir sus mayores mandamientos (amar a Dios y amar a los demás) y perjudica nuestro matrimonio, dado que nos convertimos en compañeros de cuarto agotados.

El matrimonio que anhelas requiere una participación sin reservas de parte de los individuos. El amor necesita un corazón abierto y lleno en abundancia. La conexión exige perseverancia. La pasión requiere energía. La intimidad necesita atención. La diversión y la risa exigen disponibilidad. La gracia requiere persistencia. El perdón precisa fuerza. Todas estas cosas son posibles en el matrimonio, pero no sucederán si tu ritmo y tu paso están apurados, tu cuerpo está agotado y tu corazón está vacío.

Jesús habló de la importancia del amor incondicional cuando le preguntaron cuál de los mandamientos de Dios era el más importante: «"Ama al Señor tu Dios con todo tu corazón, con toda tu alma, con toda tu mente y con todas tus fuerzas". El segundo es igualmente importante: "Ama a tu prójimo como a ti mismo". Ningún otro mandamiento es más importante que estos» (Marcos 12:30-31). Básicamente, *amar* es el mandato. Dios quiere que lo amemos a él y a los demás sin condición, con todo nuestro corazón, alma, mente y fuerzas. Jesús procedió a aclarar que, de todo lo que podíamos hacer, amar al prójimo es la mejor prueba de que somos seguidores de Cristo (Juan 13:34-35). Es lógico, entonces, que un puñado de personas vacías y exhaustas no puedan amar como Dios indicó. En algún momento, nuestra cultura cristiana reescribió los mandamientos más importantes y pasó de amar a Dios y al prójimo *como a ti mismo* a amar a Dios y al prójimo *en lugar de a ti mismo*. No podemos dar lo que no tenemos.

Es por eso que Satanás está implacablemente determinado a que estés vacío y exhausto. Quiere robarte el tiempo manteniéndote ocupado. Quiere matar tu corazón manteniéndote abrumado. Quiere destruir tu conexión vital con Dios manteniéndote distraído haciendo demasiadas cosas buenas.

Jesús quiere exactamente lo opuesto. Por esa razón, nos implora que entendamos por qué vino a este mundo. «El propósito del ladrón es robar y matar y destruir; mi propósito es darles una vida plena y abundante» (Juan 10:10). Jesús no solo quiere salvarnos; quiere que tengamos una vida plena y abundante para que podamos amar con todo el corazón a Dios y a los demás. Entonces, la pregunta crucial es: ¿quién está ganando la batalla sobre tu metrónomo interior: el enemigo o Cristo?

Como ocurre siempre, Dios tiene una solución maravillosa. Nosotros creemos que la solución requiere que descubras el ritmo y el paso de tu metrónomo interior respondiendo dos preguntas importantes: ¿Qué te da descanso? ¿Qué te da vida?

¿Qué te da descanso?

¿Qué haces cuando estás cansado? ¿Bebes una tercera taza de café con doble cafeína, holgazaneas frente a la televisión, ingieres una bebida energizante, tomas una siesta rápida en el carril para viajes compartidos o devoras una bolsa de Doritos o algo dulce? Desafortunadamente, estos comportamientos de supervivencia pocas veces nos revitalizan y, casi siempre, hacen lo contrario: nos dejan sintiéndonos nerviosos o culpables por las calorías que ingerimos de más.

Entonces, ¿qué te da verdadero descanso?

Descansar es «interrumpir un trabajo o movimiento para relajarse, revitalizarse o recuperar la fuerza»[4]. El descanso fue hecho para «recargarte» y ayudarte a recuperar fuerzas. Pero el descanso suele ser malinterpretado. Se considera ocio o pereza, ¡lo opuesto a la productividad! Como si hubiéramos sido «desactivados» (muertos), en comparación con estar «activos» (vivos). Nadie quiere que lo consideren improductivo o muerto. El descanso también se considera aburrido o enemigo de la diversión y la vida. Algunos incluso ven al descanso como una forma de deficiencia espiritual porque hacen mal uso de la afirmación del rey Salomón, la cual dice: «Por mucho que desee, el perezoso acabará en la ruina, porque sus manos se niegan a trabajar» (Proverbios 21:25). Ahora bien, el descanso no es pereza. Ten en cuenta la explicación extraída de la revista *Psychology Today*:

El descanso es regeneración. El descanso es la forma en que tu cuerpo vive, prospera y sobrevive usando la información que recibe y crea. Si dejas de dormir, puedes morir. Si le prestas poca atención al sueño, puedes arruinar tu capacidad de aprender y recordar, aumentar las probabilidades de sufrir un accidente cerebrovascular y un ataque al corazón, tener predisposición a los resfríos, arruinarte la piel y empezar a aumentar de peso de manera rápida y evidente.

Y esa es apenas la manera pasiva de descansar, dormir.

Porque hay mucho más. Hay maneras activas de descansar que controlas conscientemente y que reactivan tu propia regeneración. Existe el descanso físico, el descanso mental, social, espiritual, maneras de renovarte y restaurarte mientras tu cuerpo se recupera[5].

Nuestra sociedad acelerada tiene el hábito de canjear el descanso por el exceso de trabajo. Esto deteriora desmedidamente nuestro cuerpo. No importa si trabajas sentado en un escritorio o si haces trabajo manual: tu cuerpo y tu mente necesitan descansar para recuperarse. Cuando no descansamos física, mental, emocional y espiritualmente, corremos el riesgo de perjudicar nuestro cuerpo y nuestras relaciones. Es por esta razón que Dios nos alienta a descansar a lo largo de las Escrituras:

¡Quédense quietos y sepan que yo soy Dios!
SALMO 46:10

En cambio, los que confían en el SEÑOR encontrarán nuevas fuerzas; volarán alto, como con alas de águila. Correrán y no se cansarán; caminarán y no desmayarán.
ISAÍAS 40:31

Pues todos los que han entrado en el descanso de Dios han descansado de su trabajo, tal como Dios descansó del suyo.
HEBREOS 4:10

El propio Jesús fue un modelo de cómo descansar: a menudo se retiraba al desierto para estar solo; despedía a las multitudes para estar a solas con sus amigos; asistía a eventos sociales cada vez que tenía la oportunidad, aun cuando podría haber estado «trabajando»; dormía cuando todos los demás sentían pánico y, una vez, hasta se escondió de sus discípulos. Aún más, Jesús convocó a sus discípulos para que descansaran: «"Vamos solos a un lugar tranquilo para descansar un rato". Lo dijo porque había tanta gente que iba y venía que Jesús y sus apóstoles no tenían tiempo ni para comer» (Marcos 6:31). Jesús no era egoísta; simplemente hacía lo necesario para evitar el agotamiento y el vacío.

La fórmula de Dios es bastante sencilla: *Quédate quieto. Espera en el Señor. Ven a descansar. Descansa de tu trabajo, como yo he descansado.* Simple, práctica y contracultural. Descansar implica incorporar pausas a nuestra vida antes de que colapsemos y encontrar actividades que nos revitalicen. El descanso no es pasivo, sino activo. Aquí encontramos algunas actividades que te ayudan a descansar bien y a reenergizarte:

Pasa tiempo con Dios. Ve a un retiro espiritual o busca un lugar especial donde puedas estar en silencio ante el Señor y escuchar su voz suave y apacible. «Vengan a mí todos los que están cansados y llevan cargas pesadas, y yo les daré descanso» (Mateo 11:28).

Medita en la Palabra de Dios. Hay una gran diferencia entre memorizar versículos bíblicos e inscribir la Palabra de Dios en tu corazón. Cuando meditas en las Escrituras, las repites una y otra vez hasta que quedan grabadas en tu corazón.

Duerme lo suficiente. La mayoría de los adultos saludables necesitan por lo menos siete horas de sueño por noche para funcionar en óptimas condiciones[6]. Y lo que es más: dormir puede mejorar tu matrimonio. Sabemos que suena inverosímil, pero investigadores de la Universidad de Berkeley (California) descubrieron que una buena noche de sueño te hace menos egoísta. Hallaron que las parejas que dormían bien trabajaban mejor en las tareas compartidas, se alentaban mutuamente y eran más proclives a decir «gracias». Además, las parejas que dormían bien se valoraban más el uno al otro y mostraban gratitud con frecuencia[7].

Activa tu lado humorístico. La risa tiene efectos psicológicos sorprendentes que te ayudan a descansar y a relajarte. Cuando te enfadas por algo gracioso, tu cuerpo libera un cóctel completo de neuroquímicos que hacen sentir bien[8].

Escucha música. Poner música (de cualquier tipo) también puede recargarte.

Lee tu Biblia o un libro.

Relájate en la naturaleza.

Tómate un descanso de las redes sociales.

Sal a caminar sin prisa.

Ve a un día de spa o haz masoterapia.

Consume alimentos saludables. Tu dieta y tus elecciones alimentarias pueden aumentar o bajar tus niveles de estrés. Ciertas comidas generan bienestar y en realidad aumentan los niveles de hormonas que, de manera natural, combaten el estrés. Otros tipos de comidas y bebidas pueden reducir el estrés bajando los niveles hormonales que lo alteran[9].

Relájate en la bañera.

Busca un pasatiempo que te relaje.

Limita el consumo de cafeína. La cafeína que contienen el café, el té, las bebidas energizantes, algunos refrescos y el chocolate puede provocar que te sientas alterado, lo cual puede causar que las situaciones estresantes parezcan más intensas.

Termina un rompecabezas.

Pinta un cuadro o usa un libro para colorear para adultos.

Mira tu película de cine o tu programa de televisión favorito, pero no te limites a mirar la TV distraídamente y sin ninguna finalidad.

Respeta el *sabbat* todas las semanas. Haz que el domingo (o el sábado) sea tu día de descanso.

Duerme la siesta.

Duerme hasta tarde.

Apaga los dispositivos y tómate vacaciones de la tecnología.

Acurrúcate con un ser querido o una mascota.

Realiza ejercicios de estiramiento.

Toca un instrumento.

Saca a pasear al perro.

¿Y tú? *¿A qué actividades te dedicarás que te den descanso?* ¡Ponte a descansar!

La otra parte del autocuidado santo es descubrir y participar con frecuencia en experiencias que te den *vida*.

¿Qué te da vida?

El descanso es importante para rejuvenecer tus huesos cansados. Pero cuidarse a uno mismo en santidad también requiere que descubras qué revive a tu corazón. Descansar es vital, pero no es suficiente.

Descubrir qué te da vida es una parte de cuidarte bien. Recuerda que el objetivo del autocuidado santo es que puedas dar desde un lugar de abundancia. Eres bendecido para ser de bendición a otros. ¿Estás dando frutos y dejando que otros se beneficien del amor de Dios que te llena en abundancia? Deberíamos ser como el árbol junto a las aguas del que habló el profeta Jeremías: «Será como un árbol plantado junto al agua que extiende sus raíces hacia la corriente; no teme que llegue el calor y sus hojas están siempre verdes. En época de sequía no se angustia y nunca deja de dar fruto» (Jeremías 17:8, NVI). Autocuidarte de manera santa te ayuda a que tus raíces se extiendan hacia el agua de Dios que da vida. Cuando aprendes a encontrar descanso y vida, el calor no te molesta ni te preocupas por los largos meses de sequía: tu corazón se mantiene lleno.

Para amar a los demás desde un lugar de abundancia, es imprescindible que le dediques tiempo y recursos a lo que te vigoriza, lo que te apasiona, lo que aporta esperanza, creatividad y gozo a tu vida. Las actividades vivificantes dan la sensación de que el aliento de Dios entra en tu cuerpo y que tus huesos cansados vuelven a vivir (Ezequiel 37:4-5). El descanso recarga tu cuerpo; la vida despierta tu alma.

Es contagioso encontrar a alguien con un corazón completamente vivo. ¿Qué cosa te inspira? ¿Qué deseos están trabados en lo profundo de tu ser? ¿Qué enciende tu alma? ¿Qué te hace sentir vivo en realidad? ¿Qué cosas disfrutas hacer? ¿Qué sueños tienes por realizar? ¿Qué enciende tu pasión?

No estamos hablando de las actividades que te ayudan a escapar o a distraerte. Vivir en pos del dinero, la educación, una casa grande o un automóvil caro puede darte una felicidad temporal, pero eso nunca mantendrá vivo tu corazón a largo plazo. *Las cosas materiales* no generan gozo puro ni logran que tu corazón reviva. La felicidad se basa en las circunstancias externas y es temporal. El gozo viene de adentro y puede durar mucho más. Dios quiere que tu corazón sobreabunde de cualidades como amor, gozo, gracia, paz, esperanza, paciencia, amabilidad, bondad, fidelidad y dulzura. Él quiere que estas cualidades eternas rebosen en ti para que puedas bendecir a otros.

Mis padres (los de Erin) solían decirme que no les importaba qué profesión eligiera para mi vida. Simplemente querían que escogiera algo que disfrutara, ya que lo más probable era que tuviera que dedicarme a hacerlo durante los siguientes treinta o cuarenta años. Desde una edad muy temprana supe que quería ser enfermera de partos; eso fue exactamente en lo que me convertí.

Nunca olvidaré el día que entré en la habitación que me habían asignado para trabajar, donde me recibieron los futuros padres más dulces que conocí en mi vida. Cuando nos pusimos a charlar, enseguida me di cuenta de que tenía una conexión con esta pareja: ¡el marido había sido entrenador de fútbol en la escuela secundaria de Greg! ¿Quién lo hubiera dicho? El parto fue inolvidable para mí, no por la conexión que teníamos, sino por la pasión que todos pusimos tanto en llegar a la meta como en evitar una cesárea. Y, con la ayuda del Señor, ¡así sucedió! Hace unos pocos meses, recibí un mensaje a través de Facebook de parte de Lynn, la madre en cuestión, en el que me contó que su bebita de cuatro kilos y medio estaba por casarse. Seguimos reflexionando y recordando los bellos momentos que compartimos aquel día en la sala de partos. ¡Ah, los recuerdos y el cariño que me desbordan me hacen pensar en lo bendecida que fui de servir a Dios en un área que no solo amaba, sino que me apasionaba!

A mí (Greg) me revitaliza pescar truchas en las montañas de Colorado. Pararme en medio de un arroyo en cascada, rodeado de la hermosura de la creación de Dios, enciende el gozo y la pasión dentro de mí. Ahora bien, pescar no me descansa. Por lo general, termino agotado después de un día de vadear un río caudaloso, pero mi corazón se llena de vida. Recientemente, Erin y yo hablamos en un seminario de fin de semana para matrimonios. En el vuelo de regreso a casa me sentía exhausto. Como introvertido que soy, aunque me encanta participar en los eventos para matrimonios con mi esposa (esto también me da vida), después de hablar y de estar con otras personas durante dos días, necesitaba un descanso urgentemente. Ni bien embarcamos, me puse los auriculares con cancelación de ruido, cerré los ojos y escuché mi música favorita. Después de un vuelo de dos horas, me sentí perfectamente descansado porque la música de alabanza y adoración me brinda un descanso verdadero.

También necesitaba, sin embargo, algo que me reviviera. Al día siguiente, me levanté a las cinco de la mañana, manejé dos horas hacia las montañas y pasé el día caminando a unos 3600 metros de altura para pescar en un lago de montaña. ¡Me sentí en el cielo! Aunque mi cuerpo estaba cansado por la larga caminata, mi corazón estaba vivo y lleno en abundancia.

Le hemos pedido a miles de personas que compartieran qué experiencias les dan vida. La lista a continuación tiene el propósito de «calentar el motor» y ayudarte a aclarar qué enciende la pasión en tu corazón y te sirve para mantenerte lleno de gozo. También repasa la lista anterior con las actividades que te ayudan a descansar. Algunas de aquellas serán pertinentes aquí (como pasar tiempo con Dios), por eso no las mencionaremos en esta lista.

Pasar tiempo con la familia.

Servir a otros.

Dedicar tiempo en una distracción.

Ir a tomar un café con un amigo íntimo.

Ejercitar o entrenar.

Guiar a un adolescente revoltoso o a un joven desamparado.

Hacer un viaje misionero.

Viajar o irse de vacaciones.

Superar un temor. Arriesgarse e intentar una actividad nueva, algo fuera de lo común que te saque de tu zona de comodidad.

Hacer un curso o aprender algo nuevo.

Aprender un idioma extranjero.

Dar clases.

Comenzar tu propio negocio.

Asistir con regularidad a un estudio bíblico.

Embarcarte en una aventura en un museo, un sitio histórico, un concierto, una obra, etcétera.

Probar la escritura creativa o tener un blog sobre un tema que te interese.

¿Y tú? ¿A qué actividades te dedicarás que llenen tu corazón hasta la medida de toda la plenitud de Dios?

De nuevo, tenemos los platos llenos y rebosantes de cosas buenas, pero este estado atareado lleva a interacciones frenéticas que producen personas exhaustas que están vacías. En definitiva, causamos daño y nuestras relaciones sufren porque las personas vacías no tienen nada para dar.

Esto es exactamente lo opuesto al plan de Dios para amarlo a él y a los demás con todo el corazón y abundantemente. ¡El mundo necesita personas bien descansadas y vivas!

Los compañeros de cuarto están agotados y no tienen nada para dar; las almas gemelas dan a menudo de su corazón abundantemente lleno.

Del ajetreo a la conexión

*Hay belleza y aventura en lo convencional para
quienes tienen ojos para ver más allá.*

JONATHAN LOCKWOOD HUIE

Los compañeros de cuarto no tienen tiempo el uno para el otro;

las almas gemelas usan los momentos simples y cotidianos para

seguir conectados.

Nos encanta el *SUSHI*. De hecho, salir a comer *sushi* es uno de nuestros planes para citas románticas. Hace varios años, un nuevo restaurante de *sushi* había abierto cerca de nuestra casa. Nos entusiasmaba la posibilidad de comer este manjar sin tener que manejar una distancia larga: la comida favorita en el vecindario parecía un sueño hecho realidad.

Como si eso no fuera suficientemente bueno, durante nuestra primera visita nos recibieron con las cinco palabras más maravillosas que existen en la industria alimentaria: «Todo lo que pueda comer». *Sushi* ilimitado a las puertas de nuestro vecindario; era como si nos hubiéramos muerto y estuviéramos en el cielo. ¡Estamos convencidos de que el banquete de bodas del Cordero en el libro de Apocalipsis incluirá todo el *sushi* que podamos comer!

No vamos a mentir: esa noche sí que comimos. Las opciones parecían infinitas, la calidad era excelente y la comida, deliciosa. Cada vez que nuestra camarera pasaba por ahí, le pedíamos otra ronda. Era como haber descubierto nuestro propio restaurante de *sushi* con cinta transportadora. ¡Estábamos teniendo la mejor cita romántica de todas!

Sin embargo, no somos devoradores competitivos de comida. Sobreestimamos tremendamente nuestra capacidad de ingerir piezas de *sushi*. Al final, nos quedó un gran plato rebosante de comida. *No hay problema*, pensamos. *Nos lo llevaremos a casa y lo comeremos en el almuerzo o los próximos siete días, ¡no hay mal que por bien no venga!*

Cuando le pedimos a nuestra camarera un recipiente para llevar, de inmediato nos informó (*avergonzó* sería más correcto) que las sobras no se podían llevar del restaurante. Peor aún: señaló la letra chica del menú, la cual explicaba que se nos cobraría toda la comida que no comiéramos. *¿Qué? ¡Íbamos a tener que pagar por las sobras de nuestra mesa!* Yo (Greg) no tardé en intentar hacerme la víctima y le expliqué que, debido a mi mala visión, no había leído las letras microscópicas, pero fue en vano. En un instante, nuestro Shangri-La de *sushi* pasó de ser el banquete del cordero al festín de los desgraciados. ¿Cómo no habíamos advertido este aviso? ¿Habrá sido el seductor canto de la sirena del *sushi* el que nos instaba a comer más y más? Como sea, ahí estábamos nosotros, con una enorme cuenta por un plato lleno de piezas sin comer.

¿Qué podíamos hacer? Huir nos parecía deshonesto. Pelear con un cocinero de *sushi* que tenía un cuchillo afilado como una espada de samurái parecía peligroso. Fingir un paro cardíaco resultaba aún más caro. Ya habíamos jugado la carta de «no sabíamos». Así que nos quedaba una única opción viable: ¡terminar de comer las piezas que quedaban!

Cerca del coma por ingesta de comida, tratamos de engullir el *sushi* que quedaba. Pero cuando quedaban unas pocas piezas, nos rendimos. Estábamos arruinados. No podíamos comer un bocado más. ¡Y pagamos el costo, física y económicamente!

A pesar de todo, ese lugar de *sushi* se ha convertido en nuestro restaurante favorito para salidas en pareja. Ahora regulamos mucho mejor nuestra ingesta de comida, aunque nos reímos cada vez que la camarera pasa con una enorme bandeja en forma de barcaza de madera repleta de piezas para un cliente desprevenido que tiene el apetito más grande que la capacidad de su estómago.

Estar muy ocupado puede sentirse como tener que comer un plato repleto de *sushi* después de que comiste hasta el hartazgo.

Los platos repletos

¿Te da la sensación de que «ocupado» se ha convertido en la respuesta previsible que das cuando las personas te preguntan «¿Cómo estás?»? ¿Es una medalla de honor o un grito de socorro? Un plato repleto con 141 piezas de *sushi* a menudo se parece a la mejor descripción de nuestra vida juntos. Si nuestra vida fuera una competencia de ingesta de *sushi*, podríamos ser quienes detentan el récord. La ironía es que todas estas cosas son por nuestros propios actos. Nosotros forjamos esta vida y tomamos estas decisiones.

No estamos quejándonos; simplemente, somos sinceros sobre nuestras agendas, las cuales nos resultan apabullantes, y las listas de cosas pendientes, las cuales parece nunca terminar. Estar constantemente ocupados nos domina como la camarera del lugar de *sushi* que nos dice que tenemos que pagar, a menos que sigamos comiendo. Así que, bocado tras bocado, estamos consumiendo todo lo que nuestra vida tiene que ofrecer.

No todas las parejas eligen su situación. Algunos están obligados a tener demasiadas ocupaciones. Hay circunstancias especiales y épocas singulares en la vida que nos insumen mayores cantidades de tiempo y atención. Eso se escapa de nuestro control. El resultado, sin embargo, es el mismo; ya sea que el ajetreo sea consecuencia de tu propia elección o se deba a circunstancias que no puedes controlar: *estar demasiado atareados dificulta tremendamente encontrar tiempo, energía y atención para tu cónyuge.*

El ajetreo al que nos referimos en este capítulo sucede porque nos cuesta mucho organizar nuestra vida juntos. En general, las parejas ocupadas no rechazan intencionadamente a su cónyuge ni subestiman su relación. Aman a su cónyuge y su matrimonio. Pero, con el paso del tiempo, han creado platos repletos y no pueden resolver cómo hacerse tiempo el uno para el otro.

¿Y en tu caso? ¿Se sienten como dos barcos que se cruzan de casualidad a la noche? ¿Les parece que sus horarios están totalmente desincronizados? ¿Acaso pasar tiempo juntos ha quedado relegado al final de la lista de cosas pendientes?

El problema del ajetreo es doble.

Primero, las personas ocupadas que intentan abarcar demasiadas cosas se sienten físicamente agotadas y emocionalmente consumidas. Esto lo enfatizamos en el capítulo anterior.

Segundo, las parejas atareadas están desconectadas. Fíjate en Nathan y Angela. Llevan quince años casados y tienen un hijo en la secundaria, una hija en el último año de la escuela media y un hijo en cuarto grado. Viven en los suburbios de una gran ciudad del Medio Oeste de los Estados Unidos. Nathan dirige un polideportivo y Angela es terapeuta de jóvenes en situación de riesgo. Nathan presta un servicio voluntario en el equipo audiovisual de la iglesia y Angela enseña un estudio bíblico para mujeres una vez por semana. Últimamente, Nathan y Angela han tenido dificultades para equilibrar sus horarios laborales con las actividades de sus hijos y, a menudo, se sienten desencontrados. El hijo que está en la secundaria juega al fútbol americano en otoño, al básquetbol en invierno y hace atletismo en primavera. El verano está lleno de campamentos y torneos deportivos. A su hija le encanta bailar y hace poco ingresó en un equipo de danza de la ciudad. Ensaya cuatro veces por semana y tiene competencias los fines de semana. El viaje es de cuarenta y cinco kilómetros de ida y otro tanto de vuelta. El hijo menor ha demostrado ser un jugador de fútbol prometedor y, recientemente, lo invitaron a jugar en la gira de un equipo de primeras figuras. Las estupendas oportunidades deportivas de sus hijos les exigen «dividirse para conquistar»: cada padre transporta a un hijo distinto durante las actividades de la semana y los fines de semana va cada uno a un partido diferente para estar al menos un padre en cada partido. El estrés, la falta de planeación y las distracciones tecnológicas suman a la sensación general de desconexión.

Imagina una noche típica en su casa. Nathan acaba de llegar apurado del trabajo. Le grita a su hijo porque ya van tarde al entrenamiento de fútbol. Angela se apresura para buscar a su hija y encontrar las llaves del automóvil para llevarla a su clase de danza. La pareja le da órdenes a sus hijos para que salgan de la casa; se despiden, a lo lejos, con la mano mientras sus autos retroceden por la entrada. Dos horas después, todos se reúnen a cenar con prisa una comida comprada. Luego, Nathan desaparece en su estudio para hacer trabajo de oficina, y Angela agarra su computadora portátil. Pronto está inmersa en la preparación del estudio bíblico del día siguiente. Nathan cae en un sueño profundo antes de que Angela llegue al cuarto. Ella revisa Facebook mientras Nathan ronca.

Nathan y Angela se aman, pero están tan ocupados con las preocupaciones de cada día que se les escapan muchas oportunidades para conectarse en cualquier nivel significativo. A pesar de que ambos quieren pasar más tiempo juntos y como familia, no están seguros de cómo hacer los cambios necesarios.

La verdadera amenaza para Nathan y Angela es dejar que su *conexión* se les escurra. Hemos escuchado a personas sugerir que la única diferencia entre ser novios o convivir y estar casados son las relaciones sexuales «legalizadas», la declaración pública de su amor y el certificado matrimonial emitido por el Estado. Pero eso dista mucho de la verdad. El matrimonio genera beneficios emocionales, económicos y de salud. Además, ¡las parejas casadas tienen el sexo más satisfactorio del mundo! Ahora bien, creemos que la diferencia más exclusiva que hay entre ser novios o convivir y el matrimonio es la profundidad de la conexión y de la intimidad que resulta de la relación que tiene un compromiso.

Cuando el apóstol Pablo habla del matrimonio en Efesios 5:31-32 (RVA-2015) dice: «Por esto dejará el hombre a su padre y a su madre y se unirá a su mujer, y serán los dos una sola carne. Grande es este misterio». El vínculo de una sola carne entre esposo y esposa es algo misterioso, muy diferente al de una pareja de novios o concubinos. Cuando dos personas se comprometen para toda la vida ante Dios y el uno con el otro, se origina un nivel de protección y seguridad que no se puede reproducir en ninguna otra relación humana. Cuando los cónyuges confían en las promesas que se hicieron el día de su boda, existe la buena disposición de abrir enteramente su corazón y darse a conocer por completo ante su cónyuge en los niveles más profundos: espiritual, emocional, mental y físico. Hay una vulnerabilidad y una franqueza profunda que se ofrecen como en ningún otro lugar. No insinuamos que todas las parejas casadas alcanzan esta profundidad ni esta vulnerabilidad en su relación, pero el potencial está ahí. Esto hace único al matrimonio. Esta es la conexión que necesitamos proteger porque es lo que Satanás está tratando de alterar y destruir en nuestros matrimonios.

El sustento del matrimonio, el factor indispensable que le da su fuerza y vitalidad, son la conexión y la intimidad profundas: conocer y darse a conocer en los niveles más íntimos. El ajetreo se apropia de la conexión y le da lugar a la desvinculación. Este distanciamiento emocional y físico lleva a los cónyuges a sentirse ansiosos e inseguros; poco a poco empiezan a aislarse el uno del otro y a desistir de la relación. Es lo que el Dr. John Gottman, experto en matrimonios, llama «la cascada del distanciamiento y del aislamiento»[1].

El amor requiere conexión y tiempo juntos. Muchas parejas creen que su amor los ayudará a sobrellevar las muchas ocupaciones y que volverán a conectarse cuando los niños sean mayores o cuando las cosas estén más tranquilas. El problema es que los dos están en constante cambio; muchas parejas descubren que, una vez que los hijos se van, están viviendo con un desconocido. No podemos dejar suspendida nuestra relación en medio de una etapa ajetreada o cuando tenemos los platos repletos.

El matrimonio no viene con un piloto automático ni con un control de velocidad crucero configurado que nos permita presionar un botón y ocuparnos de otras obligaciones mientras se avanza sin supervisión y, aun así, experimentar una relación floreciente. El matrimonio no funciona así. Debemos dedicarnos a nuestro matrimonio a menudo si queremos estar más cerca uno del otro.

Sin duda, el día de tu boda no te paraste delante de Dios y de tus amigos y miraste profundamente a los ojos a tu novia, imaginando que palabras como *conformarse, contentarse, adecuado* y *suficientemente bueno* algún día serían la descripción de tu matrimonio. Entonces, ¿cómo te acercas más? ¿Cómo haces para dedicarte con regularidad a tu matrimonio en el medio del ajetreo?

El próximo gran acontecimiento

Cuando las parejas se dan cuenta de que el ajetreo está eliminando su conexión, suelen encarar la falta de atención enfocándose en el próximo «gran acontecimiento». Creen que su relación puede existir de un gran acontecimiento al siguiente: de una cita romántica a la próxima, de una fiesta a otra o de unas vacaciones a otras vacaciones. Anhelan que estos encuentros sean «perfectos» y que sus esperanzas de conexión, intimidad, diversión y disfrute se hagan realidad. Sin embargo, terminan poniendo demasiada presión en que estas experiencias subsanen meses o años de descuidos. Eso no sirve. Nosotros nos topamos con esta verdad a los golpes; ¡al menos, Greg lo hizo!

Campamento familiar. Esas dos palabras pueden generar la esperanza de que acampar en familia nos acercará más. Por lo menos, eso era lo que yo (Greg) pensaba cuando convencí a mi familia de pasar nuestro feriado de Acción de Gracias en una cabaña rústica junto a la hermosa costa del lago Green, en Wisconsin. Había sido un año atareado para la familia Smalley. Nuestras dos hijas mayores se habían ido a la universidad y Erin y yo habíamos estado ocupados dictando seminarios para matrimonios por todo el país. En pocas palabras, nuestra familia estaba exhausta y desconectada. Pero yo tenía grandes esperanzas de que el campamento familiar cambiara la situación. Al fin íbamos a estar todos juntos, riendo, hablando, jugando, comiendo, descansando y, lo más importante: ¡conectándonos!

La primera noche llegamos tarde y nos fuimos directo a la cama. A la mañana siguiente, toda la familia emprendió la larga y helada caminata hasta el salón comedor: por fin nuestra aventura familiar estaba comenzando. Desafortunadamente, no llevábamos más de trescientos metros de unidad familiar cuando nuestra hija del medio, Murphy (de dieciocho años en ese momento), y nuestro hijo, Garrison (de quince), empezaron a reñir. Su pelea pronto pasó de un enfado menor a una guerra sin cuartel. Traté de intervenir lo más apaciblemente que pude. Bueno, decir que mi negociación de paz fracasó sería un eufemismo. Murphy se enfureció tanto con Garrison que gritó:

—¡Estoy harta de esta familia! —Y salió corriendo.

Murphy estuvo ausente en el desayuno. Cuando por fin reapareció en la cabaña esa mañana, yo estaba furioso. Le dije severamente lo que pensaba, le rogué que se portara con madurez y ¡que se llevara bien con su hermano! Después de mi diatriba, toda la familia se quedó mirando fijo al vacío, en silencio.

—Vamos a llevarnos bien y a divertirnos —vociferé y salí furioso de la cabaña.

Erin me encontró en el lago, lanzando piedras contra la superficie del agua. Me preguntó por qué me había enojado tanto. ¡Yo no tenía idea! Pero sentía cómo la frustración y la tristeza me quemaban por dentro. A medida que la conversación avanzaba fui dándome cuenta: tenía enormes expectativas sobre el tiempo que pasaríamos en familia en el campamento. En cierto modo, esperaba que usáramos ese tiempo para compensar toda la desconexión que habíamos tenido durante el año. En seguida me di cuenta de que estaba poniendo demasiada expectativa sobre el campamento al esperar que revitalizara nuestras relaciones tirantes.

Lo que me pasó es lo que muchas parejas experimentan; y es la razón porque los «grandes acontecimientos» como las citas románticas, las vacaciones, las fiestas y los campamentos en familia no resultan como los planeamos. El problema principal es que, muchas veces, nuestras expectativas nos predisponen para el fracaso. Tenemos que abandonar la esperanza de que unas pocas horas o días juntos puedan borrar todo un año (o una década) de desconexión, descuido, conflicto y dolor. Después de reconocer esta realidad en el campamento familiar, regresé a nuestra cabaña y reuní a la familia. Les confesé las altas expectativas que tenía y la presión que sentía por lograr el reencuentro familiar perfecto. Pedí disculpas por mi arrebato de furia y me comprometí a dejar que las relaciones familiares se reconectaran sin mi presión y sin mis expectativas poco realistas.

¿Terminamos teniendo la mágica reunión familiar que yo había imaginado originalmente? No. Pero fue buena. Descansamos un poco y nos llevamos algunos recuerdos divertidos. Lo mejor para mí fue librarme de expectativas que ni siquiera sabía que tenía. Pude dedicarme de lleno a las experiencias imperfectas que se desarrollaron en nuestro campamento familiar, sin la presión de perfeccionarlas.

A las parejas suelen darles soluciones como las siguientes para manejar el ajetreo y la desconexión:

Desacelera. Haz menos. Date margen. Simplifica tu vida.

Reevalúa qué tienes en tu plato. Ponte mejores límites, recorta compromisos y date permiso para decir que no. Delega y ten la voluntad de soltar.

Administra mejor tu tiempo. Planea tu semana. Programa tu calendario y organiza de nuevo tus prioridades para hacer espacio para tu cónyuge. Haz que tu esposo o esposa sea la prioridad principal, después de Dios.

Programa una cita romántica por semana y agéndala en tu calendario.

Desconéctate de la tecnología.

Limita las actividades de tus hijos.

Crea una declaración de objetivos del matrimonio o de la familia.

No es que estas ideas sean equivocadas o ineficaces. Más adelante en este libro hablaremos de algunas de ellas. En cambio, estas soluciones pueden generar un efecto yoyó para las parejas. Quizás aporten una conexión inicial, pero no sirven para mantener un vínculo a largo plazo. La desconexión vuelve a colarse poco a poco y la culpa regresa con todo su vigor. Las personas terminan sintiéndose fracasadas y desanimadas.

Así que relájate. Respira hondo. No vamos a sugerirte que reserves una cabaña junto al lago ni que añadas ninguna otra cosa a tu ya sobrecargado plato de *sushi*. No te daremos una larga lista de cosas que «deberías hacer», «necesitas hacer» o «tienes la obligación de hacer» por tu matrimonio y que podrían llevarte al límite. Pasar de ser compañeros de cuarto a almas gemelas en medio de tu ajetreo no se concretará haciendo cambios radicales en la administración del tiempo ni sumando citas románticas semanales, tradiciones festivas y vacaciones en pareja.

En cambio, deseamos seguir el consejo que Moisés da a los padres sobre cómo enseñar los mandamientos de Dios a sus hijos en Deuteronomio 11:19: «Enséñaselas a tus hijos. Habla de ellas en tus conversaciones cuando estés en tu casa y cuando vayas por el camino, cuando te acuestes y cuando te levantes». Presta atención, él no propone «grandes» ideas como devocionales formales, clases de escuela dominical, sermones de cuatro puntos, escuela bíblica en las vacaciones o reuniones grupales a media semana. Más bien, Moisés nos anima a usar los momentos cotidianos para transmitir la fe vibrante en Dios. Queremos usar la misma lógica para tu relación. Deseamos ayudarte a aprovechar las simples *ofertas de conexión* que pueden fortalecer tu matrimonio.

Los micromomentos de conexión

El experto en matrimonios de renombre mundial, Dr. John Gottman, ha estudiado con cuidado a miles de parejas durante más de cuarenta años. Su investigación en el «laboratorio del amor», en la Universidad de Washington, es una de las mejores del mundo. En uno estudio, el Dr. Gottman descubrió algo extraordinario mientras analizaba a los recién casados durante sus primeros seis años de matrimonio, lo cual creemos es una gran primera reacción al ajetreo. Las parejas que permanecieron casadas hicieron *una* cosa mejor que las que se divorciaron: *optaron por corresponderse mutuamente en lugar de alejarse.* Durante el seguimiento por seis años, las parejas que permanecieron casadas se correspondieron el 86% de las veces. Las parejas que se habían divorciado promediaron apenas el 33% de las veces[2].

¿Qué? Quizás estés pensando. *¿Corresponder a qué, a quién o cómo?*

La investigación de Gottman entre parejas jóvenes descubrió algo que él llama «las ofertas de conexión». Una oferta es cualquier acto positivo que haces para lograr la atención, la afirmación, el cariño o el apoyo de tu cónyuge. Una oferta indica un deseo de conexión[3]. El terapeuta entrenado por Gottman, Zach Brittle, explica la importancia de estas ofertas de conexión:

El amor se cultiva durante la rutina de la vida diaria. Los pequeños momentos de conexión que parecen no tener sentido son los más significativos de todos. Los micromomentos de amor conllevan un profundo drama: la ocasión en la que Jack y Susan cenan juntos y conversan sobre cómo estuvo su día, en lugar de mirar la TV en silencio o cómo Kevin y Kris se tocan con ternura al pasar por la cocina. En esos momentos, tenemos la oportunidad de corresponder a nuestra pareja o alejarnos de ella. Si nos acercamos a nuestro cónyuge, desarrollamos la confianza, la conexión emocional y una vida sexual apasionada[4].

Para entender las ofertas de conexión que explicó el Dr. Gottman, piensa cómo los niños intentan llamarnos la atención. Los niños son mucho mejores que los adultos en ser claros cuando quieren conectarse. «¿Quieres jugar conmigo?» es una obvia oferta de tiempo. Subirse a tu regazo es una oferta clara para captar tu atención. Hasta un mal comportamiento como un berrinche puede ser una oferta: *¡Date cuenta de que estoy aquí!*

A lo largo del día, hacemos cientos de ofertas para generar una conexión con nuestro cónyuge. Pero, a diferencia de los niños, muchas de nuestras ofertas no son tan obvias ni tan claras. Digamos, por ejemplo, que tu esposo es un fanático de los autos y observa que por la carretera pasa un Lamborghini Centenario. Puede que grite con emoción:

—¡Mira... un Lamborghini! ¡Es un automóvil deportivo de 1.900.000 dólares!

Tu esposo no solo está babeándose por un automóvil; está ofertando tener una conexión contigo. Quiere una pequeña señal de que te interesa lo que a él lo emociona. De una manera sutil, tu esposo espera que se conecten, aunque sea momentáneamente, por el auto.

Cuando Erin trae a casa ropa nueva que compró del perchero de liquidación de Stein Mart, a mí (Greg) me parece graciosísimo que quiera hacerme adivinar el precio de cada artículo. ¡Me siento como un participante del programa *The Price is Right* (Es el precio correcto)! Levanta una blusa y suplica con emoción:

—¿Adivina cuánto pagué? Por lo general, costaba 65 dólares.

Yo suelo mirar para arriba, esperando que el anfitrión del programa, Drew Carey, aparezca mágicamente para ayudarme. Con los años, he aprendido por prueba y error a empezar mis estimaciones en 10 dólares.

—En realidad no sé. ¿8,75?

—Ni cerca —contraargumenta agitadamente—. Originalmente costaba 75 dólares, ¡pero yo pagué solo 6,99!

¿Ni cerca? Me digo a mí mismo: *¡Fallé apenas por 1,76!*

La verdad es que siempre me costó mucho corresponder al nivel de entusiasmo de Erin por el precio de la ropa. No me interesa ir de compras. Odio ir al centro comercial. No es lo mío. Compro una vez al año en las ofertas de fin de año de Dillard. Ahora, sin embargo, escucho la pregunta del precio de liquidación que me hace Erin como una oferta de conexión, no solo como un juego de «es el precio correcto». Erin no está tratando de poner a prueba mi capacidad ante el perchero de liquidación, ¡intenta conectarse!

Pero las ofertas son delicadas y es fácil dejar pasar estos pequeños intentos de conexión porque al parecer no tienen sentido. Las ofertas a menudo parecen triviales, como: «Mira el Lamborghini» o «Adivina cuánto pagué» o un mensaje de texto o el enlace de un video gracioso o algo que a ti te parece interesante. Las ofertas pueden ser simples o poco interesantes, como: «¿Puedes sacar la basura?» o «No creerías el día que tuve hoy» o «Hablé con tu madre esta tarde». Las ofertas también pueden aparecer en forma de gestos no verbales como un suspiro, una sonrisa o un guiño, un toque delicado, un empujoncito suave, un apretón de mano, un codazo rápido, una simple inclinación de cabeza o cruzar miradas de mutuo entendimiento sobre la extravagancia de un amigo. También las ofertas pueden ser más obvias, como: «¿Qué crees que debería hacer?», «¿Cómo dormiste?», «¿Cómo estuvo tu día?» o pedir ayuda con un hijo enfermo u oración por una situación difícil en el trabajo.

Cuando tu esposa hace una oferta, está buscando una respuesta positiva en la que muestres interés en ella, aun durante el momento más breve. La clave está en reconocer la oferta de conexión cuando aparezca, entender el significado más profundo y, luego, responder adecuadamente. Aquí hay varios ejemplos de una oferta de conexión y la petición escondida: el mensaje entre líneas.

LA OFERTA VERBALIZADA DE CONEXIÓN	LA PETICIÓN ESCONDIDA
«¿Qué tal se ve mi conjunto nuevo?».	¿Quieres decir algo para animarme?
«¿Puedes llevar a los niños a dormir?».	¿Me ayudas?
«Siéntate junto a mí».	¿Me das un poco de cariño?
«¿Quieres jugar un juego?».	¿Podemos divertirnos un poco?
«Tuve un intercambio terrible con una amiga».	¿Podrías consolarme?
«Miremos televisión».	¿Podemos relajarnos?
«Te envié un enlace de Internet».	¿Te interesa lo que me gusta?
«¿Cómo estuvo el trabajo hoy?».	¿Podemos tener una conversación de adultos?
«¿Adivina con quién me encontré?».	¿Quieres prestarme atención?

Cuando se trata de ofertas de conexión, lo más importante no es la *profundidad* de la conversación, si te gusta o no te gusta *cómo* tu cónyuge está tratando de conectarse, si te *interesa* el tema a debatir o el *nivel* de intimidad al cual se llega; lo más importante es *cómo* reaccionas tú. Cuando tu cónyuge hace una oferta de conexión, puedes corresponder, alejarte o ponerte en contra. Por ejemplo, volviendo al Lamborghini Centenario, cuando tu esposo grita emocionado: «¡Mira... un Lamborghini!», puedes responderle de tres maneras:

Alejándote: Ignoras su comentario y en silencio sigues escribiéndole a tu amiga.

Poniéndote en contra: «¿A quién le interesa... como si pudiéramos comprar un automóvil deportivo de dos millones de dólares?... ¡Qué manera estúpida de gastar el dinero!».

Correspondiéndole: «Qué bueno... Seguro que esa cosa anda rápido».

Recuerda: lo único que quiere es una pequeña señal de que te interesa lo mismo que le interesa a él. Corresponderle a tu esposo puede llevarte unos segundos, pero en ese breve momento han conectado.

La autora Ellie Lisitsa explica cuáles son los mensajes poderosos que envías a tu cónyuge cuando reaccionas a su oferta de conexión:

Estoy interesado en ti: me importas.

Me doy cuenta de que tratas de conectarte.

Estoy abierto a ti.

Te escucho.

Quiero entenderte.

Estamos del mismo lado.

Me gustaría ayudarte (ya sea que pueda o no).

Me gustaría estar contigo (ya sea que pueda o no).

Te acepto (a pesar de que no acepto todo tu comportamiento)[5].

Es lamentable que muchas de las ofertas que ocurren en un matrimonio son ignoradas o no obtienen respuesta: una mano extendida para que la tomes o una pregunta que no te aparta de tu teléfono. Eso manda el mensaje involuntario de que en realidad no quieres conectarte. Peor aún, si constantemente dejas de acercarte a tu pareja cuando hace una oferta de conexión, en algún momento dejará de hacer ofertas por completo. Con el tiempo, la relación se hundirá en la soledad. Por eso, aprender a reconocer estas ofertas y reaccionar acercándote a tu cónyuge puede significar una diferencia enorme en tu recorrido de sentirse como compañeros de cuarto casados. No es la panacea, pero es un buen comienzo para restablecer la conexión.

Volvamos a visitar a la pareja ocupada que conocimos al comienzo del capítulo, Nathan y Angela, para ver cómo las ofertas de conexión pueden cambiar la situación de su matrimonio. Luego de volver a casa del entrenamiento de fútbol y de la clase de danza, Nathan y Angela se aislaron en el estudio y se pusieron al día con las cosas del trabajo y la preparación del estudio bíblico.

—Nathan —pregunta Angela—, ¿cómo se llama la madre de Juan el Bautista?

Por más insignificante que parezca su pregunta, es un buen ejemplo de una oferta de conexión. Leyendo entre líneas su pregunta, a Nathan se le obsequió una oportunidad relacional de fortalecer su matrimonio que le costará, tal vez, diez segundos. Aunque Nathan no tenga idea o no le interese la madre de Juan el Bautista, responde: «Mmm... déjame pensar». Y luego de una pausa de cinco segundos: «Disculpa, amor. No sé». Así se ha acercado a Angela y han compartido una conexión rápida.

En caso de que seas una persona que necesita cerrar temas, la respuesta es: Elisabet, la esposa de Zacarías.

Sabemos que estás ocupada. Reconocemos que no siempre puedes dejar a un lado lo que sea que te exija atención en ese momento y responder al guiño de tu esposo cuando pasa caminando mientras estás colando los espaguetis. Pero, a veces, puedes. Hay ocasiones en las que puedes dejar eso por tres segundos y decir: «Yo también te amo». Habrás compartido un micromomento de conexión. Date cuenta y reacciona a estos momentos cuando suceden.

Dejar pasar una oferta no derrumbará tu matrimonio como un castillo de naipes. Una oferta desaprovechada no es el fin del mundo. Responde a la próxima. O, mejor aún, si no puedes responder al guiño de tu esposo, devuélveselo cuando no tengas al bebé gateando alrededor de tus piernas. Pasa caminando junto a él y dale una palmada en el trasero. No se molestará, ¡te lo aseguramos! No tiene que ver con la culpa por no llegar a la marca del 86% o de sentirse atrapada entre los espaguetis que hierven y los guiños de tu esposo. Tiene que ver con generar una nueva actitud hacia estos comportamientos que parecen rutinarios, ver estos actos intrascendentes como una manera de conectarse. Al fin y al cabo, ¿no es eso lo que quieres: pasar de compañeros de cuarto indiferentes a ser almas gemelas conectadas?

Recuerda: el amor se cultiva durante los micromomentos en la rutina de la vida diaria. Aprender a aprovechar las ofertas de conexión correspondiendo a tu cónyuge bien vale el esfuerzo que se requiere para responder de una forma positiva. No estamos tratando de eliminar el ajetreo de tu vida ni hacerte sentir mal por no conectar. Ahora bien, es posible que necesites reevaluar qué hay en tu plato y determinar cómo dejarte margen, cómo poner mejores límites o cómo administrar mejor tu tiempo. Estas son actividades que valen la pena. A estas alturas del proceso de pasar de compañeros de cuarto a llegar a ser almas gemelas, queremos ayudarte a aprovechar y maximizar sus ofertas de conexión, las tuyas y las de tu pareja. Maximizar las ofertas no es una cura milagrosa, pero puede revertir la tendencia alcista a estar ocupados y ayudarlos a conectarse con más frecuencia.

Como dice la autora Jenna Jonaitis: «Un beso, una caricia o una frase nos recuerdan tiernamente el amor que tenemos el uno por el otro.

Hace que el tiempo se detenga y te permite olvidar todo lo demás por un momento. Aunque sea simple, el gesto afectuoso te dice mucho. El tiempo dedicado a todas las pequeñas cosas que se dan el uno al otro es lo que lo hace invaluable»[6].

Los compañeros de cuarto no tienen tiempo el uno para el otro;

las almas gemelas usan los momentos simples y cotidianos para

seguir conectados.

CAPÍTULO 4

La comunicación vivificante

La muerte y la vida están en poder de la lengua.

PROVERBIOS 18:21, RVR95

Los compañeros de cuarto hablan de cosas triviales o «administran» su matrimonio hasta el hartazgo; las almas gemelas habitualmente buscan las conversaciones vivificantes.

EN UN SEMINARIO PARA MATRIMONIOS sobre la comunicación, Josh y Brianna escucharon que el orador declaró: «Es esencial que el esposo y la esposa sepan qué cosas son importantes para el otro».

Luego, dirigiéndose a los hombres, les preguntó:

—¿Pueden describir el plato favorito de su esposa?

Josh se inclinó hacia adelante, tocó suavemente el brazo de Brianna, y susurró:

—Es el de tu abuela, con bordes dorados y flores azules, ¿no?

Qué gracioso, ¿verdad? Pero el orador estaba haciendo hincapié en algo importante. Los cónyuges tienen que saber qué es importante para el otro. Este conocimiento solo proviene de la comunicación, pero muchas personas que están en un matrimonio de compañeros de cuarto dicen: «Ya no hablamos». Como experta en relaciones, la Dra. Amy Bellows explica por qué la ausencia de comunicación hace daño al matrimonio: «La comunicación es la argamasa que mantiene unido el matrimonio; si se rompe, la relación se derrumbará. Cuando los cónyuges no se comunican, el matrimonio no nutre a nadie. Ha dejado de ser un matrimonio»[1].

Una investigación del programa de televisión *TODAY* y de la encuestadora SurveyMonkey, titulada «Cómo son en realidad los matrimonios estadounidenses en el año 2017», descubrió que el 70% de los estadounidenses piensan que la buena comunicación es el factor más importante en un matrimonio feliz[2].

Parece que entendemos la importancia de la comunicación, pero sigue siendo un problema común en el matrimonio. Según las respuestas de más de 800.000 personas que han completado la evaluación de *Focus on Marriage* (Enfoque al matrimonio), la tercera dificultad más importante que enfrentan las parejas es la falta de comunicación significativa.

La comunicación es compleja; necesitamos convertirnos en expertos en ella para tener un matrimonio fuerte. La buena comunicación es delicada. Si no fuera así, no sería una de las principales causas de divorcio. Gran parte de la dificultad se debe a que una sola palabra (*comunicación*) se usa para describir diversas conversaciones importantes que deberían tener las parejas. En muchos sentidos, es como la palabra *pasar*. Esta palabra corta, la cual proviene del latín vulgar *passare*, tiene más de sesenta acepciones según la Real Academia Española[3]. Estas cinco letritas tienen muchos significados porque el contexto lo es todo. Piénsalo. Anoche, pasaste varias horas mirando tu serie favorita en Netflix. Como te fuiste a la cama pasadas las dos de la madrugada, esta mañana pasaste de largo cuando sonó el despertador. Se despertaron tarde y ahora te la pasarás corriendo todo el día. De camino al banco, pasaste por el supermercado para comprar algunos víveres. Al llegar a la caja, dejaste pasar primero a una pareja de ancianos y a una embarazada y cuando llegó tu turno de pagar, te enteraste que estabas en una caja rápida y que te habías pasado de las quince unidades; tuviste que pasar a otra caja. Saliste del supermercado pasadas las diez. ¡Cómo pasó el tiempo! En tu apuro por llegar al banco, pasaste un semáforo en rojo y ahora sabes que la pasarás muy mal cuando te llegue la multa. En el banco no pudiste pagar las facturas porque estaban pasadas de vencimiento. Eso no te pasaría si las tuvieras en débito automático. Para que se te pase el malhumor, pasaste por tu tienda favorita de ropa para ver ese conjunto que viste al pasar por la vidriera. Te lo probaste ¡y te quedó bien! Cuando fuiste a pagarlo, la tarjeta no pasó. Volviste al automóvil e hiciste una oración para que se te pase la bronca. El contexto lo es todo.

En las relaciones, la palabra *comunicación* tiene la misma complejidad que la palabra *pasar*. Cuando las personas hablan de la comunicación en el matrimonio, se refieren a muchos tipos distintos de conversaciones.

- Hablas sobre los problemas.
- Informas los horarios de todos los días.
- Conversas sobre las listas de cosas pendientes.
- Expresas frustraciones.
- Explicas en detalle las finanzas y los asuntos del presupuesto.
- Hablas sobre cómo fue tu día.
- Chismeas sobre los últimos rumores.
- Das tu opinión.
- Expresas tus emociones y sentimientos.
- Conversas sobre tus esperanzas y tus sueños.
- Analizas soluciones y hablas sobre cómo resolver los problemas.
- Sermoneas a tus hijos.
- Negocias acuerdos mutuos.
- Profesas la verdad.
- Haces comentarios sarcásticos.
- Bromeas.
- Hablas de sexo (¡Oh sí, cariño!).
- Das discursos.
- Revelas tus temores.

La comunicación significa muchas cosas diferentes. Tenemos que dejar de decirles a las parejas que deben «comunicarse» mejor o hablar más. No se trata de cantidad ni de calidad: se trata de entender cuáles son las conversaciones significativas, sus beneficios para tu matrimonio y cómo aprovechar al máximo su eficacia.

Cuatro conversaciones significativas

1. La charla

Este tipo de comunicación es más liviana; es compartir información sencilla sobre ti o sobre la vida en general. Piensa en cuando hablan de temas banales. Por ejemplo, el otro día, yo (Erin) llamé a Greg al trabajo riéndome por algo que me había pasado. Se suponía que debía encontrarme con un grupo nuevo de mujeres para un estudio bíblico. Encontré el vecindario correcto y me dirigí a la dirección que me habían dado. La puerta estaba entreabierta y tenía un letrero que decía: «Entra».

Como persona extrovertida que soy, me sorprendí gratamente cuando eché un vistazo a la sala y descubrí una casa llena de mujeres que no reconocía. *Impresionante*, pensé. *¡Cuántas nuevas amigas en potencia!*

Pasé los siguientes quince minutos presentándome a las mujeres en la sala. De pronto, la anfitriona anunció que era hora de empezar a jugar la partida.

¿La partida? Me pregunté a mí misma.

Entonces, no tardé en darme cuenta de que no era mi nuevo grupo de estudio bíblico: ¡era un grupo de mujeres que jugaban a las cartas! ¡Había entrado en la casa equivocada por error!

Greg y yo nos reímos juntos por mi metida de pata y colgamos. Eso fue todo, una pequeña conexión breve.

Sería fácil desestimar la charla como algo frívolo o superficial. Sin duda, si en su comunicación predomina este tipo de charla, se aburrirán y tendrán una relación poco profunda. Dichas conversaciones, sin embargo, son muy valiosas para tu matrimonio. Hablar de la información básica y los detalles de tu día establecen una conexión simple, no requiere una vulnerabilidad emocional profunda. No se puede existir en un estado constante de profunda vulnerabilidad emocional dentro del matrimonio; ¡sería demasiado agotador!

Considera la charla desde una perspectiva nueva. Son ofertas para conectarse (recuerda lo del capítulo anterior). Puedes aceptar la conexión (corresponder) o puedes ignorar el intento (alejarte). Muchas veces, cuando estoy en el trabajo y Erin me llama por teléfono, sigo tecleando en mi computadora mientras ella habla.

—Ajá... mmm... —expreso, sin tener ni idea de lo que está diciendo. Erin incluso intentará hacerme caer en la trampa para demostrar que en realidad no estoy escuchando.

—La casa se prendió fuego hoy —se burlará—. Otra vez me quedé dormida fumando un cigarrillo.

—Ajá... mmm... —respondo—. Qué bien.

Espera. ¿Qué?

—¡Sabía que no estabas escuchando! —anuncia.

Desde luego, no se puede esperar que siempre deje lo que estoy haciendo en el trabajo, pero estas pequeñas charlas son lo que nos mantiene conectados durante el día. Puedo elegir aceptar la breve llamada telefónica o puedo dejarla pasar.

El objetivo de la charla es el intercambio de información general, el cual establece una simple conexión sin la vulnerabilidad emocional profunda.

2. *Las conversaciones de trabajo*

Este tipo de comunicación es sobre el manejo de la vida diaria como pareja o familia. Es abrumador tener en cuenta la enorme cantidad de tareas y decisiones que deben tomarse cada día para hacer que tu familia siga funcionando. Esto requiere tener frecuentes conversaciones similares a las de una «junta de trabajo». Son inevitables. Y una vez que piensas que tu día está planeado, pareciera que las variables siempre cambian. El refrán de Robert Burns es totalmente cierto: «Los mejores planes de ratones y de hombres a menudo se frustran»[4]. No importa cuán meticulosamente hayas planeado tu día. Es inevitable que algo salga mal.

De hecho, estamos seguros de que tu vida a menudo se desvía, se mueve y cambia como la arena del mar. Por eso es fundamental entablar «conversaciones de trabajo» y hablar habitualmente de las rutinas y los horarios cotidianos, las listas de cosas pendientes, las actividades, las obligaciones, las reuniones sociales, las decisiones económicas y de presupuesto y las alternativas médicas.

Es sorprendente ver cuántos asuntos inesperados surgen continuamente cuando intentamos llevar adelante a nuestra familia. Equilibrar lo profesional, criar a los hijos y administrar la casa genera una enorme lista de tareas, incluso antes de que se sumen los contratiempos inevitables. No es inusual que las parejas se sientan como socios comerciales que tienen una relación más laboral que matrimonial. Los compañeros de cuarto terminan gestionando estas cosas por separado, como operadores de empresas independientes o fallan en no comunicarse los horarios y los planes. El objetivo no es agitar una varita mágica y eliminar la carga de trabajo o las interrupciones. Más bien, la clave es hablar de estas responsabilidades *juntos*, como un equipo unido. Jesús lo expresó mejor: «Todo reino dividido contra sí mismo quedará asolado, y una casa dividida contra sí misma se derrumbará» (Lucas 11:17, NVI).

Si han caído en el modelo «divide y vencerás» para manejar su vida como dos individuos separados, es entendible que se sientan como socios comerciales casados. Las conversaciones de trabajo sirven para que gestionen su vida de manera eficaz y eficiente como un equipo que se comunica.

Es fácil sentirse agobiado ante la perspectiva de tener que explicar todas tus responsabilidades y trámites diarios. ¡Relájate! No somos partidarios de que hables de cada uno de los puntos de la lista de cosas por hacer. Claro que es irreal esperar que deban discutir cada decisión que haya que tomar. En lugar de eso, decidan juntos qué tipo de decisiones necesitan debatir primero. No querrás verte diciendo: «Me olvidé de decirte...» o «Pensé que tú ibas a...» o quedar atrapado en el ciclo de operar de manera independiente.

Obviamente, si de lo único que hablan es de horarios y de lo pendiente, la comunicación se volverá aburrida muy pronto. Pero es importante tener este tipo de conversación. Cuanto más ocupados estamos, más necesario es comunicarnos el uno con el otro. De lo contrario, quedamos a oscuras sobre las próximas tareas, citas o eventos. Inevitablemente, eso da lugar a conflictos y a tensiones innecesarios en nuestro matrimonio, los cuales nos hacen sentir como compañeros de cuarto casados. Sé flexible y adáptate a las circunstancias en constante cambio para que ambos se sientan bien juntos como un equipo.

El objetivo de la conversación de trabajo es comunicarse constantemente mientras dirigen su matrimonio y su familia.

3. La conversación sobre los problemas

El tercer tipo de comunicación se enfoca en resolver los desafíos que *surgirán* en tu matrimonio. El rango es amplio:

- La simple resolución de problemas
- Tratar las peleas, los desacuerdos, las frustraciones y las heridas con tu cónyuge
- Oportunidades para crecer: conversaciones del tipo *el hierro se afila con hierro*
- Las dificultades externas

Mientras yo (Greg) escribía esta sección, Erin me llamó desde alguna parte en Oklahoma; se había perdido. De alguna manera, su GPS la había llevado por el camino equivocado luego de visitar a la familia de mi hermana en Dallas, Texas. Erin no necesitaba una conexión emocional ni una anécdota graciosa sobre mi día: necesitaba una solución, ¡y rápido! Así que recurrió a su compañero de equipo. Enseguida abrí Google Maps y encontré su ubicación exacta. Pude trazar un atajo que la llevaría a casa y le ahorraría algo de tiempo de manejo.

Este tipo de comunicación es distinta a la charla y a la conversación de trabajo; hay un problema que requiere una solución inmediata o un conflicto o una crisis que necesitan ser manejados.

Quizás te preguntes: *Pero ¿cómo hacemos esto de una manera productiva?*

¡Gran pregunta! Dedicaremos un capítulo entero (el nueve) a manejar el conflicto con métodos sanos.

Una advertencia...

Es muy difícil evitar que estas primeras tres conversaciones (la charla, la conversación de trabajo y la conversación sobre los problemas) controlen tu comunicación. Esto es cierto porque no tienes que generar dichas conversaciones: suceden naturalmente. Las conversaciones sobre temas irrelevantes ocurren sin demasiado esfuerzo. Como dijo el gran filósofo de los años ochenta, Ferris Bueller: «La vida pasa muy rápido. Si no te detienes a mirar a tu alrededor de vez en cuando, podrías perdértela». La vida *es* rápida y te bombardea continuamente con horarios, listas de temas pendientes, decisiones financieras y tareas necesarias para administrar tu atareada familia. Tampoco es necesario que hagas aparecer problemas como por arte de magia. Estas dificultades suceden sin previo aviso porque vivimos en un mundo caído, ¡y puede ser complicado lograr que dos personas imperfectas y completamente distintas vivan en paz y armonía!

Si estas conversaciones monopolizan tu relación, poco a poco destruirás tu matrimonio. Es una realidad poderosa de las palabras del rey Salomón: «La muerte y la vida están en poder de la lengua» (Proverbios 18:21, RVR95). Si la mayor parte de la comunicación se centra en hablar de cuestiones triviales, reuniones administrativas o de resolver problemas, los cónyuges pierden el interés de hablar entre sí, dado que se tratan en el plano funcional más que en el plano emocional.

En un estudio, los investigadores descubrieron que las parejas mayores (con cincuenta años de casados o más) dedicaban alrededor de tres minutos a conversar durante una cena de una hora[5]. Eso te hace pensar si, con el correr del tiempo, los años que pasaron entre charlas, administrar su matrimonio y resolver conflictos afectaron a estas relaciones maduras.

A pesar de que estas tres conversaciones son valiosas para tu matrimonio, no pueden ser los únicos temas de los que hablen. *¡La muerte y la vida están en poder de la lengua!* Tu comunicación traerá vida a tu matrimonio o lentamente matará la relación. La solución es simple: en tu matrimonio también debe existir la comunicación *vivificante*, pero esta conversación requiere de iniciativa. De nuevo: las otras tres conversaciones suceden naturalmente; por eso, tendrás que generar intencionadamente la comunicación vivificante en tu relación.

4. *La conversación vivificante*

La clave para un matrimonio de almas gemelas es más comunicación, no menos. Pero no se trata de «más» en el sentido de cantidad. Podrías hablar durante horas sin profundizar en lo emocional ni compartir detalles personales e íntimos de tu vida interior. Es lamentable que la pareja promedio le dedica menos de cuatro minutos por día a las conversaciones relevantes[6]. Un estudio de la revista *Psychological Science* afirma que las personas son más felices cuando pasan más tiempo hablando de temas relevantes que entablando charlas triviales[7]. Según lo expresa la terapeuta matrimonial Marcia Berger:

El arte del matrimonio es en realidad el arte de estar al día con tu pareja, de mantener el foco en tus propios objetivos tanto como en los del otro, a medida que estos surgen, existen y cambian. Se trata de apoyarse mutuamente y de permanecer conectados emocional, intelectual, física y espiritualmente[8].

Tu matrimonio necesita la conversación vivificante. Estas conversaciones se relacionan con conocer el mundo interior de tu cónyuge y permitir que tu cónyuge conozca tu mundo interior. Las investigaciones muestran que quienes comparten su yo íntimo y personal (sus sentimientos, temores, dudas y percepciones) con su cónyuge son propensos a tener un matrimonio más feliz[9]. Pero dichas conversaciones no suceden sin intención. La charla, la conversación de trabajo y la conversación sobre los problemas acapararán tu tiempo, a menos que deliberadamente hagas un hueco para la conversación vivificante.

¿Pero cómo puedes hacerlo?

La regla de los diez minutos

Nosotros usamos «la regla de los diez minutos», acuñada por la Dra. Terri Orbuch, para generar una comunicación vivificante en nuestro propio matrimonio. Por haber estudiado a unas cuatrocientas parejas a lo largo de un período de treinta años, la Dra. Orbuch descubrió que las parejas felices suelen pasar por lo menos diez minutos al día hablando de cosas significativas[10]. A diferencia de las primeras tres conversaciones, el foco aquí está en los temas importantes y en la vida interior de tu cónyuge, lo que motiva a cada uno, cosas como:

- Afirmar la identidad de tu cónyuge
- Prestar atención a lo que valoras y expresar gratitud
- Rememorar los buenos tiempos del matrimonio
- Hablar de las emociones
- Descubrir el lenguaje del amor y las preferencias del otro

- Sacar a la luz las esperanzas y los sueños
- Hablar de las experiencias espirituales
- Exteriorizar las situaciones estresantes, las preocupaciones y los temores
- Hablar sobre las amistades y las relaciones sociales

Es fácil saber por qué estas conversaciones pueden hacer valiosa a la relación. Manifiestan un compromiso por entender la vida interior de tu cónyuge: sus emociones, esperanzas y temores, sus necesidades y sueños. Le demuestras a tu pareja que es la persona más importante de tu vida y que quieres conocer todo lo que hay que conocer. Pero estas conversaciones tienen que ser recíprocas. No se trata solo de conocer a tu cónyuge, sino de estar dispuesto a permitir que tu cónyuge también entre en esas partes de tu vida interior. A tu yo verdadero. La mejor comunicación sucede cuando revelas tu mundo interior («Este es mi verdadero yo») y tu cónyuge acepta por completo tu yo verdadero («Te acepto»). Este nivel de vulnerabilidad y aceptación los ayudará a experimentar juntos una intimidad profunda.

Yo (Greg) le consulté a Erin qué preguntas que fueran importantes para ella podía hacerle periódicamente. En ese instante, contestó:

—Se me ocurren cuatro.

—No te apures —repliqué—. Tómate tu tiempo y piénsalo.

—¿Cuántas preguntas quieres? —bromeó—. ¡Si me haces pensarlo, encontraré diez más!

—Es verdad —dije riendo—. Aceptaré las cuatro ahora mismo.

Erin prosiguió a expresar qué le encantaría que yo le preguntara:

- ¿Cómo estás emocionalmente?
- ¿Cómo están las cosas en la relación entre tú y los niños?
- ¿Cómo van las cosas entre tus amigas y tú?
- ¿Qué es lo que Dios te ha estado enseñando últimamente?

Estas cuatro preguntas se han convertido en una mina de oro para conocer la vida interior de Erin. Se las hago cuando vamos manejando en el auto, cuando estamos sentados en un restaurante, durante el medio tiempo de los partidos de nuestros hijos, cuando estamos acostados en la cama o apretados uno junto al otro en un avión, esperando en el consultorio del doctor, cuando salimos a tomar un café, en nuestro sendero de montaña favorito, sentados a la mesa para cenar, mientras nos preparamos a la mañana o cada vez que encontramos diez minutos para hablar.

Yo (Erin) le hice la misma pregunta a Greg:

—¿Qué podría preguntarte que me ayude a entender tu vida interior?

Como siempre es bromista, comenzó su lista con:

—¡Pregúntame cómo van las cosas entre mis amigas y yo!

En realidad, cuanto más pensaba Greg en lo que necesitaba para dejarme entrar en su vida interior, más se daba cuenta de que las preguntas que me gustaba que él me hiciera no le servían a él. Muchas veces, cuando le pregunto: «¿Cómo te sientes?», su respuesta es «todo bien» o «bien». Es como si hubiera hecho un voto de silencio.

Somos diferentes en lo que nos ayuda a penetrar en nuestra vida interior. Por eso, en lugar de un montón de preguntas «sensibleras» (como las llama Greg), a él le gusta cuando le pregunto: «¿Qué fue lo mejor y lo peor de tu día?». Así como ir introduciéndose poco a poco en un bañera para hidromasaje humeante, esta pregunta le permite a Greg sumergirse poco a poco en una conversación sobre la vida interior. A medida que Greg entra en calor hablando de las mejores y las peores partes de su día, a mí me va mejor cuando le hago las preguntas «sensibleras». La realidad es que logro acceder a su corazón y a su vida interior pero mediante un recorrido distinto al mío. Con el tiempo, logramos llegar a estas preguntas que tengo el hábito de hacerle:

- ¿Qué fue lo mejor de tu día?
- ¿Qué fue lo peor de tu día?

- ¿Qué te estresa más en el trabajo y en casa?
- ¿Qué ha estado enseñándote Dios últimamente?

El desafío más difícil de tener conversaciones vivificantes es hacerse el tiempo. Los primeros tres tipos de conversaciones (la charla, la conversación de trabajo y la conversación sobre los problemas) se dan naturalmente y sin que tengas que tomar demasiado la iniciativa. Eso es lo que distingue la conversación vivificante de las otras tres. Para que ocurra esta conversación vital, tendrás que hacerte el tiempo de marera proactiva. Por supuesto, es más fácil decirlo que hacerlo. Nos damos cuenta de que encontrar un simple bloque de diez minutos puede ser complicado y hasta parecer imposible. Dependiendo de la etapa de la vida en la que estés y de la combinación única de desafíos que tengas, tu conversación de diez minutos puede resultar muy distinta de la nuestra.

¿Cuándo es la mejor oportunidad para ustedes? Podría ser cuando están preparándose a la mañana, paseando al bebé en su carrito, durante la cena, mientras esperan en un consultorio médico, durante el medio tiempo de un partido, mientras van en automóvil a la iglesia, acostados en la cama, bebiendo un café, mientras ejercitan, cuando hacen los quehaceres del hogar, cuando están de compras en el supermercado o cuando vas de regreso a casa en el auto. Si la última idea te sorprendió, es porque las conversaciones vivificantes de diez minutos no siempre tienen que ser cara a cara (aunque es lo ideal). La Dra. Orbuch descubrió que valen igual por teléfono, por correo electrónico o en persona[11]. Esto es un cambio de estrategia si tú o tu cónyuge están fuera de casa por trabajo, tienen un largo viaje hasta su trabajo o si son una pareja de militares.

Otra de las formas en que alentamos a las parejas a revelar su vida interior es variando de preguntas para romper el hielo. Si eres como nosotros, es probable que te canses de preguntar siempre lo mismo o que no se les ocurran preguntas nuevas que hacerse el uno al otro. La buena noticia es que tenemos cargado en línea un artículo con docenas de preguntas estupendas (www.FocusOnTheFamily.com/conversationstarters.

Solo disponible en inglés). Estas son algunas de nuestras favoritas para ayudarte en tus conversaciones de diez minutos:

- ¿Qué habilidad o talento desearías haber aprendido, pero todavía no has podido?
- ¿Cuáles son las tres cosas que hiciste en tu vida de las que te sientes más orgulloso?
- Si pudieras volver a vivir un año de tu vida sin cambiar absolutamente nada, ¿cuál elegirías? ¿Por qué razones?
- ¿Qué sucedió cuando tomaste la decisión de aceptar a Cristo como tu Salvador y Señor? ¿Dónde y cuándo sucedió?
- Si pudieras cambiar de profesión y hacer algo diferente, ¿qué harías?
- Si tuvieras que tomarte una licencia paga y no pudieras trabajar durante todo un año, ¿qué es lo que más te gustaría hacer?
- ¿Hay alguna actividad audaz que te gustaría intentar?
- ¿Cuáles son las cinco cualidades principales que esperas que tengan tus hijos?
- Describe cómo es tu manera ideal de que pasemos una noche luego de que los niños se hayan ido a la cama.
- ¿De qué maneras te gusta que alguien te demuestre que te ama?
- ¿De qué formas te gusta ser conquistada?
- Si alguien quisiera financiar la puesta en marcha de tu negocio sin ninguna condición, ¿qué negocio iniciarías?
- Si heredaras doscientos mil dólares, ¿qué harías con el dinero?
- ¿Cuál crees que sea el secreto de las parejas que han estado felizmente casadas por más de cincuenta años?

Comprométanse a pasar al menos diez minutos diarios conversando sobre la vida interior de ambos sobre aquellas cosas que amplían el conocimiento que tienen de su cónyuge y que les permiten conocerse profundamente el uno al otro. En 1983, la banda Journey lanzó la canción

«Faithfully» (Fielmente). En esa canción, hay un verso que amamos: «Tengo la alegría de redescubrirte».

Alégrate en redescubrir a tu cónyuge una y otra vez. Toda una vida no alcanza para conocerse de verdad porque siempre estás cambiando. ¡Ese es el encanto del matrimonio!

Los compañeros de cuarto hablan de cosas triviales o «administran» su matrimonio hasta el hartazgo; las almas gemelas habitualmente buscan las conversaciones vivificantes.

CAPÍTULO 5

El descuido gradual

*El amor no se suicida. Tenemos que matarlo. También es cierto,
sin embargo, que a menudo se muere por nuestro descuido.*
DIANE SOLLEE

Los compañeros de cuarto se descuidan el uno al otro poco a poco;
las almas gemelas protegen los momentos sagrados.

Y VIVIERON FELICES PARA SIEMPRE...

Pam vivía un cuento de hadas con Jim. Su amor comenzó poco después de que una amiga de Pam les armara una cita a ciegas. La relación era todo lo que Pam siempre había soñado. Tenían muchas cosas en común con Jim. Ambos eran aventureros y amaban estar al aire libre; dar largas caminatas en las montañas era una de sus actividades favoritas. Jim era cariñoso y atento. Tenían excelentes conversaciones y muchas veces soñaban con el futuro juntos. A Pam le encantaba que Jim fuera extrovertido. Era un complemento agradable para su personalidad tranquila. Jim se las ingenió para hacerle una propuesta de matrimonio sorpresa en la cima de su montaña favorita. La boda fue una fiesta maravillosa, con las familias de ambos y los amigos cercanos. Después de la luna de miel, se embarcaron en la mayor aventura juntos: ser marido y mujer. Durante un tiempo, la vida diaria pareció normal.

Pronto recibieron en el hogar al primero de sus tres hijos. A medida que la vida se cargaba de ocupaciones, ninguno advirtió que estaban perdiéndose lentamente. Su mutuo amor nunca titubeó, pero con el tiempo su relación descendió en sus listas de prioridades. La mayoría de sus conversaciones giraban en torno a los horarios, las tareas pendientes, las responsabilidades de la casa, la economía y las actividades de los niños. La mayoría de las mañanas, alguno llegaba tarde al trabajo y la despedida consistía en un beso ficticio que se lanzaban desde la otra punta de la cocina. El saludo gastado se volvió lo habitual cuando alguien volvía a casa del trabajo, de hacer trámites o de llevar y traer a los niños. Sus charlas eran continuamente interrumpidas por los hijos o por el sonido de algún teléfono celular. Las cenas familiares pasaron a ser un recuerdo lejano porque eran interferidas por los entrenamientos de fútbol y gimnasia. Los deberes escolares y hacer dormir a tres hijos activos a menudo dominaba las noches. Después de revisar rápido los correos electrónicos, por lo general se sentaban en lados opuestos del sofá para mirar televisión o ponerse al día con las redes sociales. La mayoría de las noches, se quedaban dormidos después de repasar los resultados deportivos, los últimos titulares de las noticias y Facebook e Instagram en sus celulares.

Jim y Pam están distraídos y desconectados el uno del otro. Racionalizan que podrán prestarle atención a su matrimonio una vez que los hijos sean mayores, cuando las cosas se desaceleren en el trabajo y cuando el presupuesto les permita hacer salidas a solas.

Cuando hablan de su relación, Pam se queja de que se siente descuidada y de que Jim es emocionalmente inalcanzable. «Lo único que quiere es mirar televisión», dice ella. Jim, por lo general, contraataca con que no se siente prioritario y que siempre queda en un segundo plano por su trabajo, los hijos, sus amigas y todas las demás cosas en la vida de ella. «Siempre que estamos juntos, Pam está más interesada en su teléfono que en mí».

Las parejas terminan como compañeros de cuarto casados por

diversas razones. Hemos hablado del agotamiento que lleva a la desconexión: no puedes dar lo que no tienes. Hemos analizado de qué manera el estar ocupado te mantiene preocupado, por lo cual dejas pasar las ofertas de conexión. Estar continuamente administrando tu vida colmada te impide tener una comunicación vivificante. Aquí queremos enfocarnos en cómo descuidarse el uno al otro y descuidar el matrimonio causa que se sientan como compañeros de cuarto.

Cuando hablamos de descuido en este capítulo, no nos referimos al abandono o a la negligencia que provienen de un corazón endurecido. Nos ocuparemos del rechazo y del abandono en el capítulo once. En este momento, queremos centrarnos en el descuido «gradual»: la atención insuficiente o la desconsideración por descuido.

El descuido gradual ocurre, ante todo, cuando las parejas dejan de priorizar a su cónyuge y a su matrimonio. El no priorizar suele tener origen en dos cuestiones: los horarios sobrecargados y no elegir con cuidado cuáles son los «momentos sagrados».

Este tipo de descuido implica intencionalidad: uno de los cónyuges a propósito elige otra cosa antes que a su esposo o esposa. No estamos insinuando que la elección se haga con mala intención o con la finalidad de herir. Lo más probable es que suceda por descuido o apatía. Pam y Jim sin duda están ocupados, pero el problema no es el ritmo frenético, sino que se han ambientado a un esquema nocivo que es muy tentador. Cuando tienen tiempo disponible, no aprovechan la oportunidad. Intercambian tiempo de pareja o momentos de conexión por lo que llamamos «invasores del espacio sagrado».

Los invasores del espacio sagrado

¿Recuerdas el famoso videojuego de los años ochenta, *Invasores del espacio*? El objetivo era vencer las oleadas de alienígenas que avanzaban disparando un cañón láser que se movía horizontalmente a lo ancho de la parte inferior de la pantalla. A medida que el juego avanzaba, los alienígenas marchaban más rápido y la música se aceleraba, causándole una enorme ansiedad al jugador. Al final, los alienígenas se apoderaban de tu base y te vencían.

El mundo actual está lleno de esos alienígenas que bajan y avanzan implacablemente hacia tu relación, tratando de distraerte y destruir los momentos importantes que los mantienen conectados como pareja. En lugar de estar encerrados en una consola de videojuego que funciona con monedas, estos alienígenas son demasiado reales. Contienen distracciones tales como:

- Teléfonos inteligentes
- Hijos
- Televisión, grabadoras de video digitales, YouTube, Netflix y otra infinidad de servicios que transmiten en continuo
- Interrupciones del trabajo
- Computadoras o tabletas
- Parientes, amigos, vecinos o compañeros de trabajo necesitados
- Redes sociales
- Videojuegos

Estas cosas compiten continuamente por nuestra atención y tenemos acceso a ellas las veinticuatro horas, todos los días. Nos interrumpen. Nos distraen. Nos privan de momentos importantes de las relaciones, como los alienígenas que avanzan en *Invasores del espacio*, y amenazan con apoderarse de nuestro matrimonio.

No insinuamos que puedas desechar a estos invasores de manera sencilla. Nuestros hijos exigen muchísimo tiempo y atención y parecen haber desarrollado la facilidad para interrumpirnos cuando, por fin, encontramos un momento a solas. (Hace años, escuchamos una frase graciosa: «Hemos encontrado a los enemigos del matrimonio y son pequeños»). No puedes deshacerte de tus hijos. Tampoco es sensato ignorar a tu jefe. ¡Puede que no sea viable mudarse a una cabaña desconectada de los servicios públicos para escaparse de las personas exigentes!

No estamos proponiendo que purgues tu relación de toda la electrónica y las redes sociales.

Los invasores son parte de nuestra vida. *Van* a interrumpirnos. La clave no es deshacerse de estos invasores, sino aprender a proteger nuestros momentos sagrados cuando interrumpen.

Vemos dos problemas principales que causan que alguien se sienta descuidado o que terminan en que la relación matrimonial sea descuidada.

El primero es lo que llamamos las interrupciones «no intencionales». Son interrupciones involuntarias. Tú no las buscas, ellas te encuentran. Un hijo pequeño que se levanta de la cama mientras tú y tu cónyuge intentan tener una conversación vivificante. Un mensaje de la jefa mientras están viendo su programa favorito en Netflix, diciendo que necesita algo urgente para una junta importante para el día siguiente. El hecho de ser un profesional de la salud que debe atender las llamadas telefónicas del hospital durante la comida familiar. Una amiga necesitada que pasa a saludar mientras toman un café en pareja. Un conductor que necesita ayuda con su automóvil averiado frente a tu casa mientras ustedes charlan en el porche delantero. Un hijo adulto que llama en crisis mientras están dando una caminata juntos. Un excónyuge que necesita hablar sobre un asunto de la crianza cuando se encuentran en un momento de relajación. El punto es que algo o alguien los interrumpe mientras están conectándose. Ustedes no buscan la interrupción, pero su valiosa conexión es interrumpida.

Los ejemplos anteriores son diferentes de las interrupciones «deliberadas». Las cuales ocurren cuando tú inicias la perturbación. Eso no implica que trates de ignorar a propósito a tu cónyuge. Pero, aunque el descuido sea sin querer, inicias algo que los priva del tiempo que comparten. La tecnología es el principal sospechoso cuando se trata de las interrupciones deliberadas. Culturalmente, hasta hemos acuñado un término que describe al acusado: *tecnointerferencia*. Son las «intrusiones o interrupciones cotidianas a las interacciones de la pareja o al tiempo que pasan juntos que ocurren debido a la tecnología»[1]. Por ejemplo, en medio de una conversación uno de los cónyuges atiende una llamada o responde un mensaje. Su atención se traslada de su cónyuge a su dispositivo. Esto corta la conexión relacional. Como lo enunció un autor:

> Al permitir que la tecnología interfiera o interrumpa las conversaciones, las actividades y el tiempo compartido en pareja (aunque sea sin querer o por momentos breves), una persona podría estar mandando mensajes implícitos en cuanto a lo que valora más, lo cual lleva al conflicto y a resultados negativos en la vida personal y en las relaciones[2].

Otro fenómeno relacionado con la tecnología que interrumpe el tiempo de la pareja es el *ningufoneo*: la fusión de las palabras «teléfono» y «ninguneo». Esto sucede cuando te sientes «ninguneado» porque tu cónyuge está distraído por su teléfono, en lugar de prestarte atención a ti. Uno de los cónyuges no está del todo presente en el momento. Por ejemplo: sacas el teléfono para ver los resultados del fútbol mientras estás en una salida de pareja con tu esposa, lees un mensaje de texto durante la cena o miras Facebook mientras ven una película juntos. Tu cónyuge se sentirá invisible, sentirá que está compitiendo contra el teléfono para lograr tu atención, ¡y que va perdiendo! A propósito o no, el mensaje transmitido es: «Eres menos importante que mi teléfono».

El problema de las interrupciones intencionales es doble. Primero, tu cónyuge se siente descuidado. La palabra *descuido* deriva del prefijo *des* (el cual implica la negación o inversión del significado de la palabra a la que va antepuesto) y del verbo en latín *cotigāre*, el cual significa «pensar»[3]. A la larga, un cónyuge descuidado cuestionará el valor que tiene para ti. Segundo, tu matrimonio es privado de la conexión cara a cara. Fíjate, por ejemplo, en los teléfonos celulares. Cuando ambos están con los celulares, pueden estar juntos en la misma habitación y sentirse en un mundo aparte. Los investigadores afirman que revisamos nuestro teléfono aproximadamente cada seis minutos, o unas ciento cincuenta veces por día[4]. Y el celular es un amante celoso: exige atención todo el día con las notificaciones, las llamadas, los mensajes de texto, Facebook, Instagram, YouTube, las transmisiones nuevas, los resultados deportivos, los videos en vivo, la música e infinidad de aplicaciones. Los teléfonos celulares y otras cosas nos roban los momentos preciosos que tenemos para conectarnos.

Por favor, no nos malinterpretes. No criticamos la tecnología. No todo el tiempo frente a las pantallas es perjudicial para tu matrimonio. Los celulares, el correo electrónico, las videollamadas y las redes sociales pueden ayudar a las parejas a mantenerse conectadas a lo largo del día a través de mensajes románticos, publicaciones divertidas, fotos graciosas y llamadas. Una vez, yo (Greg) tuve que salir de una junta de trabajo porque Erin me envió un mensaje de texto graciosísimo. Recibió un recordatorio de Facebook sobre el cumpleaños de alguien. Era una amiga que conocía de varias mudanzas anteriores. Alguien de quien había «sido amiga» y con quien no tenía contacto desde hacía un tiempo. Pero, como es extrovertida y amigable, Erin publicó un mensaje de feliz cumpleaños deseándole un gran día con sus amigos y su familia. Poco después de escribir en el muro de la persona, otra amiga le envió a Erin un mensaje desesperado explicándole que la mujer había fallecido seis meses antes. Erin obviamente estaba mortificada. Sin parar de reírme, tuve que salir de la junta que yo dirigía, ¡mientras imaginaba a mi pobre esposa tratando con desesperación de eliminar los deseos de cumpleaños que había publicado!

Los mensajes de texto frecuentes y las llamadas breves ayudan a las parejas a mantenerse actualizadas sobre los acontecimientos del día. Las investigaciones indican que la comunicación habitual con un cónyuge a través de llamadas y mensajes de texto hace que las personas se sientan más felices y seguras en su relación[5]. Usamos el tiempo de pantallas para comunicarnos cuando estamos *separados*. Esta es la diferencia fundamental. Es cuando estamos *juntos* que la tecnología puede distraernos y robarnos el tiempo cara a cara: nuestros momentos sagrados.

Lo «obvio» es el debilitamiento gradual que ocurre cuando descuidamos silenciosamente a nuestro cónyuge y preferimos la tecnología u otros invasores antes que la conexión. Los compañeros de cuarto se descuidan el uno al otro gradualmente; las almas gemelas protegen los momentos sagrados. Para pasar de compañeros de cuarto casados a almas gemelas es necesario que protejas estos momentos sagrados de la relación contra los invasores del espacio. Estos momentos son como tu casa en el videojuego. No permitas que los invasores te venzan destruyendo tu casa.

Protege los momentos sagrados

Según la mitología griega, las sirenas eran criaturas femeninas peligrosas que atraían con sus cantos hermosos a los navegantes para llevarlos a su isla. Los barcos de los navegantes chocaban contra los arrecifes rocosos, cerca de la isla de las sirenas[6]. Los cantos de sirena de los celulares, los hijos, la televisión, los familiares y los amigos necesitados, las computadoras y las tabletas, las redes sociales y los videojuegos pueden ser peligrosos para la salud de tu matrimonio cuando se roban tus momentos sagrados.

En el poema épico griego *La Odisea*, Homero describe un encuentro entre Odiseo y las sirenas. En lugar de intentar matar a las sirenas, Odiseo les dijo a los tripulantes que se taparan con cera los oídos y les ordenó que lo ataran al mástil del barco. Le dijo a la tripulación que, aunque él les suplicara, no debían desatarlo. Cuando pasaron cerca de la isla de las sirenas, Odiseo empezó a rogarles a sus compañeros de tripulación que lo soltaran, pero ninguno lo escuchó. Después de que pasaron, Odiseo les avisó que ya estaban en aguas seguras[7]. Tal vez te preguntes qué tiene que ver una historia de hace dos mil ochocientos años con ayudarte a proteger tus momentos sagrados actuales. La idea es que Odiseo no atacó directamente a las sirenas ni trató de eliminarlas. En cambio, evadió la tentación ignorando su canto seductor. En el mismo sentido, no tienes que librar una guerra contra los teléfonos celulares, la televisión u otros invasores. No se trata de erradicar de tu hogar la televisión y los celulares o de tomarte un año sabático de la tecnología. Para la mayoría de las personas, esto es impracticable. Si crees que Dios está llamándote a purgar a tu familia de la tecnología, sin embargo, sin falta debes hacerle caso a su invitación.

Proponemos una solución menos extrema. En lugar de pelear contra la tecnología, evade su canto de sirena durante los momentos clave de la relación. Al tiempo que escribo (Greg) esta parte del libro, estoy sentado en nuestra cafetería preferida, Mission Coffee, en Colorado Springs. Un buen amigo de mi trabajo y su esposa están sentados en una mesa cercana disfrutando de su salida de pareja. Mientras miro cómo se conecta la pareja (no de un modo escalofriante ni acosador), observo que han dejado al lado sus teléfonos y lo único que hay entre ellos y la comunicación vivificante son dos tazas de café y un enorme burrito para desayunar.

Hace poco, yo (Erin) desafié a una cliente a borrar las redes sociales de su teléfono celular por un tiempo. Acabo de recibir un mensaje de ella: «Tenía miedo, pero la semana pasada lo hice. Ha sido impresionante. Estoy mucho más presente para mi esposo y mi familia».

De esto estamos hablando. No se necesitó nada extremo. Nuestros amigos no tuvieron que cancelar sus contratos telefónicos y la cliente de Erin no tuvo que cerrar sus redes sociales; solo tenían que eludir la tentación, el llamado de sirena de los tonos de llamadas y de las notificaciones emergentes.

Nos encanta cómo aborda las tentaciones 1 Corintios 10:13 (TLA): «Ustedes no han pasado ninguna tentación que otros no hayan tenido. Y pueden confiar en Dios, pues él no va a permitir que sufran más tentaciones de las que puedan soportar. Además, cuando vengan las tentaciones, Dios mismo les mostrará cómo vencerlas, y así podrán resistir».

Así como cualquier otra pareja, tu relación será tentada por estas distracciones. Llámalas sirenas o alienígenas; siempre están presentes en nuestra vida y han llegado para quedarse. Exigirán a gritos tu atención. Pero, como nuestros amigos en la cafetería, podemos elegir ignorarlas durante los momentos «sagrados», las ocasiones en que podemos conectarnos relacionalmente. Y Dios nos dará su fuerza y nos mostrará cómo vencerlas cuando se lo pidamos.

Hablemos de estos momentos sagrados.

Tenemos mil cuatrocientos cuarenta minutos por día. Durante un día típico, la mayoría de las personas dedican esos minutos a dormir, trabajar, hacer trámites, quehaceres hogareños, cuidar a los hijos, viajar al trabajo, descansar, relacionarse con otros, jugar, comer y a hacer muchas otras cosas. Obviamente, no todos esos minutos son «sagrados» ni necesitan ser protegidos.

Cuando nos referimos a tu matrimonio, lo que hace *sagrado* a un momento es su potencial de conexión. Sentarse juntos en una cafetería, sin los niños, le confiere a ese momento un alto valor de conexión. Por lo tanto, esta es una oportunidad que puedes aprovechar para fortalecer tu relación; no así cuando lidias con un niño quejoso o preparas la cena mientras haces que tus hijos dejen de pelear y terminen la tarea. En estos últimos la probabilidad de conexión relacional es baja. De hecho, la mayoría de tus mil cuatrocientos cuarenta minutos por día contienen muy escasos momentos sagrados para la relación. Pero sí existen. Y los invasores del espacio sagrado están deseosos de distraerte e impedirte que aproveches estos minutos comunes y corrientes y los conviertas en momentos para conectarte y afianzar tu matrimonio. La palabra *sagrado* significa, en parte, asegurar algo valioso contra la infracción, salvaguardarlo o protegerlo activamente contra su invasión[8]. El objetivo es: *reconocer tus momentos sagrados de conexión y protegerlos de las sirenas y de los alienígenas que intentan destruirlos.*

Un momento sagrado es una experiencia específica que facilita la conexión entre tú y tu cónyuge. Tu matrimonio es único y comprenderá distintos momentos sagrados que sistemáticamente aparecen en otros matrimonios. Pero hay tres momentos sagrados que vale la pena reconocer y proteger en especial:

1. La charla íntima
2. El momento de la despedida
3. El regreso a casa (el saludo)

Veamos cómo proteger de los invasores a estos momentos sagrados.

La charla íntima

La charla íntima es típicamente la conversación en la intimidad que tienen los amantes inmediatamente después del sexo. Por más romántica que suene, queremos ampliar la idea de la charla íntima para que implique una conversación placentera y vivificante entre los cónyuges en la cama.

Luego de un día ocupado, las parejas necesitan tener una conversación significativa. Pero, para muchas, el hábito de la conversación va quedando al lado con el paso del tiempo. Después de veintisiete años de matrimonio, creemos que uno de los mejores momentos para la comunicación significativa es al final del día al estar acostados en la cama. Es entonces cuando las parejas deberían hablar de los altibajos del día, analizar sus emociones, acurrucarse, besarse, tener relaciones sexuales y orar juntos. ¡Los invasores del espacio sagrado arruinan este momento! Confesamos que esto es un gran problema para nosotros. En vez de usar este tiempo precioso para reconectarnos, muchas veces nuestros celulares se adueñan de esta oportunidad. Francamente, hemos adoptado el hábito desagradable de revisar nuestros teléfonos celulares justo antes de dormir y apenas nos despertamos. Cuando sucede eso, desviamos la atención de uno en el otro y, sin querer, damos el mensaje equivocado acerca de qué es lo que valoramos más. Solemos descubrirnos acostados juntos en la misma cama pero sintiéndonos a kilómetros de distancia. Por desgracia, hemos preferido descartar este momento sagrado.

Como pareja casada, necesitamos un «santuario interior»; un lugar especial que se diferencie del resto de la casa e, incluso, del resto de la familia. *Santuario* significa un lugar de refugio o de seguridad donde alguien recibe protección o albergue. La habitación matrimonial *puede* ser el santuario perfecto. Para convertir tu dormitorio en un santuario tienes que establecer unas normas básicas. Analiza rigurosamente qué los distrae de conectarse en la cama a la noche. ¿Es mirar la televisión en la cama? ¿Invitan o dejan que los niños duerman en su habitación? ¿Están absortos en sus celulares? Busquen juntos la solución a lo que sea que esté apropiándose de la conexión de la charla íntima. Quizás deban sacar el televisor de la habitación. Más allá de alguna circunstancia excepcional como una tormenta, una pesadilla o una enfermedad, los hijos deben dormir en su propia cama. Enséñenles a los niños a respetar su tiempo a solas. Ellos también deben comprometerse a que tengan un matrimonio fuerte. Cada vez que nuestros hijos ven que nos besamos y se quejan diciendo: «¡Qué asco!», les respondemos en tono de broma: «El cariño nos ayuda a mantener fuerte nuestro matrimonio... ¡es lo que más les conviene a ustedes!». Además de bromear con nuestros hijos, intentamos que les llegue el mensaje de que ellos tienen que apoyar nuestro matrimonio: todos ganamos cuando nuestro matrimonio está firme.

Si tu celular es la mayor distracción, como lo es para nosotros, considera dejarlo cargando en el baño en lugar de al lado de tu cama. Es fácil dejarte absorber por el celular si está al lado tuyo. Yo (Greg) estoy listo para acostarme mucho más rápido que Erin y tardo apenas instantes en perderme por completo en las aplicaciones de noticias o en un juego del solitario. Entonces, cuando Erin llega a su lado de la cama y me ve con el celular, rápidamente revisa Facebook o responde algún mensaje de texto. De repente, pasaron treinta minutos y ahora ambos tenemos sueño. Por desgracia, ¡terminamos gastando nuestra energía y nuestro tiempo jugando con nuestros estúpidos teléfonos celulares, en lugar de jugar entre nosotros!

La charla íntima se caracteriza por conectarse antes de irse a dormir. Ahora bien, no estamos diciendo que tengan que quedarse toda la noche despiertos, hablando y riéndose como si estuvieran de pijamada. Puede ser una conversación rápida de diez minutos. Pero, como dijimos antes, también puede incluir acurrucarse, besarse y tener sexo. Los animamos a terminar la charla íntima orando juntos.

Yo (Erin) en realidad me di cuenta de esto cuando visité a unos queridos amigos. Antes de irse a la cama, dejan sus teléfonos celulares cargándose en la cocina. Mantienen esa actitud de «Ni siquiera sé dónde está mi celular» a lo largo del día. Es muy renovador e inspirador. ¿En realidad nos perdemos de algo si dejamos los teléfonos?

Proteger tu charla íntima y usarla para conectarse genera un sentimiento positivo que tú y tu cónyuge conservarán toda la noche.

El momento de la despedida

«Despedirse es un dolor tan dulce». Este famoso verso de *Romeo y Julieta* ilustra de igual manera lo doloroso que es decir adiós y lo dulce que es pensar en el reencuentro inminente.

De seguro experimentas el mismo dulce dolor cuando tú y tu cónyuge se despiden, ¿verdad? Como los jóvenes amantes Romeo y Julieta, quizás se afligían al comienzo de su matrimonio. Pero, a medida que pasaron los años, puede que tu saludo de despedida no consista en más que un fugaz «Nos vemos luego, cariño» dicho por encima del hombro mientras sales corriendo por la puerta.

Sabemos que no es tan simple. Las mañanas pueden ser estresantes. Por razones válidas, puede que este no sea tu momento sagrado. Pero muchas parejas desperdician la oportunidad de despachar a su pareja al mundo sintiéndose amada y conectada.

Ya sea a la mañana, al hacer un trámite, en el momento de salir de viaje o cuando llevas a tu hijo a un entrenamiento, decir «hasta luego» es un momento sagrado porque es una oportunidad para reconocer a tu cónyuge. Cuando salimos corriendo por la puerta, da la idea de indiferencia. Eso hace que nuestro cónyuge se sienta invisible y no valorado, lo cual traerá más resentimiento y desconexión.

No insinuamos que debas hacer un gesto estrafalario antes de despedirte. Tu marido no necesita que embadurnes su rostro con lápiz labial rojo. Tu esposa no necesita que la inclines hasta el piso con un beso apasionado. Sí hay cosas, sin embargo, que puedes hacer y que te ayudarán a aprovechar este momento sagrado. Halaga a tu cónyuge. Nos encanta cómo Dios elogió a su Hijo la tarde que comenzó su ministerio público: «Y una voz dijo desde el cielo: "Tú eres mi Hijo muy amado y me das gran gozo"» (Marcos 1:11). ¿No sería genial si cada vez que nos despedimos nuestro cónyuge supiera que nos da gran gozo? Yo (Greg) recuerdo que un mentor me dijo que siempre le dice un cumplido a su esposa antes de que se vaya a trabajar porque no quiere que el primer halago que escuche sea de otro hombre. Jamás he olvidado ese consejo sabio.

La despedida también es una oportunidad para decir palabras de aliento. Cuando dices palabras alentadoras, le das ánimo a tu cónyuge. La vida es difícil. Fácil es desanimarse y desmotivarse. Las palabras alentadoras le dan a tu cónyuge más coraje y determinación para hacer su trabajo. Alentar es levantar y afirmar a tu cónyuge al punto que diga: «¡Puedo hacerlo!» frente a algo que, de otra manera, podría parecer demasiado difícil. Nos encanta el consejo del rey Salomón: «Las palabras de la boca del sabio *son* gracia» (Eclesiastés 10:12, JBS). Anima a tu cónyuge con misericordia.

Una última forma de aprovechar el momento sagrado de despedirse es dar cariño. Yo (Erin) en realidad he interiorizado esta idea. No dejo que Greg se vaya de nuestro hogar sin un beso. No me importa si tengo que perseguirlo fuera de la casa, ¡él recibe un beso! En esta guerra de «corazoncitos» y «me gusta», Greg me dice desde hace mucho tiempo que prefiere saber que él me gusta a mí. Me dice que sabe que lo amo porque se lo prometí el día de nuestra boda. También que no duda de mi amor, pero hay momentos en los que empieza a preguntarse si me gusta.

Para mi esposo, recibir un beso de despedida es una demostración de que me gusta. Dice que eso le reconfirma mi compromiso y mi pasión por él (¡excepto cuando aún no me he cepillado los dientes!).

Para nosotros, la razón por la cual tenemos que despedir a nuestro cónyuge con un beso a la mañana es porque los hombres que besan a su esposa por la mañana viven cinco años más que quienes no lo hacen. ¡En serio! Un estudio conducido por un grupo de médicos y psicólogos alemanes descubrió que los hombres que recibían un beso de su esposa todos los días faltaban menos al trabajo por causa de enfermedades, tenían menos accidentes de camino al trabajo, ganaban entre un 20% y un 30% más al mes y vivían alrededor de cinco años más que aquellos que no recibían un beso por día. Según los investigadores, esto se debe a que las personas que besan comienzan el día con una actitud positiva y se cree que quienes no lo experimentan salen de su casa con una falta de confianza en sí mismos[9]. Al parecer, los alemanes en realidad son muy apasionados con los besos. Hay treinta palabras en alemán que describen diferentes tipos de besos. La palabra *nachküssen* es el beso «para compensar los besos olvidados»[10]. Cuando eres cariñoso con tu cónyuge al despedirte, ese es el sentimiento que él o ella llevará consigo a lo largo del día. Entonces, ¡date prisa para dar esos besos o *nachküssen*!

El regreso a casa (el saludo)

Dos de las mejores palabras en el idioma español son «¡Llegó papá!». Cuando nuestros hijos eran pequeños, me encantaba (Greg) abrir la puerta y que mis hijos me rodearan al volver del trabajo. Sea lo que fuere que pudieran haber estado haciendo, en ese momento, nada parecía más importante que saludarme con un entusiasmo y un cariño voraces. Sammy, nuestro «nieto canino» (el perro de nuestra hija y nuestro yerno), un Golden Doodle de veintisiete kilos, hace exactamente lo mismo cuando los visitamos o cuando ellos lo traen a casa. Sammy se vuelve loco cuando nos ve aparecer. Gime entusiasmado, mueve la cola descontroladamente y corre formando ochos entre nuestras piernas.

Siempre espero que esté mirando Fiona, la gata de nuestra familia. A menos que la indiferencia y el aburrimiento te agraden, ella bien podría aprender algunas cosas observando cómo nos saluda Sammy. Por lo general, cuando llegamos a casa, Fiona nos mira mal de reojo, como diciendo: «¡Ustedes, otra vez! ¡Esta es mi casa!».

Las parejas que recién se enamoran manifiestan la misma clase de entusiasmo que los niños y los perros. Regresábamos a casa luego de dictar un seminario para matrimonios, cuando encontramos a una pareja joven que se abrazaba apasionadamente apenas a la salida del área de seguridad del aeropuerto. Era conmovedor, como mirar el reencuentro de la familia de un militar después de un largo despliegue. La mujer, literalmente, se lanzó a los brazos de él. Se besaron, lloraron y se abrazaron. Yo (Greg) terminé junto a la feliz pareja mientras esperaba nuestro equipaje. Erin se había ido al baño. La pareja joven seguía ahí, congelados en un profundo abrazo. El tipo hizo contacto visual conmigo, así que sonreí y dije:

—Los viajes largos son difíciles. Apuesto a que está feliz de por fin llegar a casa.

—Es buenísimo estar de regreso —dijo él estrujándola aún más fuerte—. Aunque apenas me fui ayer, sentí como que me hubiera ido para siempre.

Ella añadió con entusiasmo:

—¡Fueron las veinticuatro horas más largas de mi vida!

Justo en ese momento, Erin se acercó y, con su tono de voz más frustrado, dijo:

—¡Todavía estás aquí!

Solté una carcajada. Sabía lo que Erin quería decir. «¿Todavía estás esperando el equipaje...? ¿Por qué tarda tanto?».

Pero, comparándolo con el de la parejita joven, el saludo de Erin sonó cruel: «¡Sigues aquí! ¡Pensé que habíamos quedado en que te habrías ido cuando llegara a casa!».

Nos reímos durante todo el camino hasta el estacionamiento después de que le expliqué que aquel reencuentro dramático había sido por haber estado separados durante veinticuatro horas.

¿Cómo saludas a tu cónyuge cuando llega a casa? ¿Es como el saludo de aquella pareja joven en el aeropuerto o suena al saludo de Erin?

Al regreso de un viaje de negocios, una esposa recibió a su marido en el aeropuerto de Denver con el vestido de novia puesto y con un enorme letrero que decía: «Volvería a hacer todo de nuevo. Te amo». Con catorce años de casados, quiso que su esposo se sintiera tan importante y especial. Quiso comunicar: «Estoy aquí para el largo plazo»[11].

Obviamente, es exagerado que te pongas el vestido de novia o que aplaudas y ovaciones de pie cada vez que tu cónyuge vuelve a casa. La mayoría de las veces estás en medio de alguna ocupación. No es que intentes actuar como nuestra gata Fiona (indiferente o insensible); simplemente estás saturada de estímulos. Lo entendemos. Nada de juicio ni culpabilidad. Pero esas tareas o distracciones te hacen menos consciente de lo que sucede alrededor de ti, y tu cónyuge empieza a pensar que no te interesa y se siente descuidado. Los compañeros de cuarto apenas levantan la vista para decirse «hola», mucho menos se acercan para abrazar a su cónyuge cuando vuelve a casa. Lo cual es triste porque la mayoría dejaría de hacer lo que está haciendo para dar la bienvenida a una visita que llega a su casa. ¿Por qué no hacemos lo mismo por nuestra alma gemela?

Ahí tenemos un momento sagrado que espera que lo aprovechemos, pero la mayoría lo dejamos pasar o subestimamos su potencial. Saludar a tu cónyuge puede parecerte simple, pero este pequeño gesto puede causar un gran impacto. La persona se siente valorada: te tomaste el tiempo para dar la bienvenida y reconocer a tu cónyuge. El saludo afectuoso crea un ambiente pacífico y cálido para el resto de la noche.

Por lo tanto, aprovecha este momento sagrado. Deja lo que estés haciendo para saludar a tu cónyuge cuando se reencuentren. Si tú eres la persona que regresa, abraza a tu cónyuge antes que a tu mascota, a tus hijos o a la TV. La meta es que tus hijos griten: «¡Qué asco!». Esa es la prueba de que se han saludado bien.

Yo (Erin) tengo una amiga que perdió a su esposo inesperadamente. Nunca olvidaré el día que me senté con ella después del accidente y, en medio de sus lágrimas, señaló la puerta de adelante de su casa y dijo:

—Daría cualquier cosa para que él entrara por esa puerta y pudiera abrazarlo y besarlo. No lo dejaría irse jamás.

En lugar de ignorar a tu esposa cuando vuelve a casa, de revisar tu teléfono ni bien entras en el automóvil o de ver la TV en la cama, dedícale esa atención a tu cónyuge. Es probable que eso requiera que ambos se pongan de acuerdo en cuanto a los límites durante los momentos sagrados para que puedan dedicarse lo primero y lo mejor de su atención, no las sobras.

Los compañeros de cuarto se descuidan el uno al otro poco a poco;

las almas gemelas protegen los momentos sagrados.

CAPÍTULO 6

Vivir vidas independientes

Todo matrimonio se encamina naturalmente a un estado de aislamiento.
A menos que cultives y mantengas con amor y vigor la intimidad
en tu matrimonio, poco a poco te distanciarás de tu cónyuge.

DENNIS RAINEY

Los compañeros de cuarto viven vidas independientes;
las almas gemelas son dos individuos conectados que son aún
mejores cuando están juntos.

A PRIMERA VISTA, Jeff y Lindsey parecen una pareja normal. Están criando a dos adolescentes y un perro labrador marrón chocolate. Su casa necesita reparaciones y esperan algún día poder venderla para sacar una buena ganancia. Ejercitan a la mañana, acompañan a los hijos a la escuela, van a trabajar, comen, hacen arreglos en la casa, miran sus programas favoritos de televisión, van a la iglesia, disfrutan de estar al aire libre, disfrutan sus pasatiempos y salen con amigos.

Solo que hacen estas cosas por separado.

Con quince años de matrimonio, Jeff y Lindsey poco a poco se han independizado el uno del otro. Jeff está metido de lleno en su profesión como ejecutivo de una pequeña empresa, lleva a los niños a los entrenamientos y hace arreglos en la casa. Lindsey está absorta en su empleo de enfermera, cría a sus dos hijos, se ocupa de las responsabilidades domésticas y sale con amigas.

Después de un noviazgo y una boda relámpago, no tardó en llegar su primer hijo. Nunca tuvieron en realidad la oportunidad de aprender a ser una pareja conectada. Ahora, la mayor parte de su tiempo y su energía la dedican a sus trabajos y a sus hijos. La misión primordial que tienen juntos es criar hijos felices y bien centrados que sigan al Señor. Se contentan con compartir el hogar y los gastos, pero no tienen una relación interconectada. Las únicas veces que están juntos es en algún evento deportivo de algún hijo, en la iglesia o cuando necesitan hablar de su economía, la logística, los horarios o las tareas pendientes.

Su matrimonio es frío y distante, como si fueran a gran velocidad por dos caminos paralelos, en lugar de vivir la vida juntos. Como son firmemente independientes, la prioridad no es la relación matrimonial. De vez en cuando, Jeff y Lindsey fantasean con encontrar a otra persona, pero siguen casados porque la soledad no es un fundamento bíblico para divorciarse (Mateo 19:9) y porque no quieren hacer sufrir a sus hijos. Ambos vienen de hogares disueltos y no toleran la idea de que sus hijos pasen por el dolor de un divorcio.

Quieren recuperar la conexión íntima que existió en los primeros años de su noviazgo y su matrimonio, pero sienten que su relación es como la divisoria continental (una cuchilla de tierras altas que atraviesa las Montañas Rocallosas y que dirige algunas corrientes de aguas hacia el océano Pacífico y otras al océano Atlántico). El matrimonio de Jeff y Lindsey se ha dividido en dos «riachuelos» individuales que van en direcciones separadas. Han perdido su sentido de unión y no parecen encontrar el camino de regreso a un matrimonio conectado.

Jeff y Lindsey no son para nada un caso único.

Muchas parejas casadas conviven mientras llevan vidas paralelas. Los estudios indican que en un porcentaje tan elevado como el 40%, los cónyuges se quejan de sentirse solos en ocasiones o con frecuencia[1].

En un estudio entre adultos mayores, más del 60% de las personas que informaron sentirse solas estaban casadas y vivían con su cónyuge[2].

Vivir solos, juntos

Todas las parejas deben soportar los altibajos de la conexión y la intimidad. Las exigencias de la vida requieren enormes cantidades de tiempo y atención. Durante las épocas ajetreadas es fácil que tu matrimonio pierda la prioridad y puede ser sumamente difícil conectarse como pareja. Es fácil sentirse como dos barcos que se cruzan de casualidad a la noche. Para muchas parejas, este tipo de separación está ligado a una situación particular y, en general, dura un tiempo específico o una breve temporada. El verdadero problema es cuando el alejamiento perdura semanas, meses o incluso años, y un día te das cuenta de que están viviendo vidas independientes.

Esto fue lo que les sucedió a Jeff y Lindsey. Su desconexión se volvió crónica. Jeff viajaba habitualmente por trabajo y, aun cuando estaba en casa, trabajaba en la obra de la reforma, pasaba el rato en los entrenamientos de los niños o dedicaba tiempo a sus aficiones. Lindsey sentía que se ocupaba sola de la casa y de la crianza de sus dos hijos. A medida que se distanciaban más, Lindsey se sintió abandonada, así que se dedicó de lleno a sus hijos, su trabajo de enfermera y sus amigas. Con el tiempo, tenían poco en común y sintieron que vivían en soledad, juntos.

Como pasó con Jeff y Lindsey, una pareja puede vivir independientemente el uno del otro, sin siquiera darse cuenta de están viviendo vidas paralelas. Aquí hay algunas señales de advertencia que podrían indicar que la relación está marchando velozmente por caminos separados:

- Casi no se ven cuando están en la casa. Pocas veces comparten las comidas. Pasan la mayor parte del tiempo en cuartos separados de la casa.
- Hacen las tareas domésticas de forma independiente.

- Les dedican la mayoría de los fines de semana, las tardes o el tiempo libre a sus hijos, sus amigos, la iglesia, los pasatiempos o los intereses personales.
- Tu cónyuge no es la primera persona a la que llamas para hablar de tu día o para compartir buenas noticias. Si te sientes mal, lo más probable es que se lo confíes a otra persona.
- No consultas a tu cónyuge cuando tomas decisiones ni discutes planes o actividades individuales.
- Se acuestan y se levantan en horarios distintos. Ya no duermen en la misma cama o en la misma habitación.
- Tienen cuentas bancarias separadas: el dinero de «él» y el dinero de «ella».
- Parece que ya no discuten más, ¡no vale la pena!
- La mayoría de sus conversaciones se concentran en las responsabilidades cotidianas y en la logística, más que en lo emocional y en los temas de la «vida interior».
- Además de los niños, parecen tener poco en común. Tienen pasatiempos e intereses distintos.
- Existen cerca el uno del otro. Se sientan en lados opuestos del sofá cuando miran televisión. Cuando están en la cama, duermen cada uno en su lado y nunca se tocan.
- Las relaciones sexuales son escasas o inexistentes.
- Salen con sus propios amigos y casi no tienen «parejas» de amigos.
- No funcionan como compañeros de equipo.
- Siguen juntos por el bien de los niños.

La suma total de estos comportamientos equivale a un matrimonio eficiente pero solitario. El matrimonio, según la propia definición de Dios, tiene que ver con la unión y con la intimidad profunda: *dos se convierten en uno solo* (Génesis 2:24). Nadie se imagina sintiéndose sola en su matrimonio mientras elige un vestido de novia. Estamos bastante seguros de que no te paraste en el altar pensando: *¡No veo la hora* *de casarme para que vivamos vidas independientes!* El matrimonio, sin embargo, puede ser un lugar muy solitario.

Un matrimonio solitario puede parecer un oxímoron. La fantasía es que el matrimonio debe garantizar un «mejor amigo» para que nunca tengas que sentirte solo otra vez. Pero el matrimonio no nos protege de la soledad. Vivir con un cónyuge no garantiza la conexión. Según explica una autora:

Las personas suelen pensar en el abandono como algo físico, como descuido. La pérdida de la cercanía física debido a la muerte, el divorcio o la enfermedad también puede sentirse como un abandono emocional. Pero el abandono emocional no tiene nada que ver con la proximidad: puede ocurrir cuando la otra persona está acostada al lado de nosotros, cuando no podemos conectarnos o cuando nuestras necesidades emocionales no son satisfechas en nuestra relación[3].

En muchos sentidos, este tipo de soledad es mucho más dolorosa porque estás *casado*. Si bien no estás «solo» físicamente, te sientes extraordinariamente solo por el aislamiento. Como lo explican otros autores:

Cuando el aislamiento contamina el matrimonio, marido y mujer se excluyen el uno al otro. Cuando se excluyen, tienen una sensación de distancia, falta de cercanía y poca intimidad real. Pueden compartir la cama, cenar a la misma mesa, mirar el mismo televisor, compartir la misma cuenta corriente y criar a los mismos hijos; y, aun así, seguir sintiéndose solos. Pueden tener relaciones sexuales, pero no tienen amor. Pueden hablar, pero no se comunican. Viven juntos, pero no comparten la vida[4].

No fuimos creados para vivir solos. Nuestro Creador ha puesto en nosotros un anhelo irresistible por conocer y ser conocidos en lo íntimo.

En lo profundo de nuestro ser, Dios ha sembrado este deseo de pertenecer, de que alguien descubra a la persona real que llevamos adentro y haga esa conexión relacional. Puso dentro de nosotros el apetito de ser deseados y amados como individuos valiosos. Esto en particular es cierto en el matrimonio. «Dios el Señor dijo: "No es bueno que el hombre esté solo. Voy a hacerle una ayuda adecuada". [...] Así el hombre fue poniéndoles nombre a todos los animales domésticos, a todas las aves del cielo y a todos los animales del campo. Sin embargo, no se encontró entre ellos la ayuda adecuada para el hombre» (Génesis 2:18, 20, NVI). Mientras elegía nombres, sin duda, Adán habrá notado que hasta los animales estaban en parejas. Esto debe haber intensificado el fuerte deseo de su alma por tener su propia pareja, una compañera.

Cuando vivimos vidas paralelas, el desapego consume nuestra experiencia y genera una soledad dolorosa. La desesperación y la impotencia nos superan y el matrimonio se vuelve insatisfactorio. Las personas se cansan de hacer intentos por reconectar sus vidas paralelas. Se cansan de pedir más tiempo y más atención. En algún momento, la persona agotada comienza a fantasear cómo sería vivir con otro. Y así como así, el matrimonio está en crisis. Aunque los individuos no reconozcan en esto una zona peligrosa, la soledad es un sentimiento que la mayoría de las personas no quieren tolerar por mucho tiempo. Nosotros enfrentamos esta verdad en nuestro propio matrimonio.

—Me siento sola.

Yo (Greg) nunca olvidaré cuando Erin me expresó estas palabras con dolor. Recientemente habíamos pasado por una situación laboral difícil. Yo trabajaba para el ministerio matrimonial de mis padres en Branson (Missouri). Nunca es fácil trabajar con la familia, pero parecía que nos iba bien ministrando juntos; Dios estaba haciendo cosas asombrosas en la vida de las parejas. Entonces, de pronto, el ministerio cambió para peor. Cometí algunos errores como líder joven, y las relaciones con mi familia se pusieron muy tensas. Erin y yo sentimos que lo mejor era renunciar y lanzarnos por cuenta propia.

Esta decisión marcó el inicio de una época sombría y dolorosa para mí. Me sentí rechazado por mi familia de origen y me deprimí. Desafortunadamente, no manejé bien mis emociones. Estaba consumido por mi propio dolor y empecé a alejarme de Erin y de mis hijos. Me aislé en mi propia cueva. Erin tenía todo el derecho a sentirse sola. Ambos estábamos heridos, y eso le costó mucho a nuestro matrimonio.

Estamos seguros de que, como nos pasó a nosotros, puede que estés harta y cansada del mismo baile de siempre: confrontas a tu cónyuge por la falta de conexión. Él se pone a la defensiva, pero intenta una cita romántica o tener una conversación significativa. El cambio, sin embargo, es efímero. Terminas sintiéndote más desesperada y sola. Dejas de mencionarlo y aceptas que esto es lo mejor que lograrás. La apatía se afianza y tu corazón empieza a endurecerse poco a poco. Nosotros terminamos en el mismo baile. Pero, por la gracia de Dios, aprendimos algunas lecciones importantes.

La buena noticia es que pueden recuperarse juntos. Pueden reconectarse después de años de vivir vidas independientes. El primer paso es entender que *no* se les pedirá que abandonen su independencia.

La interdependencia

Las personas que viven vidas independientes se han acostumbrado a su independencia y autosuficiencia. No insinuamos que debas elegir entre autonomía y conexión. Esos son los dos extremos de la continuidad de la relación. Tienes que lograr un punto medio entre ambos extremos. La gran mentira del matrimonio es que tu cónyuge tiene que ser *todo*: tu mejor amigo, pastor, confidente, amante, consejero, compañero de crianza, compañero de juegos, asesor financiero, cocinero, casero, chofer, creador de sueños y objeto de seguridad. Eso es pura fantasía. Dios nos creó como individuos capaces de ser plenos, íntegros y completos solo en él. Dios deja bien claro que envió a su Hijo, Jesucristo, por cada uno de nosotros: para darnos vida en abundancia (Juan 10:10). ¡Cristo es todo para nosotros! Un matrimonio fuerte y conectado estará formado por dos individuos sanos y plenamente dependientes de Cristo.

A medida que dejan de vivir vidas independientes y se acercan a la conexión, la meta es la interdependencia. El verdadero cambio se da cuando el sufrimiento por estar atascado es mayor que el miedo a enfrentar tus problemas. Tienen que resolver los problemas de fondo y empezar a hacer cosas que los unan como pareja. Entonces, veamos varios problemas de fondo que pueden estar atascándolos.

¿Cuál es tu trampa para monos?

Para atrapar a un mono, los cazadores usan un coco ahuecado que tiene un solo orificio. Ese orificio es lo suficientemente grande como para que entre la mano pequeña y flexible de un mono. Se pone un cebo adentro, una rodaja de fruta o alguna otra exquisitez que tiente al mono, y se cuelga o sujeta el coco a un árbol. La trampa está lista.

Cuando el mono mete la mano dentro del coco y agarra el cebo, sin querer descubre que no puede sacar el puño apretado a través del orificio.

Por desgracia, el mono se rehúsa a soltar el cebo, incluso para su detrimento[5].

Es evidente que no es el coco lo que atrapa al mono. Más bien, la verdadera trampa es la renuencia del mono a soltar lo que sujeta con la mano.

Nosotros sufrimos una situación similar. Muy a menudo en la vida, nos aferramos a cosas que nos atrapan y nos encarcelan. Y, como le pasa al mono, cuando nos rehusamos a soltarlas, enfrentamos consecuencias nefastas.

Cuando Erin me confrontó sobre su soledad, yo (Greg) no lo manejé bien. Me puse a la defensiva y después me alejé más aún porque me sentía un fracasado. ¡Había fracasado en el ministerio familiar y ahora estaba fracasando como esposo y como padre!

El primer paso para mí fue resolver mi propia trampa para monos, eso que no quería soltar. Me encanta el consejo del Salmo 4:4: «No pequen al dejar que el enojo los controle; reflexionen durante la noche y quédense en silencio». En lugar de seguir enojado por mis circunstancias y aislarme de mi familia, necesitaba dedicar algún tiempo a entender qué impulsaba mi aislamiento y mi depresión.

Fui a ver a un terapeuta cristiano. Una idea bastante útil que compartió conmigo fue que, cuando los hombres están bajo presión, en general, reaccionan retrayéndose más y comportándose de una forma más individualista[6]. Así fue exactamente como reaccioné a mi dolor: me replegaba de mi familia y me aislaba cuando estaba en casa. También examinamos los sentimientos profundos de rechazo que había experimentado. Me aferraba fuertemente a mi percepción de las injusticias que había sufrido de parte de mi familia. Además, captaba firmemente el sentimiento de rechazo. Gracias al tiempo que pasé con mi terapeuta, comprendí mejor que me sentía descartado. Pude buscar la verdad de Dios sobre mí mismo y sobre mi familia.

¿Cuál es tu trampa para monos? Como en el caso de Greg, es posible que alguien te haya herido y no puedas olvidar el sufrimiento y el dolor que te provocó. Para otros, llevar vidas paralelas tiene más que ver con haber crecido en un hogar disuelto, donde nunca tuvieron un modelo de matrimonio conectado. Es posible que no tengas una visión de cómo se comportan las parejas interdependientes. Puede que subsistas en un matrimonio que te hace sentir inseguro. Quizás tu relación sea altamente conflictiva o haya sarcasmo, maltrato, desaprobación u otras conductas enfermas. Muchas parejas nunca se han propuesto planes a largo plazo para su matrimonio y no tienen ningún sueño compartido al que aspirar juntos. Esta falta de visión puede hacer que la relación esté a la deriva.

Recuerda que hay diferencia entre una temporada de desconexión por un corto plazo y vivir vidas independientes a largo plazo. Los motivos a corto plazo son específicos (por ejemplo: la llegada de un bebé, cuidar a un padre de edad avanzada o un cambio de trabajo), mientras que los motivos a largo plazo son más imprecisos y generalizados. ¿A qué te aferras que te mantiene viviendo una vida paralela? Quizás sea una de las siguientes causas:

Autonomía. ¿Te aferras vehementemente a tu independencia? Quizás, durante tu infancia, tuviste que valerte por ti mismo; por eso te cuesta depender de otra persona. Tu convicción puede ser: «Tengo que hacer todo por mí mismo porque no puedo confiar en nadie». Te convenciste a ti mismo de que no debes depender de nadie.

Secretismo. ¿Ocultas un abuso del pasado, traspiés económicos, infidelidad, un error antiguo o un pecado permanente? Los secretos requieren cierto grado de desconexión. Para mantener oculto un secreto, tienes que dividir en categorías tu corazón y guardar esa parte escondida de tu cónyuge. De lo contrario, corres el riesgo de que una conexión íntima exponga tu secreto.

Paredes emocionales. ¿Evitas la intimidad o te cuesta conectarte emocionalmente? ¿Has levantado paredes altas y gruesas para impedir que te hieran? El amor es riesgoso. Tal vez, creciste con padres que fueron negligentes o maltratadores. Quizás en el pasado tuviste una experiencia muy mala al salir con alguien. Como consecuencia, te cuesta abrirte y confiar en que podrás contar con tu cónyuge.

Adicción. ¿Te aferras fuertemente a una adicción? Las conductas como la adicción al trabajo, las drogas, el alcohol, los trastornos alimenticios, la pornografía o la adicción a las compras pueden monopolizar tu tiempo y requerir que te distancies de tu cónyuge para mantener la adicción.

FOMO (Miedo a perderte algo). ¿Te tiene atrapado el miedo a perderte algo? Si te preocupa perderte algo emocionante, priorizas a todos y a todo lo demás antes que a tu matrimonio.

Negación. ¿Te niegas a confrontar un problema persistente en tu matrimonio? Quizás te dé miedo «agitar las aguas». El miedo es que, si quitas las capas de la herida y el dolor, ustedes no sobrevivirán, el matrimonio se terminará. Por lo tanto, es más fácil evadir tus problemas y vivir vidas independientes que enfrentar lo que sea que causó que te distanciaras desde el principio.

Sea cual sea la causa, recuerda que la mayoría de las personas no se quedan indefinidamente en un matrimonio solitario. No permanezcas indiferente ni pasivo. Toma esto en serio y busca ayuda para resolver los problemas de fondo, es decir, tu trampa para monos. Una cita romántica no hará que se reconcilien.

En los Estados Unidos, Enfoque a la Familia ofrece una consulta gratuita por única vez con un miembro de nuestro excelente equipo de terapeutas cristianos. También tenemos una extensa lista de referencias de terapeutas cristianos en tu zona. Llama al 800-A-FAMILY o visita www.FocusontheFamily.com/Counseling. Asimismo, tenemos un impresionante programa intensivo de terapia llamado *Hope Restored* (Esperanza restaurada) para parejas en crisis. El mismo tiene un 80% de efectividad para parejas que estaban a punto de divorciarse (para más información, visita www.HopeRestored.com).

Nuestro proceso llevó tiempo y Dios lo usó para cambiar nuestra relación y a nosotros en lo individual. En definitiva, Dios redimió esta situación dolorosa y, con el tiempo, yo (Greg) restablecí las relaciones con mi familia.

Mientras Greg manejaba su depresión y sus sentimientos de rechazo, juntos también trabajamos en nuestro matrimonio. Por lo tanto, empieza por tus propios problemas (trampa para monos) y, luego, trabaja conductas que generen «unión» en tu matrimonio.

La unión

¿Recuerdas a Jeff y Lindsey del comienzo del capítulo? Habían vivido vidas independientes durante años y habían perdido su unión. Una interacción reciente ilustra la soledad que sienten en su matrimonio.

Como enfermera pediátrica de terapia intensiva para pacientes cardíacos, Lindsey tuvo un turno complicado en el hospital.

—Hoy, un paciente de dieciséis meses tuvo un paro —se desahogó con Jeff—. Mientras le administraba la medicación, la doctora empezó a gritarme que lo hiciera más rápido. Lo cual, por cierto, era imposible porque su vía intravenosa era demasiado pequeña. No soy idiota. Estaba metiendo los medicamentos lo más rápido que podía. Me gritó delante de mis compañeros de trabajo.

—¿Le contestaste? —preguntó Jeff—. Ya sabes cómo te pasan por encima esos médicos si no les haces frente. Deberías haberle dicho: «¡Lo hago tan rápido como puedo! Si crees que tú puedes hacerlo más rápido, ¡eres bienvenida!». Eso le hubiera cerrado la boca.

—¿Lo dices en serio, Jeff? —reaccionó Lindsey furiosa—. Siempre tratas de solucionar las cosas, pero lo que yo en realidad necesito es que me escuches.

—Te estaba escuchando —se defendió Jeff—. Lo único que digo es que tienes que defenderte.

—¡Lo que tú digas! —gritó Lindsey mientras caminaba hacia su cuarto, sintiéndose *sola* en su dolor.

Cuando una pareja existe por separado dentro de su matrimonio, como en el caso de Jeff y Lindsey, el aislamiento emocional es difícil de superar. La buena noticia es que dos personas pueden recuperar la conexión en el matrimonio si trabajan juntos para ello. No es una solución rápida; es un proceso. Construir el vínculo llevará tiempo y esfuerzo.

Podemos fortalecer el vínculo por medio de la capacidad de reacción emocional. La Dra. Sue Johnson, fundadora de la *Terapia Focalizada en las Emociones* (uno de los modelos de terapia de pareja más investigados), dice: «Lo más importante que he aprendido en los últimos treinta y cinco años es que el secreto para tener relaciones afectuosas y mantenerlas fuertes y vibrantes a lo largo de los años, enamorándose una y otra vez, es la capacidad de reacción emocional»[7].

Es una afirmación poderosa, viniendo de una de las mejores expertas en matrimonios del mundo. La capacidad de reacción emocional responde a la pregunta: «¿Puedo contar contigo?». En su estupendo libro *Abrázame fuerte: Siete conversaciones para un amor duradero*, Johnson indica que la capacidad de reacción emocional tiene tres componentes principales que pueden resumirse en la sigla ARECO: *accesibilidad, receptividad emocional* y *compromiso*[8].

La accesibilidad: ¿Puedo comunicarme contigo?

La accesibilidad es reconocer, en primer lugar, que tu cónyuge trata de comunicarse contigo (una oferta de conexión). Quiere decir que estás disponible y abierto para tu cónyuge. Desde el instante que Lindsey comenzó a compartir su anécdota, estaba contactándose con Jeff. Para mostrarle a nuestro cónyuge que estamos emocionalmente disponibles, tenemos que sintonizar con sus sentimientos. Cuando tu cónyuge está molesta o afligida, suele haber una emoción obvia como el temor, la frustración, la preocupación, el enojo o la tristeza. Lo normal es que, al mismo tiempo, haya otras emociones más profundas que son más difíciles de advertir, como sentirse no amada, irrespetada, despreciada, manejada, poco importante, inútil, rechazada, abandonada, frustrada o humillada. Accesibilidad significa acoger tanto los sentimientos obvios como los más profundos.

En lugar de juzgar, rechazar o minimizar los sentimientos de tu cónyuge, acoger una emoción quiere decir que mantienes la curiosidad. No es necesario que coincidas con la emoción ni que hagas un cambio porque tu cónyuge se siente de una manera particular. Intentas transmitir: «Más allá de que tus sentimientos tengan sentido para mí o no, son importantes». En lugar de decirle a Lindsey cómo resolver su problema con la doctora del trabajo, Jeff tenía la oportunidad de conectarse con su corazón. Cuán distinta podría haber resultado su interacción si él hubiera dicho algo como: «Es increíble lo frustrante que es que te griten frente a tus compañeros de trabajo». Eso hubiera demostrado que él estaba emocionalmente disponible. Así, Jeff podría haber sintonizado con la emoción más profunda. «Parece que te sentiste humillada cuando la doctora cuestionó tu capacidad».

La accesibilidad recibe de buena manera esos sentimientos: «Cuéntame más acerca de cómo te hizo sentir». La realidad es que Lindsey es totalmente capaz de resolver este problema por su cuenta. Parte de la dificultad que tiene su matrimonio es que tanto Jeff como Lindsey son increíblemente independientes. Suelen «tomar coraje» y resolver este tipo de asuntos por sí mismos. La receptividad emocional nos permite conectar desde el corazón y ayudarnos «a llevar los unos las cargas de los otros» (Gálatas 6:2).

La palabra en griego para *carga* significa algo que es «pesado» o demasiado para que una sola persona lo lleve[9]. El apóstol Pablo afirma que no debemos permitir que una persona sea aplastada por el peso excesivo de sus cargas. Jeff tuvo una oportunidad de ayudar a Lindsey a llevar su carga: el dolor de ser humillada en el trabajo. Para llevar las cargas de tu cónyuge es necesario que estés accesible.

La receptividad emocional: ¿Puedo contar contigo para que me respondas a nivel emocional?

Además de que reconozcas que sufren, las personas quieren saber que te interesa cómo se sienten. Por decir lo obvio: cuando tu cónyuge se pone en contacto, *responde*. Si tu cónyuge se contacta contigo y no estás disponible, dile: «Estoy ocupado en este momento, pero eres importante para mí. ¿Podemos conversarlo esta noche?». Luego, honra tu palabra e inicia la conversación más tarde. No ignores a tu cónyuge ni dejes de responder a esta oferta de conexión. De lo contrario, seguirán siendo compañeros de cuarto desconectados que viven vidas independientes.

La receptividad emocional tiene que ver con la empatía. Compasión es cuando te sientes mal *por* alguien. Jeff se dio cuenta de que Lindsey estaba molesta cuando llegó a casa del hospital. Estamos seguros de que se sintió mal por ella; él no es insensible. Pero la empatía es mucho más profunda que la compasión. Empatía es cuando te sientes mal *con* alguien: imaginas lo que siente y te metes en sus emociones. Ves el mundo a través de sus ojos. El error de Jeff fue responderle a Lindsey con una solución y no prestar atención a las emociones subyacentes. En lugar de empatizar, trató de arreglar el problema. Cuando te dueles *con* alguien y te conectas profundamente con su corazón, envías un claro mensaje de que él o ella te importa; esto indica que la persona es valiosa para ti.

El compromiso: ¿Me valorarás y te quedarás cerca?

El compromiso es una acción que le da una atención especial a tu cónyuge, que lo ayuda a sentirse valorado y conectado. Sue Johnson escribe:

> El diccionario define estar comprometido como: absorto, atraído, arrastrado, cautivado, prometido, involucrado. El compromiso emocional significa la muy especial clase de atención que le brindamos a la persona amada. La contemplamos más tiempo, la tocamos más. Las parejas se refieren a esto como estar emocionalmente presentes[10].

El compromiso es el tipo de tratamiento especial reservado solo para tu cónyuge. El compromiso surge de distinguir a tu cónyuge como un tesoro invaluable. Compromiso significa hacer cosas que generan una conexión basada en el valor único e inmenso de tu cónyuge. Busca actividades que requieran participación mutua y que generen la unidad, la vinculación emocional y el cariño. Mientras tratan las cuestiones subyacentes que produjeron su distanciamiento, pueden proponerse este tipo de actividades que crean unidad:

- Consultar con tu cónyuge cuando tomas decisiones y hablar sobre los planes individuales o las actividades conjuntas.

- Llamar en primer lugar a tu cónyuge para hablar sobre tu día, abrirte con franqueza cuando te sientes mal o compartir buenas noticias.
- Tener una cita romántica por semana para divertirse juntos y ponerse como norma que no van a hablar de los «temas candentes» mientras estén en la cita.
- Buscar un pasatiempo o un interés en común.
- Priorizar el sexo. La oxitocina, la hormona que se libera después del orgasmo, aumenta tus sentimientos de confianza y de conexión[11].
- Abrazarse cuando miran la TV en el sofá y acurrucarse cuando están en la cama.
- Salir con parejas amigas.
- Luchar contra la independencia. Preguntarle a tu cónyuge qué necesita *y* decirle qué necesitas tú.
- Crear un sueño compartido que puedan buscar juntos.

Recuerda que esto es un proceso, no una solución rápida. Reconectarse exigirá tiempo e intencionalidad. Pero, a la larga, pueden superar la individualidad y la soledad. Barbara Cage lo dijo mejor: «El amor es una sociedad de dos personas únicas que sacan a relucir lo mejor de cada una y saben que, a pesar de que sean maravillosos como individuos, juntos son aún mejores».

Los compañeros de cuarto viven vidas independientes; las almas gemelas son dos individuos conectados que son aún mejores cuando están juntos.

CAPÍTULO 7

Reavivar el romance y la pasión

*Uno de los mayores asesinos de la pasión en el matrimonio
es la aparición de la tediosa previsibilidad.*

GARY JACKSON

Los compañeros de cuarto son aburridos y su pasión fue reemplazada
por una rutina predecible; las almas gemelas se buscan el uno al otro
de maneras apasionantes.

EN SU LIBRO ATEMPORAL, *En pos de lo Supremo*, Oswald Chambers escribió: «La naturaleza humana, si es sana, requiere emoción, y si no obtiene su emoción apasionante de la manera correcta, la tomará de la incorrecta. [...] Dios nunca hace estoicos insensibles; nos hace santos apasionados».

Nos encanta la idea de los «santos apasionados», hechos a la imagen de un Dios apasionado que ama apasionadamente. Dios te ha llenado de amor. Su amor eterno es inagotable; nada puede separarte de su intenso amor. Él se deleita en ti y aun se regocija en ti con cantos de alegría. Es imposible entender cuán ancho, largo, alto y profundo es el amor de nuestro Padre celestial. Presta atención al entusiasmo y la pasión del amor de nuestro Padre celestial: *¡eterno, intenso y abundante!* Queremos el mismo amor apasionado en nuestro matrimonio. Después de todo, ¿no es en parte por eso que nos casamos? En una boda reciente, sonreímos mientras la pareja joven se decía sus votos: «Prometo seguir haciendo que nuestra vida sea emocionante y esté llena de aventuras y pasión».

Es fácil esperar que la pasión y el romance no se terminen en el matrimonio, en especial si lees el diálogo entre el rey Salomón y su esposa: «Porque fuerte como la muerte es el amor, inexorables como el Seol, los celos; sus destellos, destellos de fuego, la llama *misma* del Señor. Las muchas aguas no pueden extinguir el amor, ni los ríos lo anegarán» (Cantares 8:6-7, lbla). Dicho eso, toda relación tiene altos y bajos; todo matrimonio tiene sus temporadas. Y, en la mayoría de las parejas, algo le sucede a la pasión con el paso del tiempo. Pero ¿por qué al parecer nuestra pasión se marchita naturalmente?

La tediosa previsibilidad

El viejo dicho: «La confianza da asco» implica la idea de que, en una relación, con el tiempo, la felicidad se desvanece y es reemplazada por el desprecio. En otras palabras, cuanto más conocemos a alguien, más probable es que nos fijemos en sus imperfecciones. Para la mayoría de nosotros, sin embargo, la confianza no nos lleva al desprecio; más bien, suele generarnos *indiferencia*. Muchos trabajan denodadamente para «ganarse» a su cónyuge y, luego, cuando pasa el tiempo, empiezan a ponerse cómodos. No sienten que deban hacer un gran esfuerzo. Es como si la conquista del amor se hubiera terminado y, ahora, estuvieran saturados por la vida diaria.

En ese estado de comodidad, es fácil priorizar intereses más nuevos como la carrera, los hijos y los pasatiempos. Entonces, el matrimonio nos sabe rancio mientras nos ocupamos de los aspectos rutinarios de nuestra relación, en vista de estas otras actividades más interesantes.

Es exactamente lo que les pasó a Carla y a Fred. Llevan diez años de casados y tienen dos hijos. Al principio, salían todo el tiempo, se reían constantemente, se demostraban cariño en público y se amaban intensamente. Luego, tuvieron a sus hijos. En la actualidad, su vida está sobrecargada de actividades, responsabilidades y obligaciones. La logística, los horarios, las listas de pendientes, los quehaceres, el trabajo y las actividades de los niños (los aspectos ordinarios de su aburrida vida juntos) dominan sus conversaciones. Su vida sexual ha desaparecido y ya casi no pasan tiempo juntos sin los niños.

Carla se siente frustrada en el matrimonio. «Amo a Fred, pero la pasión se terminó». Fred supone que su relación estancada y sin sexo simplemente está pasando por los altibajos del matrimonio. «Solo es una fase», explica él.

El verdadero peligro es creer que se trata solo de una «fase». Lo que Carla y Fred están viviendo le pasa a la mayoría de las parejas. Luego de la luna de miel al comienzo del matrimonio, nos acostumbramos a «lo normal». Como explica un autor: «La mayoría de los estudios sobre el amor y el matrimonio indican que la disminución del amor romántico es inevitable con el tiempo. Las mariposas del romance temprano pronto se alejan revoloteando y son reemplazadas por los sentimientos conocidos y predecibles del afecto a largo plazo»[1].

Acuérdate de los primeros años de tu matrimonio. ¿Recuerdas la fase de luna de miel? Fue un tiempo dichoso en el que todo aún era nuevo y fascinante. Cuando tu cónyuge todavía era perfecto, las discusiones eran excepcionales, el romance estaba en el aire, la pasión era desenfrenada, el sexo era mágico y, cuando se miraban uno al otro, todo era color de rosas. Lamentablemente, los investigadores han descubierto que la fase de luna de miel se desvanece después de los treinta meses[2]. ¡De hecho, una encuesta en línea incluso descubrió que dura exactamente dos años, seis meses y veinticinco días después de que comenzó el matrimonio![3].

Como les sucedió a Carla y a Fred, los investigadores descubrieron que el nivel alto de satisfacción marital al inicio disminuyó, en la mayoría de las parejas, a un ritmo constante[4]. ¿Por qué es tan efímero este período idealista? Nos hemos habituado el uno al otro. La emoción inicial de llegar a conocer a alguien, experimentar aventuras nuevas, probar juntos cosas nuevas, acercarnos más y que las relaciones íntimas sean más profundas se esfuma cuando nos adaptamos a la rutina. Según explica un autor:

> Al principio, las parejas suelen involucrarse juntos en un montón de actividades nuevas y fascinantes, las cuales los investigadores denominan actividades de autoexpansión. Se arreglan para las citas, exploran sitios nuevos en la ciudad, prueban los pasatiempos del otro y tienen conversaciones interesantes. Con el paso del tiempo, sin embargo, las parejas de larga duración con facilidad pueden caer en una rutina en la que dejan de hacer juntos las cosas nuevas y divertidas y terminan en el aburrimiento[5].

La pareja todavía está muy enamorada, pero se han acostumbrado el uno al otro y es más probable que se subestimen mutuamente. Así, la chispa pasional se extingue a medida que el matrimonio se torna conocido y predecible, incluso aburrido. Al principio, tenemos citas románticas, hay galanteo y nos buscamos apasionadamente el uno al otro. Luego, conforme pasa el tiempo, la pasión se degrada por los horarios y la rutina. Esto engendra compañeros de cuarto que simplemente comparten la casa, los hijos, las cuentas y los problemas. Con razón las personas se aburren en su matrimonio.

He aquí algunas señales de que tu relación ha entrado en una rutina predecible:

- El romance ha desaparecido.
- El matrimonio ya no es excitante: la chispa se ha apagado.
- El matrimonio se siente aburrido.
- La pasión se ha perdido poco a poco en las rutinas silenciosas.
- Han dejado de coquetearse.
- Ya no se besan apasionadamente.
- Ya nada es espontáneo.

En su excelente libro *Finding Love Again: 6 Simple Steps to a New and Happy Relationship* (Volviendo a encontrar el amor: 6 pasos sencillos hacia una relación nueva y feliz), la Dra. Terri Orbuch realizó un estudio prolongado de parejas que habían estado casadas al menos durante veinticinco años. Les hizo las siguientes preguntas: «Durante el último mes, ¿sintió que su matrimonio estaba atrapado en la rutina (o que está cayendo en ella)?». «¿Sintió que hacen lo mismo todo el tiempo y que raras veces hacen cosas interesantes los dos juntos, como pareja?». Más del 42% respondió que «a menudo» se sentían así[6].

La pasión desaparecerá... es una realidad. Pero no tenemos por qué priorizar otras cosas «más nuevas» y dejar que nuestro matrimonio se vuelva aburrido y rutinario.

Entonces, ¿cuál es la solución? El matrimonio se vuelve especial porque ustedes lo hacen especial. Hemos descubierto algo que nos ha ayudado a manejar la rutina que es inevitable en el matrimonio. Es algo que llamamos *perseguir de cerca*.

Perseguir de cerca

Unidad. Unión. Una carne. Son grandes palabras para describir la unidad matrimonial.

Pero hay una palabra que suele pasarse por alto y que marca un punto de inflexión para experimentar la pasión en el matrimonio. Esta palabra se encuentra en la traducción Reina-Valera Antigua en Génesis 2:24: «Por tanto, dejará el hombre á su padre y á su madre, y allegarse ha á su mujer, y serán una sola carne».

La palabra *allegar* puede tener un profundo impacto en tu matrimonio. La palabra griega para allegar (*proskollaó*) significa juntar o unir, pegar una cosa con otra[7]. Este es el típico significado que se nos ocurre: un íntimo vínculo marital que no puede romperse.

Hace poco conocimos la definición hebrea para allegar y nos voló la cabeza.

La palabra en hebreo para allegar (*dabaq*) significa «perseguido de cerca». Es la idea de seguir a alguien de cerca o intensamente[8]. Que es exactamente lo que la mayoría hicimos al principio, durante los años que éramos novios.

Nuestra historia de amor, como la tuya, comenzó con pasión y entusiasmo mientras nos conocíamos, nos reíamos de las bromas y las historias nuevas, mostrábamos cariño, vivíamos nuevas aventuras, probábamos cosas novedosas y nos acercábamos más. Cuando llevábamos unos pocos años de casados, sin embargo, muchas de las cosas divertidas, románticas y locas que hicimos durante el noviazgo casi desaparecieron. En cierto sentido, mi actitud (Greg) fue: *Ya me gané a Erin. ¿Por qué seguir conquistándola?* Como a ti, la vida cotidiana nos devoró. Durante los últimos años, sin embargo, hemos estado aplicando en nuestro matrimonio la idea de «perseguir de cerca» y hemos notado el gran efecto que tuvo en la pasión que tenemos el uno por el otro.

Después de años de matrimonio, ¿cómo describir esa persecución? Creemos que hay dos aspectos clave a tener en cuenta.

1. Observa a tu cónyuge

—Déjame a mí —le dije seguro de mí mismo a Erin en nuestra cita romántica, hace unos años—. Ella quiere la pizza de peperoni y hongos.

Nuestra camarera asintió y preguntó:

—¿La quiere normal, con el borde grueso o fino?

Y, antes de que Erin pudiera meter una palabra, respondí:

—Borde fino... y que traiga queso parmesano extra.

¡Le sonreí a Erin, orgulloso del elevado conocimiento que tenía de mi esposa después de diecinueve años de matrimonio!

Cuando nuestra camarera giró para irse, Erin me miró con fastidio y corrigió mi orden:

—Disculpe, ¿tiene alguna pizza sin gluten?

¿Qué? ¿Sin gluten?

—Ponga el gluten en mi parte —le expliqué, pensando que eso simplificaría el pedido.

—¿Mmm?... —murmuró Erin, con cara de consternada por mi estupidez—. El gluten no es un condimento. El cocinero no puede espolvorearlo en tu parte. Es trigo... Todo el borde de la pizza está hecho con gluten.

Ah...

Hace ya ocho años que Erin desarrolló intolerancia al gluten. Desde aquel día en la pizzería, he aprendido mucho sobre la vida libre de gluten.

Lo cual viene a colación para mostrar que nunca conocerás del todo a tu cónyuge porque él o ella siempre está *cambiando*.

Cuando la vida es loca y caótica, es reconfortante pensar que conozco minuciosamente a Erin. Me hace sentir a salvo y seguro en nuestra relación. Pero la previsibilidad es irreal. Lo seguro es el cambio. Luego de veintisiete años de casados, la ilusión es que conocemos todo lo que hay para conocer del otro. En un estudio, los investigadores descubrieron que cuanto más tiempo una pareja había estado junta, más seguridad tenían por lo bien que se conocían el uno al otro. Los resultados demostraron, sin embargo, que la duración de la relación no era un buen indicador de precisión. En el estudio, las personas pensaron que podían acertar correctamente las respuestas que daría su cónyuge un 80% de las veces. Lamentablemente, ¡solo acertaron el 30% de las veces![9].

El conocimiento es seductor. Las cosas conocidas nos hacen sentir cómodos, incluso seguros. Pero esta «ilusión sobre el conocimiento» puede causar serios problemas en un matrimonio, además de ordenar la pizza equivocada. Creyendo que conoces a tu cónyuge, tal vez, no tengas idea de que él se siente un fracasado en el trabajo o de que ella odia cocinar la cena.

En lugar de suponer que sabes qué es importante para tu cónyuge, obsérvalo con cuidado. Observar a tu cónyuge es importante porque él o ella es infinitamente valioso. La pregunta más importante es cómo manejarás tú los cambios que son inevitables. ¿El cambio los unirá o los distanciará más? La clave es estar al día y actualizados sobre la vida interior de tu cónyuge: qué cosas le gustan, cuáles no le gustan, sus sueños, esperanzas y temores. La curiosidad mantiene viva la pasión porque revive el interés, la intriga y la fascinación que estuvieron presentes en los primeros años de su relación. Descubre a tu cónyuge de maneras nuevas prestándole atención y siendo inquisitivo.

Anteriormente, te alentamos a tener una conversación diaria de diez minutos. Otra manera fantástica de «observar» a tu cónyuge es preguntarle sobre su lista de deseos: las cosas que quiere hacer antes de morir. Nos encanta descubrir estos deseos exclusivos para poder convertirnos en realizadores de sueños.

Dios ha puesto pasiones en lo profundo del corazón de tu pareja. Redescubre estos deseos del corazón y trabaja para ayudar a hacer realidad esas cosas.

Sigue observando a tu cónyuge y presta atención a los detalles. Pero la «observación» es apenas la mitad del camino. También tienes que «conquistar» a tu cónyuge.

2. Conquista a tu cónyuge

Una vez que hayas observado a tu cónyuge, tienes que conquistarlo. Conquistar es algún tipo de acción que hace que tu cónyuge se fije en ti. Tiene que ser algo que le llame la atención, un esfuerzo sincero por ganar el cariño y el favor de tu esposo. El origen de la palabra *conquista* en inglés es la palabra escocesa «*wow*» (sorprender)[10]. Nos encanta la idea de sorprendernos el uno al otro. Redescubrir la pasión y el romance en el matrimonio requiere la capacidad de sorprender, una cualidad que hace que una persona se sienta entusiasmada o sorprendida cuando ve algo por primera vez.

En el libro de Oseas, vislumbramos cómo es Dios actuando como esposo. Oseas 2:14–3:1 nos permite echar un vistazo a la fascinante búsqueda de Dios a su prometida. Es interesante que lo primero que hace Dios es «conquistarla». «Pero luego volveré a conquistarla» (Oseas 2:14). *Conquistar* quiere decir atraer haciendo algo halagador o deseable[11]. Se trata de ser atractivo.

Piensa en el anzuelo que se usa para atrapar a un pez. Parte de lo que hace tan atractivo al anzuelo son los colores llamativos y brillantes, el ruido que genera y la acción o el movimiento que hace. Con una acción brusca, el anzuelo brillante y ruidoso induce al pez a morderlo. El anzuelo, literalmente, causa un alboroto inusual en el entorno normal del pez, lo que lo provoca a picar, aunque quizás no esté interesado en comer.

Ojalá las personas fueran tan fáciles de atraer, pero el principio de la atracción sigue siendo el mismo. ¿Qué conductas imitan la atracción llamativa del anzuelo? ¿Cómo podemos inducir a nuestro cónyuge a que se fije en nosotros cuando hay tantas cosas que compiten por su atención?

El resto de Oseas 2:14 dice: «Pero luego volveré a conquistarla. La llevaré al desierto y allí le hablaré tiernamente». La ternura es una excelente manera de conquistar a tu cónyuge. En un evento para matrimonios en vivo, les preguntamos a las parejas qué los atraía. Estas son solo algunas de las respuestas más populares que dieron:

- Servirme cuando pido ayuda
- Sacrificar tiempo, comodidad o dinero por mí
- Compartir la risa y la alegría
- Escuchar, en lugar de tratar de explicar, discutir o defenderte a ti mismo
- Demostrar cortesía
- Observar que te cuidas bien
- Otorgarme gracia cuando no la merezco
- Pedir perdón por los errores
- Que me digas que todavía piensas que soy bella
- Participar en mi pasatiempo
- Coquetearme y seducirme
- Respaldarme y defenderme ante otros

En Proverbios 5:19-20, el rey Salomón da un consejo excelente para las parejas casadas: «Es una cierva amorosa, una gacela llena de gracia.

Que sus pechos te satisfagan siempre. Que siempre seas cautivado por su amor. Hijo mío, ¿por qué dejarte cautivar por una mujer inmoral?». Amamos el ánimo que nos da el rey Salomón. El hombre más sabio que ha vivido en este mundo dice que nos dejemos cautivar por nuestra pareja. Para que eso suceda, debemos ser *cautivantes*. Conquistar a tu pareja es atraerla: hacer algo halagador o deseable que lo o la haga voltearse hacia ti. Se trata de cautivar a tu cónyuge y actuar como si trataras de conseguir una segunda cita.

Reinventa la cita romántica

Otra parte importante de conquistarse uno al otro es la novedad. La rutina conocida produce aburrimiento. Necesitamos experiencias nuevas y frescas en nuestro matrimonio para mantenerlo fuerte. Es muy fácil quedar atrapados en hábitos y rutinas cuando pasamos tiempo juntos. Sin duda, el tiempo juntos es importante, pero los investigadores están descubriendo que muchas parejas se equivocan en cómo organizar sus citas románticas. El mero hecho de estar juntos no alcanza: la rutina no mejorará tu relación.

En un estudio, los investigadores encontraron que las parejas que participaban de actividades «estimulantes» (como esquiar, bailar, hacer senderismo, ir a conciertos o al teatro, etcétera) decían estar más satisfechas en su matrimonio que aquellos que simplemente pasaban tiempo juntos cocinando, visitando a amigos o mirando una película. El punto es que se trata de algo más que pasar tiempo juntos. En lugar de la rutina habitual de cenar y ver una película como cita romántica, las actividades estimulantes alteran la química de tu cerebro al activar el sistema de recompensa cerebral, los mismos circuitos cerebrales que se encendieron en la primera cita que tuvieron[12]. Por ello, vuelvan a crear las viejas chispas del inicio del noviazgo haciendo juntos algo nuevo, estimulante o extraordinario.

La pasión y el entusiasmo de los primeros años no tiene por qué ser un recuerdo lejano. Persigue de cerca a tu pareja. Conviértete en un observador experto de su vida interior y conquista a tu cónyuge para que se fije en ti. Queremos cerrar este capítulo con un pensamiento del autor Vance Fry:

La búsqueda de nuestro cónyuge (nutrir habitual y continuamente la relación) puede adoptar muchas formas a medida que transitan la vida juntos. Las cartas, las flores, los chocolates siempre son agradables, desde luego, pero el recorrido ofrece infinidad de otros momentos para cultivar la relación. Cada día tiene oportunidades para buscar a tu pareja, bendecirla y hacerle la vida más fácil de alguna manera. Cada día brinda unos instantes en los que pueden conectarse, aprender y decir «me importas» con palabras y con hechos. Cada día es una página vacía, una notita esperando ser escrita[13].

Los compañeros de cuarto son aburridos y su pasión fue reemplazada por una rutina predecible; las almas gemelas se buscan el uno al otro de maneras apasionantes.

CAPÍTULO 8

La desconexión espiritual

Cuando haya aprendido a amar a Dios más que a lo que más quiera en la Tierra, amaré lo que me resulta más querido mejor que lo he hecho hasta ahora.

C. S. LEWIS

Los compañeros de cuarto entablan una relación individual con el Señor; las almas gemelas trabajan sobre su fe personal para experimentar juntos una intimidad espiritual dinámica.

LA MONOGAMIA. Los pingüinos son monógamos. Los lobos permanecen juntos hasta que uno de la pareja muere. Las águilas calvas y los lagartos de lengua azul se reconectan con su pareja en cada época de apareamiento. Aun los gusanos Schistosoma mansoni, los platelmintos parasitarios, forman pareja «hasta que la muerte los separe». Luego tenemos el arquetipo de la monogamia: el cisne. Todos hemos visto la encantadora imagen del macho y la hembra formando un corazón perfecto con los cuellos entrelazados; ¡vuelan juntos toda la vida![1]. Es probable, sin embargo, que nunca hayas escuchado sobre peces y monogamia. Pero hay un pez que se empareja para toda la vida: el rape. ¿No te suena conocido? Es una criatura horripilante que tiene una boca grande llena de dientes desagradables y un señuelo encendido que se balancea desde su cabeza. Es el mismo pez que perseguía a Marlín y a Dory en *Buscando a Nemo* mientras ellos buscaban la máscara de buceo de P. Sherman en los abismos del océano.

Pero una vez que sepas un poco más sobre estos peces unidos de por vida, es posible que no te impresione demasiado su estilo particular de romance.

El rape macho es atraído por el señuelo bioluminiscente de la hembra. Una vez que encuentra a la Señorita Perfecta, se acopla a ella mordiéndole el vientre. Así, sus cuerpos se fusionan. Las parejas de rape llevan la idea de «serán una sola carne» mucho más allá que lo que plantea el libro de Génesis. La piel y los vasos sanguíneos de la pareja se conectan y sus cuerpos llegan a soldarse a tal punto que el macho no tiene que preocuparse más por ver, nadar o comer. Literalmente él es una carne con ella, un mero apéndice. Depende por completo de ella para todas sus necesidades. Con el tiempo, sus ojos, aletas y algunos órganos internos se atrofian y queda relegado a ser un bulto que produce esperma enganchado a ella de por vida[2].

Ahora sí que se entiende la monogamia del rape macho, ¿verdad? ¡Serían pareja de por vida si no fueras más que un bulto atrofiado de carne colgando de tu cónyuge, un mero apéndice!

El matrimonio de rapes es una imagen extrema de lo que vende nuestra cultura: la *codependencia*. Ya sea un rape o *Jerry Maguire* («Tú me completas»), a nuestra cultura le encanta la idea de que nuestro cónyuge es todo para nosotros.

Durante siglos, las parejas han practicado esta clase de codependencia. Según la mitología griega, los humanos originalmente fueron hechos con cuatro brazos, cuatro piernas y dos rostros. A causa de su orgullo y del poder que tenían, Zeus ordenó que los cortaran a la mitad. Según el mito, cada ser humano se pasa la vida buscando su otra mitad[3]. Por más romántico que suene tener la clase de amor que describieron los griegos, sin embargo, no creemos que esta haya sido la intención de Dios con dos que se convierten en uno solo.

Quizás estés pensando: *Por lo menos la iglesia predica un mensaje distinto*. ¿Estás seguro? En muchas ceremonias cristianas de boda, sin querer, se envía el mismo mensaje de codependencia cuando encienden la vela de la unidad.

A menudo, las parejas usan la vela de la unidad en su ceremonia de boda para simbolizar la unión de dos corazones y dos vidas que se convierten en una. Por lo general, colocan dos velas a los costados de una vela más grande. Las velas pequeñas a los costados representan a la novia y al novio como individuos. La pareja toma las velas individuales y juntos encienden la más grande, la vela de la unidad. Nos encanta el rito tradicional de las bodas, hasta este punto. Lo que sucede a continuación hace que la cosa se ponga fea. Después de encender la vela de la unidad, la novia y el novio proceden a apagar sus velas individuales, el símbolo del fin de sus vidas separadas: los dos se convierten en uno solo. Greg siempre quiere levantarse de un salto y gritar: «¡Está mal! ¡Paren!». Yo (Erin) tengo que apoyar con delicadeza mi mano sobre su pierna tensa y mirarlo para comunicarle que, obviamente, nos echarán a ambos si no se relaja. En lugar de eso, en la hilera de la recepción, Greg les da su tarjeta a los recién casados. De manera casual, afirma que les da seis meses antes de que deban llamarlo para hacer terapia de pareja.

¡Es una broma! Aunque Greg fantasea con la idea de interrumpir la ceremonia de la vela de la unidad, aplaudimos con todos los demás mientras a la pareja los declaran marido y mujer.

¿Por qué decidimos meternos con esta tradición nupcial tan habitual? Estamos convencidos de que la última parte es una predisposición para el fracaso matrimonial.

Por más romántico que suene fundir dos corazones en uno (como el rape) o ir por todo el mundo en busca de tu media naranja, no creemos que ese sea el propósito de Dios. Si la única vela que queda encendida en la ceremonia de la vela de la unidad es la vela del matrimonio, es porque los individuos han dejado de existir. Por lo tanto, sin querer, esto implica que ya no somos individuos y que la relación matrimonial es la prioridad: eso es codependencia. Como lo hemos dicho en otras partes, esto es un problema enorme. Dios nos creó, antes que nada, como individuos capaces de estar plenos, enteros y completos solo en él. Cuando le restamos importancia a los individuos y priorizamos el matrimonio, sin querer hacemos que el matrimonio pase de ser un regalo precioso de Dios a ser un ídolo. Esto ocurre cuando nuestra relación matrimonial se convierte en el centro primordial, por encima de nuestro propio crecimiento personal como individuos. Los únicos aspectos «eternos» del matrimonio son los dos individuos. Jesús dejó en claro que no hay ningún matrimonio en el cielo: «Pues cuando los muertos resuciten, no se casarán ni se entregarán en matrimonio. En este sentido, serán como los ángeles del cielo» (Mateo 22:30).

Jesús vino a este mundo y murió por las *personas*, no por los matrimonios. A Dios lo apasiona el matrimonio, pero más lo apasionas *tú*. Por esto, preferiríamos que en la ceremonia de la luz se mantuvieran encendidas las velas individuales después de encender la vela del centro. Los *individuos* (el esposo y la esposa) tienen que ser tan importantes como el matrimonio. Por esta razón empezamos el proceso hacia la reconexión del capítulo dos enfocándonos en los individuos. Dos individuos plenos, enteros y sanos son capaces de construir un matrimonio conectado.

Empezamos con esta verdad porque la intimidad espiritual del matrimonio se basa en la relación vibrante *individual* con Cristo. Es en esa relación (esa conexión íntima con Dios) donde encontramos propósito y completitud. Todo empieza con Dios. Así es como lo diseñó. Dios nos creó para que dependiéramos de él por completo: con el corazón, el alma, la mente y las fuerzas. Dios es nuestra fuente; él es todo para nosotros. Él nos llena de maneras que nada más puede hacerlo.

La intimidad espiritual en nuestro matrimonio se construye sobre la relación dinámica e individual con Cristo, nuestro Salvador y Redentor. Aunque muchas parejas tienen una relación espiritual individual con el Señor, sin embargo, no tienen una intimidad espiritual *compartida*.

La pareja espiritualmente desconectada

Intimidad espiritual. Estas dos palabras poderosas, a veces, han causado dolor y frustración en nuestro matrimonio. Sin duda, en lo individual siempre procuramos tener una relación personal con Cristo. Pero, como pareja, ha habido infinidad de veces en las que yo (Greg) me sentí culpable por nuestra falta de experiencia de fe compartida. Como especialista en matrimonios cristianos, a veces, me he sentido un hipócrita. Hubo épocas en nuestro matrimonio en las que no orábamos juntos a menudo, no asistíamos constantemente a la iglesia ni teníamos conversaciones significativas sobre nuestra fe. Escuchaba que otras parejas hablaban de su relación espiritual estrecha y me preguntaba qué pasaba con nosotros. ¿Era yo el problema? ¿Había algo malo en nuestro matrimonio? Siempre creí que esta parte de nuestro matrimonio sería fácil. Cuando apenas nos casamos, yo estaba en el seminario. Por lo tanto, Erin supuso que compartiríamos una relación espiritual increíble. Con el paso del tiempo, Erin se desilusionó tremendamente con esta parte de nuestra relación.

Quizás te sientas identificado. Quizás el estar demasiado ocupados ha consumido tu matrimonio y apenas tienen tiempo para decirse «hola»; ni que hablar de hacer un devocional juntos. Quizás tu cónyuge se resiste cuando quieres que oren juntos o discuten porque no quiere ir a la iglesia. Tal vez tu cónyuge no muestre ningún interés en hablar de temas espirituales. Quizás sientas que tu cónyuge y tú están en niveles distintos de madurez espiritual. Puede que ambos tengan una relación individual apasionada con el Señor, pero no comparten ninguna intimidad espiritual verdadera juntos.

No te preocupes, estás lejos de ser el único. La intimidad espiritual en el matrimonio puede ser un problema desconcertante y doloroso para muchas parejas. De hecho, hace poco les pedimos a las parejas de nuestro propio grupo pequeño de la iglesia que describieran su relación espiritual compartida y lamentablemente, aunque eran matrimonios cristianos de larga trayectoria, dijeron que no eran tan íntimos como querían o que no tenían ningún tipo de intimidad espiritual. ¿Por qué nos cuesta tanto construir una vibrante expresión de fe compartida? Cuando recordamos las temporadas espiritualmente «secas» de nuestro matrimonio y analizamos lo que hemos aprendido al entrevistar a otras parejas, estas son algunas de las razones por las que ocurre la desconexión espiritual.

Ataque espiritual. Nunca subestimes la batalla que se libra por tu matrimonio. Ten presente que el campo de batalla principal es tu relación espiritual. «Pues no luchamos contra enemigos de carne y hueso, sino contra gobernadores malignos y autoridades del mundo invisible, contra fuerzas poderosas de este mundo tenebroso y contra espíritus malignos de los lugares celestiales» (Efesios 6:12).

Diferencias. Todos tenemos modos diferentes de conectarnos con Dios. Combinar dos maneras distintas de buscar a Dios puede ser complejo. En su excelente libro *Sacred Pathways* (Sendas sagradas), Gary Thomas presenta un cuestionario para ayudarlos a ambos a determinar en qué forma particular les gusta conectarse con Dios. Esta información nos ayudó bastante a apreciar la singularidad espiritual de cada uno y a pensar en cómo combinarlas en nuestro matrimonio. Visita https://www.focusonthefamily.com/marriage/your-spiritual -temperament-quiz/ para realizar el cuestionario (solo disponible en inglés). Para usar el lenguaje de Gary Thomas, yo (Greg) soy un «naturalista». Me encanta aprender de Dios estudiando su Palabra rodeado por la naturaleza. ¡Para mí, el paraíso es leer la Biblia junto a la cascada de un arroyo de montaña! En cambio, yo (Erin) soy «tradicionalista». Me conecto con Dios mediante lo ritual y lo simbólico (es decir, los devocionales diarios, la asistencia regular a la iglesia). Amo absolutamente el rito de participar de la Santa Cena; es como que literalmente estoy en contacto con Dios en ese momento.

Inseguro. A veces, las personas se sienten ineptas y evitan hablar de cualquier cosa espiritual porque temen pasar vergüenza. Quizás tú o tu cónyuge no se sientan seguros de ser abiertos y sinceros en cuanto a su fe. Puede que te sientas juzgado o criticado por tus creencias cristianas o por cómo practicas tu fe. Es posible que te identifiques con una o más de estas situaciones: sientes que tu cónyuge siempre está «predicándote». Tu cónyuge menosprecia tu fe. Has tratado de imponer, de convencer con palabras dulces o de inducir a tu cónyuge para que tenga una relación con Dios. Es difícil hablar de temas espirituales con tu cónyuge. Tu pareja te insiste contantemente para que hagas más espiritualmente.

Pecado. La conducta pecaminosa dificultará tu intimidad espiritual. Para evitar que el pecado quede expuesto, disimulamos y guardamos secretos. Por consiguiente, nuestro corazón está embotado hacia Dios, y nuestro cónyuge no nos conoce en profundidad.

Incompatibilidad espiritual. Están unidos en yugo desigual: uno de los cónyuges no es creyente ni religioso. Puede que uno de los cónyuges esté sufriendo una «sequía» o esté sumido en la oscuridad espiritual. Ambos son cristianos, pero practicas una tradición cristiana diferente a la de tu cónyuge (por ejemplo, uno es bautista y el otro es católico).

El impacto cuando no comparten intimidad espiritual:

- La tensión de los domingos a la mañana cuando uno de los cónyuges le ruega al otro que asista a la iglesia
- El resentimiento de que tu cónyuge te imponga su fe
- El dolor cuando tu cónyuge prioriza a sus amistades y sus actividades cristianas, en lugar de pasar tiempo contigo
- El conflicto en cuanto a cómo criar espiritualmente a los hijos
- Carecer de visión espiritual o de un propósito más elevado para tu matrimonio
- Sentirse solo, no poder compartir con el cónyuge la parte más importante de tu vida

Una relación espiritual compartida es una fuerza poderosa y puede llevarnos a la intimidad más profunda posible. La ciencia concuerda. Investigadores de la Universidad Bowling Green State descubrieron que una mayor intimidad espiritual prevé un mejor funcionamiento marital. Tanto para los esposos como para las esposas, una intimidad espiritual mayor incidía sobre una mayor amabilidad, humor y amor por él cónyuge, menos negatividad y hostilidad hacia el otro y una satisfacción más grande con el matrimonio[4]. También descubrieron que era más probable que las parejas que compartían más intimidad espiritual pudieran resolver los conflictos de manera positiva y tenían un recurso espiritual que los motivaba a seguir siendo amables y resistirse a «ser negativos» cuando discutían sus principales conflictos[5].

Nos gusta mucho cómo los doctores Les y Leslie Parrott describen el poder de la intimidad espiritual:

Para las parejas casadas, el sentido espiritual debe ser una búsqueda compartida. Compartir el principal sentido de la vida con otra persona es el llamado espiritual de los cónyuges (de las almas gemelas). Toda pareja debe responder a ese llamado o arriesgarse a un matrimonio atrofiado e insuficiente. Como la levadura en una hogaza de pan, la espiritualidad determinará fundamentalmente si tu matrimonio crece con éxito o fracasa de manera decepcionante. La dimensión espiritual del matrimonio es una fuente práctica de alimento para el crecimiento y la salud marital. No hay un solo factor que cultive más la unidad y el sentido significativo del propósito en el matrimonio que compartir el compromiso del descubrimiento espiritual. Es el ansia primordial de nuestra alma[6].

Entonces, ¿cómo desarrollamos una profunda y vibrante relación espiritual compartida en nuestro matrimonio?

La intimidad espiritual compartida

Anhelamos ser conocidos profundamente. Queremos que nos vean minuciosa y completamente. Intimidad es cuando damos a conocer nuestro ser más recóndito.

Creemos que la intimidad espiritual implica dos partes importantes: (1) buscar a Dios juntos, como pareja, y (2) revelar cada uno su propio recorrido espiritual a su cónyuge.

Pero es mucho más fácil decirlo que hacerlo.

Uno de mis recuerdos favoritos de la infancia (de Greg) son los dibujos animados de los sábados a la mañana. Salía tambaleándome de la cama y bajaba hacia la sala familiar para ver una maratón de Looney Tunes, Scooby Doo, Hong Kong Phooey y el Inspector Gadget. En mi recorrido, siempre pasaba por la sala de estar, ¡el espacio «formal» de la casa que tenía todos los muebles bonitos que no se me permitía tocar!

Cuando pasaba por la sala de estar (o «el museo», como le decíamos mi hermano y yo), muchas veces encontraba a mi padre orando de rodillas o sentado en su sillón favorito leyendo la Biblia. Mi padre tenía una increíble relación personal con el Señor, la cual muchas veces he envidiado. Periódicamente nutría su amistad con Cristo. Mi mamá también tenía una fe firme, pero nunca vi cómo mis padres cultivaban juntos la relación espiritual. Estoy seguro de que compartían una fe profunda, pero de verdad no sé cómo funcionaba o cómo la mantenían. En realidad no tengo idea de cómo se suponía que debía aplicarse entre un esposo y una esposa.

Como pareja, sin duda entendemos la importancia de construir una relación espiritual entre los dos, pero esta búsqueda a menudo se siente como un paseo en montaña rusa: lleno de altibajos, idas y vueltas que puede terminarse en un instante. Hay épocas en las que parece que estamos juntos en un gran ritmo espiritual. Hay épocas que no nos conectamos espiritualmente y Erin se decepciona de mi liderazgo espiritual. Hay momentos en los que me siento frustrado con Erin, o herido por algo que ella hizo, y lo último que deseo es conectarme espiritualmente.

Como muchas parejas, llegamos a nuestro matrimonio sin tener un sentido claro de cómo se suponía que debía funcionar una relación espiritual compartida. Pero, con el tiempo, hemos descubierto tres experiencias clave que nos ayudan a fortalecer nuestra intimidad espiritual como pareja.

1. Las disciplinas diarias

Segunda Pedro 3:18 dice: «Crezcan en la gracia y el conocimiento de nuestro Señor y Salvador Jesucristo». Las disciplinas diarias son experiencias compartidas que alientan el crecimiento espiritual entre los cónyuges. Es crucial encontrar maneras de ayudarnos a ser más parecidos a Cristo *juntos*. Cuando estamos en niveles diferentes de madurez espiritual, es complejo compartir la relación espiritual. Por eso, necesitamos encontrar experiencias diarias que nos ayuden a nuestro crecimiento y desarrollo mutuos.

Un estudio descubrió que las parejas que compartían la misma fe y asistían juntos periódicamente a la iglesia declaraban estar más satisfechos en su vida conyugal. El hallazgo más fascinante para nosotros fue que, cuando las parejas compartían prácticas religiosas en su hogar (que incluían leer la Biblia y orar juntos), el nivel de satisfacción marital era incluso más alto[7]. ¡Qué impresionante!

Para llegar a esos altos niveles de satisfacción matrimonial, necesitamos experiencias frecuentes como:

Estudiar la Biblia

Memorizar las Escrituras

Ayunar

Escuchar música de alabanza y adoración

Leer un devocional

Escuchar un pódcast de sermones

Compartir sobre nuestro propio proceso espiritual

Orar juntos

Consideramos que orar juntos es tan importante para la unidad espiritual que necesitamos hablar un poco más al respecto. Según indica un estudio, orar habitualmente por tu cónyuge tiene un profundo efecto en tu propio comportamiento hacia él o ella. Los investigadores descubrieron que orar por tu cónyuge genera una conducta más cooperativa y compasiva hacia la pareja[8]. Brad Wilcox, el director del Proyecto Nacional del Matrimonio de la Universidad de Virginia, explica:

Los estudios previos revelan que la oración ayuda a las parejas a manejar el estrés, les facilita concentrarse en las creencias que tienen en común y en sus esperanzas para el futuro y les permite encarar constructivamente los desafíos y los problemas que tienen tanto en su relación como en su vida. De hecho, descubrimos que la oración compartida es el indicador religioso más poderoso de la calidad de la relación entre [...] las parejas; más poderoso que la denominación, la concurrencia religiosa o los amigos creyentes en común. En términos simples [...] los cónyuges que oran juntos prosperan juntos[9].

Es probable que estés viendo la lista y pienses: *Durante el día, no tengo tiempo ni para sonarme la nariz. ¿Cómo diablos vamos a hacernos tiempo para estudiar la Biblia, memorizar las Escrituras o hacer un devocional diario?* El objetivo no es generarte culpa porque «deberían» estar haciendo juntos cosas más espirituales; más bien, estas son oportunidades cotidianas que en realidad pueden marcar una gran diferencia en su intimidad espiritual. Decidan juntos cuál de estas actividades es razonable en su situación.

Estas disciplinas diarias los ayudarán a crecer juntos en su semejanza a Cristo. En nuestro caso, si tuviéramos tiempo para una sola, nos enfocaríamos en orar juntos y convertirla en un hábito en nuestro matrimonio.

2. La comunión semanal

Hebreos 10:24-25 dice: «Pensemos en maneras de motivarnos unos a otros a realizar actos de amor y buenas acciones. Y no dejemos de congregarnos, como hacen algunos, sino animémonos unos a otros, sobre todo ahora que el día de su regreso se acerca». La comunión semanal se trata del tiempo que pasamos con otros creyentes para adorar a Dios y crecer en nuestra fe. Según varios estudios, las parejas casadas que asisten a la iglesia con frecuencia son más felices y, además, la probabilidad de que se divorcien disminuye entre un 30% y 50% en comparación con en aquellas que no asisten a menudo a la iglesia o que directamente no van nunca[10]. Según explica el investigador de Harvard, Tyler J. VanderWeele:

Nuestra investigación [...] vincula la asistencia a servicios religiosos con varios resultados de mejoría en su salud, incluida una vida más larga, un índice menor de depresión y una tasa menor de suicidio. Nuestro trabajo también indica que la asistencia a servicios religiosos está relacionada con una mayor estabilidad marital o, más específicamente, con una probabilidad menor de divorcio[11].

Asimismo, VanderWeele explica que las instituciones religiosas suelen brindar diversos tipos de apoyo familiar, los cuales incluyen un lugar para que las familias logren conocerse unos a otros y formar sus relaciones: programas para los niños, consejería matrimonial y prematrimonial, retiros y talleres enfocados en el desarrollo de un buen matrimonio. Las comunidades religiosas pueden ofrecer recursos importantes para un matrimonio sano[12].

Por todo esto, para mantener fortalecido nuestro matrimonio y hacer más profunda nuestra intimidad espiritual, todas las semanas necesitamos experiencias como las de asistir a un servicio de adoración en una iglesia, un estudio bíblico grupal, reuniones de oración, clases de escuela dominical o participar de grupos pequeños. A lo largo de nuestro matrimonio, siempre hemos estado involucrados en un grupo comunitario pequeño formado por cuatro a seis parejas.

¿Por qué ayuda? La comunión semanal inyecta amistades cristianas en tu matrimonio, personas que están deliberadamente comprometidas con edificarte mediante la motivación, la adoración en comunidad y el crecimiento espiritual.

Sé intencionado en cultivar amistades cercanas e íntimas con otros cristianos. No olvides:

Es mejor ser dos que uno, porque ambos pueden ayudarse mutuamente a lograr el éxito. Si uno cae, el otro puede darle la mano y ayudarlo; pero aquel que cae y está solo, ese sí que está en problemas. Del mismo modo, si dos personas se recuestan juntas, pueden brindarse calor mutuamente; pero ¿cómo hace uno solo para entrar en calor? Alguien que está solo puede ser atacado y vencido, pero si son dos, se ponen de espalda con espalda y vencen; mejor todavía si son tres, porque una cuerda triple no se corta fácilmente.

ECLESIASTÉS 4:9-12

3. La aventura del servicio

Cuando la Biblia habla de «uno solo» en el matrimonio, se refiere a la relación de pacto que un esposo y su mujer hacen con Dios. Una vez que hacemos este compromiso de por vida con Dios quedamos «pegados» o «unidos» en una relación inseparable. Uno solo también tiene que ver con la relación sinérgica donde ustedes trabajan juntos para lograr algo mucho más grande de lo que podrían hacer trabajando individualmente. Es el concepto de que el todo es mayor que la suma de sus partes[13]. La pareja casada debería ser capaz de potenciar las fortalezas, los dones y los talentos que ambas personas aportan al matrimonio. Esto es la sinergia.

Mateo 28:19 dice: «Por lo tanto, vayan y hagan discípulos de *todas* las naciones». Este aspecto de desarrollar la intimidad espiritual tiene que ver con ejercer su «sinergia» cuando pasan tiempo juntos en el servicio al Señor. Hace poco, renovamos nuestros votos matrimoniales con nuestros cuatro hijos y nuestro yerno presentes. Mientras cenábamos en familia, nuestros hijos nos hacían preguntas sobre nuestro matrimonio. Nuestra hija del medio, Murphy, preguntó:

—¿Cuál ha sido la mejor experiencia juntos como pareja?

Yo (Greg) me lamenté:

—¿Quieres que acotemos veintisiete años de matrimonio a una sola experiencia?

Pero, sin dudarlo, Erin respondió:

—Cuando papá y yo ministramos juntos.

Mi primer pensamiento fue: «¿Por qué no se me ocurrió eso?». Erin dio en el clavo. Es casi imposible transmitir con claridad el poder de ministrar juntos. Por ejemplo, cuando estamos juntos sobre una plataforma dictando una conferencia sobre el matrimonio, tengo un profundo sentimiento de intimidad con Erin. Dale y Susan Mathis explican el poder de servir juntos como pareja:

> Hay una intimidad placentera que produce trabajar juntos en un proyecto de servicio o dar juntos a los necesitados. Las parejas que aceptan el llamado de Dios a servir a los demás experimentan una cercanía añadida; hay momentos y recuerdos especiales que surgen naturalmente cuando hacen cosas juntos. Además, participar en las oportunidades del ministerio (ya sea en la iglesia, el vecindario, la comunidad o el mundo) también puede ayudarlos a crecer en su fe como pareja. El trabajo codo a codo para cumplir la Gran Comisión (con cualquier capacidad) profundiza su intimidad como pocas cosas pueden lograrlo. Ser testigos del Señor sirviendo, dando, cuidando, animando y amando como amó Jesús produce una gratificación que no puede expresarse con palabras[14].

Necesitamos experiencias frecuentes como:

Hacer viajes misioneros a corto plazo fuera del país
Servir en la banda de adoración de la iglesia
Trabajar en proyectos de servicio comunitario
Coordinar un evento para matrimonios en la iglesia
Ofrecer un respiro a los padres de hogares de guarda
Ser voluntarios en un ministerio local o en el acercamiento a la comunidad

Aventurarte en el servicio te ayuda a apreciar a Cristo de una manera nueva, infunde vida a tu relación de pareja y hace más intensa tu intimidad espiritual; es decir, te protege contra el acostumbramiento, te hace más agradecido, amplía tu perspectiva, te ayuda a ver los problemas objetivamente, te saca del estancamiento espiritual, te hace abandonar tu zona de comodidad, te anima a superar los temores y le permite a Dios hacerte crecer. Busquen una causa que los apasione tanto a ti como a tu cónyuge (algo que beneficie a otras personas y no solo a ustedes), y entréguense a ello. Hablaremos más sobre desarrollar un sueño compartido en el capítulo doce.

Sobrellevar las «épocas de sequía» como pareja

Yo (Greg) viví una época muy oscura espiritualmente en nuestro matrimonio. A una amiga íntima, Carrie, la esposa del doctor Gary Oliver, le diagnosticaron cáncer de páncreas. Esta pareja nos era muy importante. Gary había sido el padrino de nuestra boda. Fue mi mentor y mi jefe en la Universidad John Brown. Ambos habían sido nuestros consejeros de pareja al comienzo de nuestro matrimonio cuando estábamos en aprietos. Erin y Carrie habían escrito juntas un libro llamado *Grown-Up Girlfriends* (Amigas adultas).

Cuando Carrie fue diagnosticada, encontré un ministerio que donaba «oraciones al localizador» para las personas que atravesaban una enfermedad grave. En lugar de decirle a alguien que estabas orando por él o ella, permitía que escribieras su número en el localizador y la persona sería alertada de que alguien estaba orando por ella en ese mismo instante. Era una fuente maravillosa de aliento para Carrie y para Gary. Dado que trabajábamos todos juntos, escuchábamos que su localizador sonaba constantemente. Me distraía (de una buena manera) porque pensaba lo conmovedor que era que alguien estuviera orando por ella.

El localizador de oración de Carrie zumbó constantemente durante meses. Aunque yo sabía que el cáncer pancreático era un diagnóstico muy complicado, con un índice de supervivencia desalentador, recuerdo haber pensado que Dios no tenía otra opción que sanarla. Conocía muchos versículos sobre el poder de la oración y, basándome en las palabras de Dios, estaba convencido de que Carrie sería sanada. ¿Cómo no iba a ser así? ¡Miles de seguidores piadosos de Cristo estaban orando por ella, noche y día!

Nunca olvidaré cuando una noche muy tarde recibí la llamada de Gary para decirme que su dulce Carrie estaba con su Padre celestial.

¿Qué? ¿Murió? Eso era imposible. Había sido testigo de meses de oraciones incesantes por la sanidad de Carrie. ¿Cómo podía haberse ido?

La muerte de Carrie sacudió mi mundo espiritual. Entré en un verdadero bajón espiritual, en especial en cuanto a la oración. Los versículos parecían bastante directos. No hay ambigüedad en ellos. «Pídanme cualquier cosa en mi nombre, ¡y yo la haré!». Cómo era posible que Dios dijera: «Ustedes pueden orar por cualquier cosa y si creen que la han recibido, será suya» (Marcos 11:24). No dice «tal vez» o «quizás». Dice «será suya».

Empecé a ver a la oración más como una tragamonedas espiritual. Mete tu moneda de oración de veinticinco centavos en la ranura, tira de la palanca, di «amén» y espera a ver si a esa oración en particular le toca el premio gordo. Así me hacía sentir. Escuchaba de gente que estaba siendo sanada de cáncer. ¿Por qué Carrie no?

Me convertí en un cínico de la oración. Obvio, Dios había respondido oraciones, pero el proceso no parecía coherente con su Palabra. Me habían enseñado a orar como la viuda persistente de Lucas 18, la que le pedía justicia al juez. A pesar de que el juez no temía a Dios ni respetaba a los hombres, la viuda le ganó por cansancio porque persistió. «Pero esta mujer me está volviendo loco. Me ocuparé de que reciba justicia, ¡porque me está agotando con sus constantes peticiones» (versículo 5). La idea que Jesús enfatizó en esta parábola es que hay que orar con persistencia. Eso fue lo que presencié con Carrie. Pero, aun así, había muerto.

Esta época oscura no solo afectó mi relación con el Señor, también impactó en nuestro matrimonio. Orar juntos en pareja siempre había sido una parte importante de nuestra relación. Mi pesimismo sobre la oración me hizo dejar de orar con Erin. Me sentía superficial y falso. Entonces, ¿cómo reaccionas cuando tu cónyuge tiene una crisis de fe?

No trates de cambiar a tu cónyuge. Valoro muchísimo que Erin nunca me apuró. No trató de resolver mis sentimientos ni mi confusión. Me escuchó y tuvo paciencia. Me dejó cuestionar a Dios sin intentar darme las respuestas. Sé que era doloroso cuando yo no quería orar ni ir juntos a la iglesia. Pero ella me dio el espacio para trabajarlo. El Espíritu Santo tiene que contar con el espacio para moverse y transformar los corazones. Déjalo hacer su trabajo. Tu trabajo es ser un continuo conducto de amor para tu cónyuge.

Sé un modelo de fe viva. Primera Corintios 16:13-14 (LBLA) dice: «Estad alerta, permaneced firmes en la fe, portaos varonilmente, sed fuertes. Todas vuestras cosas sean hechas con amor». Antes que nada, tu trabajo es asemejarte más a Cristo. No cedas esta responsabilidad a tu cónyuge. Tu fe es tu responsabilidad.

«Todas vuestras cosas sean hechas con amor» significa que tu fe fortalecida permite que Dios ame a tu cónyuge por medio de ti: a través de tu corazón abierto y bien cuidado. El amor de Dios es siempre paciente, bondadoso, agradecido, humilde, amable, sacrificial, dulce, compasivo, protector, confiado, optimista y entregado (1 Corintios 13:4-7). Durante mi crisis de fe, Erin siguió asistiendo a la iglesia y condujo a nuestra familia en oración.

Ora por tu cónyuge. Sabemos que esta respuesta suena trillada, pero la oración es poderosa. Nos encanta cómo Stormie Omartian explica el poder de orar por tu cónyuge:

Algo increíble le sucede a nuestro corazón cuando oramos por otra persona. La dureza se disipa. Podemos ir más allá del dolor y perdonar. Incluso terminamos amando a la persona por la que estamos orando. ¡Es milagroso! Sucede porque cuando oramos entramos a la presencia de Dios y Él nos llena con su Espíritu de amor. [...] He visto mujeres que no tienen ningún sentimiento de amor por sus esposos que, con el tiempo, a medida que oran esos sentimientos surgen. En ocasiones, incluso se sienten diferentes después de la primera oración sincera[15].

Busca el apoyo de la comunidad. Cuando tu cónyuge está atravesando una crisis de fe, es fundamental que tengas apoyo de tus hermanos y hermanas en Cristo. «Adviértanse unos a otros todos los días mientras dure ese "hoy", para que ninguno sea engañado por el pecado y se endurezca contra Dios» (Hebreos 3:13).

Gracias al apoyo y a las oraciones de Erin, un día tuve un encuentro increíble con Dios. Estaba entrenando, subiendo y bajando escaleras, y me sentía frustrado con mi relación con Dios. Así que me senté en los escalones y empecé a orar. Por fin, me quebré y acepté que yo no tenía por qué saber la razón por la que Carrie había fallecido, a pesar de que habíamos orado sin cesar por su sanidad. Decidí que no importaba. Confiaba en Dios y creía en la oración, aunque no siempre entendiera cómo funcionaba. Más tarde ese mismo día, fue justamente Gary Oliver quien de la nada me envió un mensaje de texto citando a Romanos 8:26-27: «El Espíritu Santo nos ayuda en nuestra debilidad. Por ejemplo, nosotros no sabemos qué quiere Dios que le pidamos en oración, pero el Espíritu Santo ora por nosotros con gemidos que no pueden expresarse con palabras. Y el Padre, quien conoce cada corazón, sabe lo que el Espíritu dice porque el Espíritu intercede por nosotros, los creyentes, en armonía con la voluntad de Dios». Estos versículos me hablaron al corazón. Me di cuenta de que no sé por qué orar, pero el Espíritu Santo sí sabe y conoce la voluntad de Dios. Él siempre está intercediendo por mí.

Los compañeros de cuarto entablan una relación individual con el Señor; las almas gemelas trabajan sobre su fe personal para experimentar juntos una intimidad espiritual dinámica.

CAPÍTULO 9

Lucha por nosotros

A veces, es esencial que marido y mujer discutan:
así llegan a conocerse mejor el uno al otro.
JOHANN WOLFGANG VON GOETHE

Los compañeros de cuarto ignoran los problemas y evitan los conflictos; las almas gemelas usan el conflicto positivo como una oportunidad para profundizar su conocimiento y su conexión.

A NUESTRA HIJA MENOR, Annie, le encanta escucharnos contar las anécdotas de cómo nos enamoramos. Una de sus favoritas ilustra por qué yo (Greg) me enamoré perdidamente de Erin.

Durante varios veranos, trabajamos juntos como consejeros de campamentos en Branson, Missouri. No éramos novios, pero salíamos como amigos durante nuestro tiempo libre.

Un día estábamos usando nuestro tiempo de descanso para nadar en el lago donde se encontraba el campamento. Eran las últimas horas de esa tarde cuando Erin notó a un grupo de jóvenes campistas varones sentados en un muelle, con las piernas colgando sobre el agua. Erin sonrió porque sabía exactamente qué estaban haciendo: *La Dama Asesinada*.

Una tradición del campamento era hablarles a los novatos de la historia de la Dama Asesinada.

La historia es sobre una odiosa cocinera del campamento, quien por accidente murió en el lago cuando fue a nadar sola. Era tan despiadada que continúa rondando el campamento y ahogando a los campistas que van a nadar solos. Qué siniestro, ¿no?

El objetivo era asustar a los campistas para que no nadaran solos. Estamos seguros de que muchos campistas luego necesitaron terapia, pero era un método eficaz para mantenerlos alejados del agua cuando no debían estar ahí.

Erin y yo lo planeamos a la perfección. El sol estaba poniéndose y los campistas estaban completamente absortos por la historia. Braceamos hasta la orilla y nadamos a través de unos pastos altos. Pudimos pasar debajo del muelle sin que nos escucharan. ¡La broma estaba lista!

Tratamos con desesperación de aguantar la risa a la espera de asustar a los chicos. Nadamos bajo sus pies colgantes y esperamos el momento perfecto. Justo cuando el consejero que contaba la historia gritó: «¡Dama Asesinada!», Erin voló afuera del agua, gritando a todo pulmón.

El caos fue instantáneo. Los muchachos soltaron unos alaridos agudos que espantaron a toda la vida silvestre a kilómetros de distancia. Se dispersaron lejos del muelle lo más rápido que sus piernas pudieron llevarlos. Estaban bastante aterrados.

No podíamos parar de reír. ¡Yo estaba más que impresionado por las habilidades bromistas de Erin! De inmediato, se convirtió en una leyenda entre los otros consejeros varones, y yo me sorprendí más locamente enamorado de esta mujer solapadamente ingeniosa o, como la llamo ahora, ¡la Dama Asesinada!

A nuestra hija Annie le encanta escuchar esta historia y cómo al final condujo al matrimonio. Además, ¡ahora tiene terror a nadar sola!

Nosotros también disfrutamos de escuchar una historia de amor y, al parecer, no somos los únicos. La ficción romántica genera más de mil millones de dólares al año[1] y, desde 1978, las comedias románticas cinematográficas han sumado más de doce mil millones de dólares[2]. ¿Qué tienen las novelas y las películas románticas que cautivan a tantas personas?

La fórmula para una película o un libro romántico exitoso incluye algo inesperado: el *conflicto*. ¿Qué? En serio. Tiene que haber un problema que genere conflicto y tensión entre los personajes principales y que amenace con separarlos. Nos fascina mirar cómo dos personas interesantes en conflicto superarán sus diferencias, se enamorarán y vivirán felices para siempre. Es el clásico final de película de Hallmark. El conflicto también es importante en tu historia de amor.

El conflicto puede ser bueno

En el matrimonio los problemas son inevitables; el conflicto es una parte natural de cualquier relación íntima. No es posible tomar al hombre y a la mujer que Dios creó tan maravillosamente diferentes y esperar que nunca disientan. *Van a* debatir, discutir, pelear, reñir y enfrentarse de vez en cuando.

El conflicto puede ser una parte hermosa de tu historia de amor, pero la mayoría de las personas evitan el conflicto y hacen todo lo posible por no enfrentar los problemas. Algunas personas ven al conflicto como algo malo, algo que es indicio de un matrimonio enfermo. Otros odian enfrentar las objeciones porque se sienten incómodos, no quieren causar problemas o el conflicto les recuerda los errores y los desastres del pasado que amenazaron su bienestar.

A la larga, la evasión sabotea el matrimonio. Los problemas siempre se «entierran vivos» y, a menudo, empeoran hasta que se hacen mucho más grandes. Al final, los asuntos enterrados terminan explotando como un volcán gigante, dejando a su paso la destrucción del matrimonio. No manejar el conflicto suele generar un resentimiento prolongado, lo cual en algún momento destruye la unidad y los sentimientos de amor del matrimonio. El apóstol Pablo reconoció esta dificultad entre las personas cuando escribió: «Si están siempre mordiéndose y devorándose unos a otros, ¡tengan cuidado! Corren peligro de destruirse unos a otros» (Gálatas 5:15).

La verdadera paz es consecuencia de enfrentar nuestros conflictos y resolverlos de un modo que haga bien a ambos. Los expertos en el matrimonio, Scott Stanley y Howard Markman, afirman que resolver con éxito los conflictos es la clave para seguir enamorados y casados. Sus treinta años de investigaciones indican que, si las parejas aprenden a solucionar sus conflictos, el índice general de divorcios puede reducirse en más del 50%[3]. ¡Qué increíble! ¿Quién diría que enfrentar nuestras dificultades de una manera sana podía producir semejantes resultados?

Aunque las novelas y las películas románticas exitosas se basan en el conflicto entre los personajes principales, a pocas personas en la vida real les entusiasma de verdad tener que resolverlo. Es esencial reconocer, sin embargo, que dichos retos traen beneficios a nuestro matrimonio.

A primera vista, nuestros desacuerdos parecen un páramo escabroso, algo que deberíamos evitar terminantemente. Enfrentar nuestros problemas, sin embargo, nos ayuda a crecer y a evolucionar. Una vez que lo superamos, el conflicto tiene el potencial de crear mayor comprensión, confianza y conexión. Aun así, muchas personas no ven al conflicto así porque los problemas son desagradables. Estos son algunos beneficios que podemos descubrir cuando enfrentamos nuestros conflictos:

- Mayor entendimiento sobre tus propios problemas personales
- Valorar mejor las diferencias entre ustedes
- La posibilidad de empatizar con tu cónyuge
- La oportunidad de romper esquemas viejos e inútiles
- Recuperar la armonía y la unidad
- Mayor humildad
- Aprender a prever y resolver los problemas futuros
- Intimidad al escuchar, entender y reconocerse uno al otro
- Profundizar la comprensión, la confianza, la conexión y el respeto: la verdadera intimidad
- Evidencia de la presencia y la ayuda constantes de Dios

¿No te parecen asombrosos los beneficios que puede traernos el conflicto si lo enfrentamos juntos? La realidad es que enfrentar nuestros problemas no garantiza la intimidad; solo brinda la oportunidad de que ocurra una conexión profunda. Fíjate que usamos la palabra *oportunidad*. Cuando enfrentamos las dificultades inevitables, la clave es ver el conflicto como una oportunidad. Cuando hablamos de nuestros problemas, tenemos la oportunidad de aprender algo sobre nosotros mismos como personas, sobre nuestro cónyuge o sobre nuestro matrimonio. En lugar de evitar dichos conflictos, podemos tener una actitud de: «Agradezco esta prueba porque tenemos una oportunidad para profundizar nuestra comprensión y nuestra intimidad».

Quizás pienses: *Está bien, ya entendí. Los compañeros de cuarto evitan los problemas, mientras que hablar de ellos en realidad puede hacer más profunda nuestra conexión. Pero ¿cómo hacemos esto de una manera productiva?*

Analicemos por qué suceden las discusiones en primer lugar y, luego, cómo pueden resolverlas de manera tal que ambos se sientan bien.

Anatomía de una pelea

El dinero. Las tareas domésticas. Los hijos. El sexo. La familia política. Suponemos que estos son los sospechosos habituales cuando hablamos de un conflicto marital. Según el Dr. John Gottman, sin embargo, estamos equivocados. Luego de estudiar a tres mil parejas a lo largo de una carrera de cuarenta años, el Dr. Gottman descubrió que la mayoría de las parejas pelean por «nada»[4].

¿Qué? ¡Cuando *nosotros* peleamos, vaya que sentimos que estamos peleando por algo!

Por lo general, sin embargo, no son las grandes cosas las que nos enredan; son las cosas pequeñas y al parecer insignificantes las que causan la mayoría de los conflictos en nuestra relación: ¡los zorros pequeños!

Hace poco tuvimos una de estas peleas por «nada». Nuestra hija de once años, Annie, tenía un partido de fútbol. Era en un parque enorme, el cual tenía unos quince campos de juego diferentes. El lugar estaba lleno de jugadores de fútbol de todas las edades y sus familias. Obviamente, estaba repleto de personas y autos. Greg no podía encontrar lugar para estacionarse. Entrábamos y salíamos de los distintos estacionamientos... y nada. Annie estaba poniéndose nerviosa porque llegaba tarde y empezó a decirle a Greg dónde estacionar. ¡A él le encanta que nuestra hija de once años maneje desde el asiento trasero!

Cuantas más vueltas daba Greg por todos lados, más se frustraba.

Por fin, Greg encontró un lugar para estacionarse a un kilómetro y medio del campo de juego. Tenía que estacionarse en paralelo en el último lugar que quedaba en la calle. Al maniobrar para meter el auto, golpeaba reiteradamente el cordón. Nos tocaban bocina desde los autos, Annie bufaba de frustración y Greg no parecía poder entrar como debía. Después de un rato, yo (Erin) bromeé guiñando exageradamente un ojo:

—¿Acaso tendré que estacionarlo por ti?

No trataba de ser sarcástica ni irrespetuosa. Pero, en ese momento, mi intento de ser graciosa llevó al límite a mi pobre esposo. A mitad de camino de la maniobra, Greg detuvo el automóvil, salió del vehículo y me entregó las llaves.

—Bueno —vociferó—. ¡Hazlo tú!

Me asombró la reacción de Greg a lo que pensé que sería una broma. Aunque el Dr. Gottman dice que estábamos peleando por «nada», ¡les seguro que se sintió como algo importante!

Son las pequeñas discusiones que se multiplican a lo largo de los años las que más daño causan. Muchas veces, las peleas insignificantes son el resultado de los problemas de comunicación. Pero a menudo peleamos por cosas triviales cuando está pasando otra cosa a un nivel emocional más profundo. Tal vez estemos agotados por lidiar con hijos pequeños, frustrados en el trabajo, estresados por nuestra agenda sobrecargada, deprimidos por una amistad difícil o resentidos por sentirnos desconectados en nuestro matrimonio. Solemos ignorar estas otras heridas o frustraciones, las cuales se acumulan hasta llevarnos a un punto límite. En algún momento, estas cosas explotarán. Por lo general, con nuestro cónyuge.

El orgullo precede a la caída

—Tu madre me advirtió esto antes de que nos casáramos.

No son las palabras que deseas escucharle decir a tu esposa durante una discusión, ¡en especial después de casi veintisiete años de matrimonio!

Al parecer, cuando yo (Greg) era chico, tenía la mala fama de arrastrar a mis padres en largos y arduos «debates». No quería ser irrespetuoso, pero cuando algo no me parecía lógico, cuando no estaba de acuerdo con ellos o sentía que estaban equivocados, serenamente involucraba a mis pobres padres en «discusiones» interminables. Siendo muy joven, me di cuenta de que podía ganar estas maratones simplemente cansándolos. En algún momento, mis padres se daban por vencidos o abandonaban por puro agotamiento. En ese sentido, ¡era un pequeño demonio!

Por desgracia para Erin, llevé este estilo de relacionarme directo a nuestra pareja. Estoy seguro de que Erin y mis padres se hicieron amigos por esto durante los primeros años de nuestro matrimonio: ¡Una pena entre dos es menos atroz!

Quisiera pensar que, como envejecí y maduré, este tipo de interacciones han disminuido, pero hace poco me sorprendí justo en medio de una. Pero, esta vez, algo cambió.

Erin y yo discutíamos por los hábitos de mirar fútbol americano de nuestro hijo Garrison, quien en aquel momento tenía catorce años. Sentía que ella estaba siendo injusta al describirlo como *obsesionado* o *adicto* por mirar tantos partidos. La verdad es que Erin solo trataba de explicar que ella sentía que esa parte de su vida estaba desequilibrada.

Bueno, no hace falta decir que la acusación activó un botón emocional en mí y terminamos en uno de esos debates agobiantes de dos horas que yo solía mantener con mis padres. No es que nos gritamos ni nos dijimos cosas hirientes; simplemente, agoté a Erin por el combate mental y se dio por vencida al fin. Lo triste es que le gané por cansancio. La desgasté.

Erin comenzó a subir la escalera hacia nuestra habitación. Dio unos pocos pasos, se volteó a mirarme y dijo:

—Tu madre me advirtió acerca de esto antes de que nos casáramos.

Y así terminó nuestra «discusión».

Pero sus palabras en realidad me molestaron. ¿Así se sentía Erin cada vez que discutíamos? ¿De verdad había estado haciendo esto durante nuestra vida matrimonial?

Al día siguiente, luego de una noche de relativo insomnio, ambos nos pedimos perdón e hicimos planes sobre el fin de semana futbolístico de nuestro hijo. Aunque resolvimos ese desacuerdo, había algo que todavía me molestaba de nuestra interacción de la noche anterior.

En algún momento de la noche anterior, planteé que los debates maratónicos eran «precisamente lo que hacemos». Alenté a Erin a que aceptara este modelo, en especial dado que siempre resolvemos las cosas y, en algún momento, nos reconectamos. Básicamente, yo decía que el fin justificaba los medios.

Varios días después, tuve una reunión con un buen amigo y colega, Ron Deal. Hablábamos del conflicto marital, entonces, Ron hizo un comentario simple que se convirtió en una epifanía para mí y cambió por completo mi entendimiento de lo que pasaba. Me di cuenta de que había *algo* en mis discusiones con Erin. ¿Cómo no lo había visto antes? Es de locos. ¡Tiene la marca del enemigo por todas partes!

Esta fue mi epifanía: durante un conflicto, tu corazón se cierra como una pelota apretada, como un bicho bolita. Y el corazón cerrado en un instante comienza a elaborar cosas que dañan a las relaciones: egoísmo, arrogancia, juicio, suposiciones exageradas o incorrectas, obstinación, prepotencia, rigidez, etcétera. Lo más destructivo, sin embargo, es el *orgullo*. La primera parte de Proverbios 13:10 dice: «El orgullo lleva a conflictos». El conflicto tiene su raíz en un corazón orgulloso y cerrado.

Dios odia el espíritu orgulloso y arrogante. Durante el conflicto, el corazón orgulloso se autodestruye y no puede ver más allá de sus propios pensamientos, opiniones, puntos de vista, dolor, sentimientos y necesidades. Vuelve a imaginar al bicho bolita, el cual no puede ver más allá de su propio caparazón protector.

En esos momentos de conflicto, el orgullo se preocupa por uno mismo; hay poco espacio para el cónyuge (incluso para Dios). «El impío, en la arrogancia de su rostro, no busca *a Dios*. Todo su pensamiento es: "No hay Dios"» (Salmo 10:4, NBLA). Mientras Ron y yo hablábamos, me di cuenta de que eso es exactamente lo que hago durante estas discusiones maratónicas con Erin. Me pongo tan arrogante que no estoy dispuesto a ceder. Sin embargo, ¡nunca he estado dispuesto a nombrarlo por lo que es: *orgullo*!

A lo largo de los años, culpé a mis padres, a mi personalidad, a la manera áspera en que Erin empieza la conversación, a lo que sea, pero nunca estuve dispuesto a reconocer mi propio orgullo y mi arrogancia.

Mientras conversaba con Ron, me di cuenta de por qué el orgullo es tan destructivo para las relaciones durante el conflicto.

Santiago 4:6 dice: «Dios se opone a los orgullosos». Dios se opondrá a tu orgullo, ¡y tu cónyuge también! La palabra *oponerse* significa competir, enfrentarse, luchar, *combatir*[5]. ¿No son descripciones perfectas de lo que sucede cuando discutimos y peleamos?

Recuerda: el conflicto es bueno para el matrimonio; el combate es destructivo. El conflicto saludable puede enseñarte algo nuevo sobre ti mismo, tu cónyuge y tu matrimonio. Esa es la «oportunidad» que hay en el conflicto. El combate (las cosas como el sarcasmo, los gritos, la escalada, la crítica, replegarse, suponer lo peor, la obstinación, el debate) te lleva a la frustración y a desconectarte en la relación. El orgullo siempre propaga el combate y la oposición.

Dos formas específicas en que el orgullo puede manifestarse durante el conflicto se encuentran en la primera parte de Filipenses 2:3 (NVI): «No hagan nada por egoísmo o vanidad». Ambición egoísta es cuando antepones el interés propio a lo que es bueno para tu cónyuge. La palabra en griego para ambición egoísta es *eritheia*, la cual significa actuar para el beneficio propio, sin miramientos del conflicto que cause[6]. La ambición egoísta siempre produce una rivalidad que lleva a la contienda y a la división. «Pues, donde hay envidias y ambiciones egoístas, también habrá desorden y toda clase de maldad» (Santiago 3:16).

Vanidad es cuando proyectas la actitud de que siempre tienes la razón. La palabra griega para vanidad es *kenodoxia*, cuyo significado es que estás demasiado orgulloso de tu propia opinión[7]. Esta actitud arrogante dificulta la buena comunicación porque no hay lugar para el punto de vista de tu cónyuge o para que tú estés equivocado.

Tanto la ambición egoísta como la vanidad se centran en uno mismo y excluyen a tu cónyuge. Esto es exactamente lo que sucede cuando involucro a Erin en una sesión maratónica de debate. Cuando mi orgullo toma el mando, me concentro en mis intereses y creo que tengo la razón. Es una combinación despreciable. Con razón estas conversaciones se sienten tan antagónicas, ¡como la rivalidad de un partido de fútbol americano universitario! ¡Piensa en aquellos partidos clásicos entre equipos archirrivales!

El combate marital tiene un impacto relacional obvio, pero además el orgullo da lugar a consecuencias personales: la desgracia, la humillación, la vergüenza, el descrédito, el castigo, la deshonra, la imagen dañada, el desánimo, la caída en desgracia y la discordia. El orgullo mantendrá a tu cónyuge en el rol del adversario, opuesto a ti. Entonces, ¿cuál es la alternativa?

El antídoto al conflicto por orgullo

Un antídoto es algo que corrige o mejora los efectos perjudiciales de algo nocivo[8]. La humildad es la cura para el conflicto enfermizo porque es lo opuesto al orgullo. La palabra griega para humildad es *tapeinoó*, la cual significa hacerte menos importante, ser humilde[9]. Dios da su gracia a los humildes (Santiago 4:6) y, a veces, tu cónyuge hará lo mismo.

Durante el conflicto podemos tragarnos el orgullo y optar por tener en más alta estima los pensamientos, los sentimientos y las necesidades de nuestro cónyuge que los propios. Es un verdadero sacrificio renunciar a tu derecho a ser escuchado primero y enfocarte en tu cónyuge. No es fácil ni natural, pero será un punto de inflexión en tu discusión.

La humildad comienza por el conocimiento de uno mismo. Si bien un simple malentendido puede desatar un desacuerdo, alentamos a las parejas a suponer que hay un asunto más profundo que impulsa la discusión, provocando al cónyuge a reaccionar por un orgullo autodefensivo, en lugar de hacerlo con humildad. Darse cuenta de esa cuestión más profunda puede ayudar a los cónyuges a descubrir la humildad que necesitan para encontrar puntos en común durante el conflicto.

Volvamos a nuestra pelea a causa del estacionamiento en paralelo. Yo (Greg) me sentía agobiado en el trabajo y tenía la sensación de estar muy atrasado en los proyectos nuevos. No tenía ganas de estar en el partido de Annie; sentía que necesitaba estar en casa, tratando de ponerme al día con el trabajo atrasado. El comentario inocente de Erin fue la gota que rebalsó el vaso, y reaccioné desproporcionadamente. No fue por su comentario en chiste; fue porque yo había acumulado estrés hasta el punto de explotar. Si entierras viva cada una de tus emociones, las heridas, las frustraciones y el estrés, encontrarán alguna manera de salir. ¡Y, en general, no será bonita!

Salí de mi auto, volví a meterme de un salto y terminé de estacionarme. Me disculpé tibiamente con Erin y Annie y, en silencio, emprendimos la larga caminata hacia el campo de juego. En un momento, Erin me preguntó qué pasaba. Al principio, me defendí y le eché la culpa al estacionamiento atestado y a Annie, quien me manejaba desde el asiento trasero. Pero, al final, fui humilde y reconocí que me sentía estresado por el trabajo y que estaba fallando en él.

Revelar el verdadero problema nos permitió a Erin y a mí tener una conversación sincera. Hablarle sobre el estrés relacionado con mi trabajo la ayudó a empatizar conmigo, en lugar de enfadarse por mi rabieta. Al mostrarte humilde, muchas veces tu cónyuge te extenderá gracia honrando tus pensamientos, sentimientos y necesidades. «Al que es orgulloso se le humilla, pero al que es humilde se le honra» (Proverbios 29:23, DHH). Así como el orgullo da lugar a la oposición, la humildad genera apoyo y favor, es decir, gracia.

Hablar del asunto real cambia la conversación y te ayuda a llegar a un nivel profundo de intimidad. Sabemos que esto suena contrario a la intuición, pero el conflicto puede ser la entrada a la conexión profunda, si eres humilde y abres tu corazón. Luego, desde una postura humilde y abierta, ambos podrán hablar en profundidad. Pero el enfoque tiene que estar en el asunto de fondo que causó el conflicto menor.

Además de encontrar el asunto más profundo para ti, durante el conflicto la humildad puede manifestarse de estas otras maneras:

- Me concentro en ti
- Te doy toda mi atención
- Soy paciente
- Procuro entenderte, antes de que me entiendas a mí
- Escucho con mis ojos, mis oídos y con el corazón abierto
- Supongo lo mejor acerca de ti
- Le pido a Dios que me cambie a mí, en lugar de tratar de cambiarte a ti
- Reconozco que es importante cómo te sientes, independientemente de que sea lógico para mí
- Te trato con dulzura y compasión
- Te perdono

Otra forma poderosa que la humildad aparece en los conflictos es a través de la visión de rayos X.

La visión de rayos X

Durante el conflicto, el orgullo también aparece en forma de convicciones negativas que tenemos sobre nuestro cónyuge. Este tipo de percepción negativa selectiva se llama *sesgo confirmatorio*. Es la manera subconsciente de buscar y elegir lo que verás y lo que no verás de tu cónyuge[10]. Cuando se activa, comienzas a concentrarte en cualquier cosa que tienda a respaldar tus convicciones y opiniones ya establecidas, a la vez que ignoras todo lo demás. Si tu punto de vista es negativo, te enfocas en lo negativo. Te fijas en lo que hace tu cónyuge que te frustra, hiere o desilusiona. Pase lo que pase, *encontrarás* lo que estás buscando, sea bueno o malo. Esto es una forma de orgullo.

En la serie de televisión *Smallville*, Clark Kent describe su visión de rayos X como la capacidad de ver con suma claridad un objeto normalmente obstruido. ¿Y si te dijéramos que, como Supermán, tú también puedes desarrollar una capacidad para ver a través de las obstrucciones? Es verdad. La visión de rayos X es un don poderoso que podemos darle a nuestro cónyuge. El orgullo percibe nuestro «exterior áspero» o nuestras tendencias menos atractivas: los cambios de humor, el enojo, el miedo, la indolencia, el espíritu de queja o de crítica, la impaciencia, la retirada emocional, las exigencias irracionales, la obsesión por controlar, etcétera. Por otra parte, el superpoder de la visión de rayos X te permite ver a través de las cualidades irritantes que muestra tu cónyuge y encontrar a la persona cariñosa, alegre, bondadosa, paciente, fiel, buena y dulce que es en verdad.

El verdadero antídoto para este tipo de orgullo (el sesgo confirmatorio) es ver lo positivo: lo que es verdadero en tu cónyuge. Y esto requiere humildad. Tienes que *elegir* concentrarte en la persona interior en lugar de preocuparte por el exterior áspero.

Es un don poderoso luchar por la mejor versión de tu cónyuge. La visión de rayos X en el conflicto es cuando ves a tu cónyuge como ha sido a lo largo de tu matrimonio, no como se muestra en ese momento. Mientras me estacionaba en paralelo en el partido de fútbol de Annie, yo (Erin) tuve que elegir ver a Greg no como la persona enojada que fue brusca al salirse del automóvil para dejarme conducir, sino como el hombre que ha sido durante los veintisiete años de matrimonio. Greg ha sido amable, paciente y me ha honrado de manera constante. Esa es la verdad de quién él es en realidad. Pero debo poner humildad de mi parte para estar dispuesta a verlo. En algunos casos, sabemos que tu cónyuge ha tomado algunas decisiones horribles y puede ser difícil, o casi imposible, ver quién es en verdad. Haz esta oración: «Señor, permíteme ver a mi cónyuge con tus ojos. Tú ves su corazón, su valor y su verdadera belleza... ayúdame a tener una visión verdadera de mi esposo o esposa». El objetivo en este momento es hacer realidad Filipenses 4:8: «Y ahora, amados hermanos, una cosa más para terminar. Concéntrense en todo lo que es verdadero, todo lo honorable, todo lo justo, todo lo puro, todo lo bello y todo lo admirable. Piensen en cosas excelentes y dignas de alabanza».

Del mismo modo, yo (Greg) tuve que decidir ver más allá del comentario: «¿Acaso tendré que estacionarlo por ti?», y recordar quién ha sido ella a lo largo de nuestro matrimonio. La verdad es que Erin es alegre, respetuosa y amorosa.

Que el conflicto se transforme de un combate en algo que beneficiará a tu matrimonio dependerá de la humildad y la gracia. Nuestra oración es que veas que las discusiones tienen sus raíces en el *orgullo*. Y que Dios te dé la valentía y la fuerza para ser humilde.

Los compañeros de cuarto ignoran los problemas y evitan los conflictos; las almas gemelas usan el conflicto positivo como una oportunidad para profundizar su conocimiento y su conexión.

El matrimonio sin sexo

El sexo puede ser un riguroso barómetro del matrimonio.
JOHN Y STACI ELDREDGE

Los compañeros de cuarto rara vez tienen relaciones sexuales;
las almas gemelas tienen relaciones sexuales a menudo, de una
manera en que ambos lo disfruten.

EN 1997, LA COMEDIA POPULAR DE LA NBC, *Seinfeld,* lanzó un episodio llamado: «El yada yada». En el programa, George Constanza se lamenta de que su novia, Marcy, usa la frase «yada yada» para abreviar sus historias y omite detalles fundamentales. George termina consultándole a Elaine, y tienen este diálogo:

George:
—¿No dirás que ella tuvo sexo yada yada?
Elaine:
—¡Yo he tenido sexo yada yada! Claro que sí. Conocí a este
   abogado, salimos a cenar, pedí una sopa de mariscos, fuimos
   a mi casa, yada yada, y nunca volví a saber de él.
Jerry:
—Pero acabas de decir yada yada en la mejor parte.
Elaine:
—No, si les mencioné la sopa...[1].

Aunque no estamos promocionando a *Seinfeld* ni glorificamos el sexo prematrimonial, es fascinante cómo el uso que le dieron en el programa a la frase «yada yada» ayudó a convertir en un estereotipo la expresión *yada yada*.

En la cultura actual de los Estados Unidos, la frase «yada yada» es una respuesta desdeñosa que indica que algo dicho previamente era previsible, repetitivo o aburrido. Es el equivalente sarcástico a poner los ojos en blanco y decir: «Blablablá».

Dios tuvo la intención de comunicar algo muy diferente por medio de la palabra hebrea *yada*. En las Escrituras, *yada* significa «conocer», como lo que sucede en la relación sexual[2]. El sexo es importante para Dios. Nunca se propuso que *yada* significara aburrido o previsible. Al fin y al cabo, la Biblia comienza con unos esposos desnudos y sin vergüenza que viven en el paraíso y que tienen la orden de ser «fructíferos y multiplicarse».

Dios nos dio un regalo increíble para que como esposos pudiéramos experimentar el nivel de intimidad y de conexión más intenso y profundo posible. Una autora describe perfectamente cómo el sexo nutre dicha conexión íntima:

> El sexo genera una cercanía indescriptible. Relaja, hace
> sintonizar el uno con el otro y suaviza todas las dificultades
> y las tribulaciones cotidianas. El sexo es mucho más que el
> pegamento del matrimonio. Simplemente, no se puede estar
> más cerca que teniendo relaciones sexuales. Consolida el
> vínculo que mantiene juntas a las personas[3].

Dios diseñó nuestro cuerpo para que disfrutara del sexo. A menudo, escuchamos a cristianos que enseñan que el sexo tiene que ver con servir a la otra persona. Pero este punto de vista unilateral del sexo pasa por alto el propósito completo de Dios. El sexo tiene que ver con el beneficio *mutuo*. De lo contrario, ¿para qué Dios nos proveería de semejante capacidad para el placer? Durante la estimulación sexual y el orgasmo, las terminaciones nerviosas del pene le dicen al cerebro del hombre que lo que está pasando es extremadamente placentero. Por otro lado, el clítoris de la mujer es el único órgano humano que existe con el propósito exclusivo de causar placer[4]. ¡Estos atributos no fueron casuales! El sexo dentro del matrimonio tiene el fin de ser divertido. Dios incluso nos regaló un libro entero en la Biblia que celebra la pasión sexual entre esposo y esposa. «¡Que me bese con los besos de su boca! Porque mejores son tus amores que el vino» (Cantares 1:2, LBLA). Aquí, la palabra *amores* puede traducirse como «tu manera de hacer el amor»[5]. ¡Tu manera de hacer el amor es más deliciosa que el vino!

Dios quiere que administremos bien este regalo asombroso. Cuando en el matrimonio el sexo es consecuente y satisfactorio, los individuos se sienten cercanos y conectados. Una encuesta del Centro de Investigaciones Pew descubrió que la relación sexual feliz era el segundo indicador en importancia de la satisfacción marital, ya que el 70% de los adultos dijeron que era «muy importante» para un matrimonio exitoso[6]. Cuando hay problemas en el dormitorio, las parejas experimentan un profundo nivel de insatisfacción matrimonial.

Según más de 800.000 individuos que han completado la evaluación de *Focus on Marriage* (Enfoque al matrimonio), el sexo es la mayor dificultad del matrimonio. El problema más común para las parejas es la disparidad en el deseo. Esta disparidad por lo general se transmite así: «Tengo mayor deseo sexual y quiero más sexo. Me frustro porque él/ella se conformaría con que tuviéramos relaciones sexuales una vez por mes, lo cual no es para nada lo que me satisface». Por más frustrante que sea para ambos individuos el conflicto sobre la frecuencia, creemos que hay un asunto aún más importante que está haciendo estragos en todo el mundo: el matrimonio *sin sexo*.

El matrimonio sin sexo

El matrimonio sin sexo puede ser muy distinto dependiendo de la pareja. Observa cómo estas cuatro palabras describen el dolor y la frustración en estos matrimonios sin sexo.

Doug ha estado temiendo este momento. Notó el pijama erótico de su esposa y el perfume que ella se roció un instante antes de meterse en la cama. Acostado y en silencio, Doug finge dormirse con rapidez. Su esposa apoya la mano sobre su pecho y susurra de forma seductora: «Yo sé cómo despertarte». Él se queda inmóvil, fingiendo dormir. No tiene idea de cómo negarse con elegancia a su esposa sin hacerla sentirse rechazada... otra vez.

Beth disfrutaba el sexo en los primeros años de su matrimonio. Pero trabajar como asesora de mercadotecnia todo el día, criar a dos hijos pequeños, asistir semanalmente a los estudios bíblicos, cocinar y ocuparse de la limpieza de la casa la mantienen demasiado atareada y agotada para tener sexo. Como madrugadora, Beth suele dormirse mucho antes que su esposo. Su vida amorosa, la cual fue activa en el pasado, ahora se ha vuelto inexistente. «Estoy demasiado cansada» o «Tal vez, mañana» se han convertido en la respuesta normal que da a los avances de su marido. Beth se siente culpable por no estar interesada en el sexo, pero la agobia la posibilidad de ofrecer esa parte de ella cuando se siente tan exhausta.

A sus cuarenta y cinco años, Andrew se siente castrado. Aunque dirige una empresa exitosa, no puede rendir en la cama. Casado desde los veintitrés, Andrew nunca tuvo problemas

para mantener una erección... hasta ahora. Mientras su esposa
le coquetea, él se pregunta ansiosamente si funcionará esta vez.
En su mente, la disfunción eréctil es algo que les pasa a los
hombres viejos, no a los de cuarenta y cinco años. Avergonzado
e inseguro de cómo reaccionar cuando ella toma la iniciativa en
el sexo, se da vuelta en la cama y finge estar demasiado cansado.
«A la mañana», promete con aprensión. Sin poder dormir y
con lágrimas en los ojos, su esposa se pregunta por qué no está
físicamente interesado en ella.

Cuando la hija de Jennifer cumplió nueve años, algo sucedió
inesperadamente. Hasta ese momento, Jennifer hubiera descrito
su vida sexual como normal. Pero, ahora, la idea de hacer el
amor con su esposo le parece repugnante. Inexplicablemente,
el noveno cumpleaños de su hija ha detonado los propios
recuerdos de Jennifer sobre el abuso sexual que sufrió a esa
misma edad. Jennifer no está dispuesta a hablar sobre aquello,
lo cual deja a su esposo herido y confundido.

Estas historias y muchas otras más exponen una epidemia cada vez
mayor que está afectando a infinidad de parejas en todo nuestro país y
en el mundo: *el matrimonio sexualmente inapetente o sin sexo.*

Aunque la definición no es la misma para todas las parejas, los expertos definen al matrimonio sin sexo como aquel en el que se tienen relaciones sexuales menos de diez veces al año. Esto afecta a entre el 15% y
el 20% de las parejas[7]. No son solo las mujeres quienes se niegan a tener
sexo. Una investigadora estudió a matrimonios sexualmente inactivos
y descubrió que era el hombre el que rechazaba tener relaciones en el
60% de los casos[8]. A algunas personas no parece importarles si tienen
sexo o no. La investigación sugiere que entre el 20% y el 30% de los
hombres y entre el 30% y el 50% de las mujeres dicen que tienen poco

o ningún deseo sexual[9]. He aquí algunas de las típicas señales de una pareja sin sexo:

- No puedo recordar la última vez que tuvimos sexo.
- El sexo se siente como una tarea rutinaria o una obligación.
- Casi no tenemos tiempo para el sexo.
- Dormir es más importante que el sexo.
- Somos padres excelentes pero amantes terribles.
- El sexo ocurre solo si está previsto en el calendario.
- El juego previo es un recuerdo lejano.
- Ya no nos besamos apasionadamente.
- Sigue rechazándome, así que dejé de tomar la iniciativa para tener sexo.
- Es más fácil masturbarme que tener sexo con mi cónyuge.
- No me siento cerca después de hacer el amor.
- Nunca hablamos del sexo ni compartimos nuestros deseos sexuales.
- Hemos perdido la sensación de espontaneidad y de aventura cuando hacemos el amor.
- Siento que solo yo muestro algún interés en tener sexo.
- Nuestras relaciones sexuales son aburridas, ya no somos juguetones en el cuarto.
- Mi cónyuge parece más interesado en la TV o en el celular que en tener sexo conmigo.
- Mi cónyuge mira pornografía habitualmente.
- Estoy demasiado resentida por trabajar tiempo completo y luego hacer la mayoría de las tareas de la casa y cuidar a los niños como para tener sexo.
- Usa la Biblia para obligarme a tener relaciones sexuales.

¿Qué desencadena la inactividad sexual en el matrimonio? Empecemos por los niños. La presencia de los niños puede impactar drásticamente en tu relación sexual. Durante los meses sin dormir después de que nace el bebé, muchos padres novatos están demasiado cansados para el sexo. A la madre primeriza a menudo le cuesta sentirse sensual después de amamantar a su bebé. Un papá primerizo a menudo se alejará sexualmente, sintiéndose menospreciado porque la atención de su esposa ha cambiado de prioridades. Con la obsesión de brindarles todas las oportunidades posibles a nuestros hijos (deportes, clases de danzas, teatro comunitario, clases particulares, música, lecciones de idiomas extranjeros), ¿quién tiene tiempo para el sexo? Además, es muy difícil tener sexo cuando tienes a un niño tranquilo, roncando entre tú y tu pareja.

Hay un montón de razones, además de los chicos, para un matrimonio sin sexo. Según un estudio publicado en el periódico *Archives of Sexual Behavior* (Archivos del comportamiento sexual), los estadounidenses casados tuvieron sexo dieciséis veces menos por año en el período 2010-2014, comparado con el período 2000-2004[10]. ¿Por qué? Los autores especulan que la caída en las relaciones sexuales puede ser resultado del estrés y el agotamiento por dedicar cada vez más tiempo al trabajo y a la crianza de los hijos. Alguien incluso acuñó el acrónimo DINS, el cual significa: «Doble Ingreso, Nada de Sexo». El entretenimiento de transmisión continua, como Netflix o YouTube, compite intensamente por nuestra atención y nuestro tiempo libre, por lo que el sexo a menudo termina siendo el gran perdedor. Más adelante en el capítulo hablaremos de las razones específicas, pero por ahora exploremos el impacto que tiene un matrimonio sin sexo.

El impacto de un matrimonio sin sexo

El matrimonio sin sexo afecta tanto a los individuos como a la relación. El típico estereotipo sexual es que los hombres tienen un apetito sexual insaciable y que a las mujeres no les interesa tanto el sexo; que a menudo ella está «agotada» o que, sistemáticamente, empieza a dolerle la cabeza entre las ocho y las once de la noche. En lo profundo de nuestra psiquis tenemos metido que los hombres tienen una libido altísima que causa el intenso deseo de tener sexo *todo el tiempo*. Y, a menos que tenga un ataque cardíaco, un hombre de verdad nunca rechazaría el sexo. Esto, sin duda, puede ser válido para muchos maridos, pero no es la realidad de todos los hombres, en especial cuando los hombres envejecen. Lo cierto es que las mujeres tienen mayor deseo sexual en casi el 20% de los matrimonios[11]. Una encuesta reciente de *USA TODAY* encontró que entre el 20% y el 30% de los hombres dicen que tienen poco o ningún deseo sexual[12]. Ahora bien, el deseo sexual masculino se ve afectado por muchos factores que no tienen nada que ver con la esposa. Problemas como la disminución de la testosterona, la mala alimentación, el estrés, los problemas de sueño, la obesidad, la depresión, los efectos secundarios de los medicamentos, la falta de ejercicio físico, la pornografía y el consumo de drogas o alcohol afectarán el interés en el sexo[13].

Esta distorsión sobre la sexualidad masculina hace que su desinterés sea sumamente desconcertante para la esposa. Si el hombre «normal» está supermotivado sexualmente, ¿qué significa cuando el marido no tiene interés en las relaciones sexuales? Es muy confuso. Cuando el marido rara vez toma la iniciativa en el sexo o sistemáticamente rechaza los avances de su esposa, quien puede empezar a preguntarse: «*¿Es adicto a la pornografía? ¿Está teniendo una aventura amorosa?*». Incluso puede llegar a dudar si la falta de interés de él significa que secretamente es homosexual. Es fácil sacar estas conclusiones apresuradas porque, de esa manera, *él* es el problema. Si no es él, entonces tiene que ser *ella*. El temor es «no se siente atraído por *mí*». Cuando a un marido no le interesa el sexo, la explicación más dolorosa es: «No soy tan bonita. No estoy lo suficiente en forma. No soy tan sensual o tan deseable». En esta cultura machista hipersexualizada, se supone que ella es deficiente en algo o no es lo suficientemente buena. Como escribe una esposa:

> Que un cónyuge rechace tener relaciones sexuales es una de las experiencias más dolorosas y humillantes que una puede padecer. El repliegue físico por sí solo es una tortura, pero

peor es el trauma emocional de sentir que la persona que has jurado amar toda tu vida te da la espalda. Bien podría haberte traspasado el corazón con una estaca y una nota diciendo: «No te amo. No te deseo. No te necesito»[14].

Ser continuamente rechazada por el marido causa una enorme inseguridad en el corazón de la mujer. Por supuesto que las mujeres quieren sentirse amadas, pero también quieren sentirse hermosas, buscadas y deseadas por el hombre que más les importa. Toda esposa quiere que su hombre sea cautivado por su belleza, tanto interior como exterior. Quiere que su hombre la desee sexualmente. Y cuando este anhelo está ausente y sus avances son rechazados, ella se queda con un secreto doloroso: *Él ya no me desea*. Esto nos lleva a vivir en un estado de vergüenza y vulnerabilidad.

A su vez, un esposo se siente frustrado y desanimado cuando su mujer reiteradamente rechaza su invitación al sexo. Le genera un resentimiento profundo sentir que ella pone a los hijos, la carrera, las amigas y otras actividades por encima de él y su deseo de hacer el amor. El hombre a menudo personaliza el rechazo sexual de su esposa. En su excelente libro *Solo para mujeres: Lo que necesitas saber sobre la vida íntima de los hombres*, la investigadora matrimonial Shaunti Feldhahn descubrió que cuando una esposa responde: «Esta noche no», los hombres en realidad escuchan: «No tengo interés en *ti*»[15]. El hombre quiere saber que su esposa está interesada sexualmente en *él*. Muy en lo profundo del corazón del hombre, hay un anhelo ineludible de ser deseado por su esposa. Shaunti Feldhahn explica este deseo profundo:

El sexo les da una sensación de creciente confianza y bienestar que trasladan a cada una de las otras áreas de su vida. Lo opuesto también es verdad. Cuando un hombre no se siente deseado por su esposa [...] no solo siente que su esposa lo rechaza físicamente, sino que de algún modo está rechazando su vida como esposo, proveedor y hombre[16].

Es el mismo sentimiento del que cantaba la banda completamente formada por hombres, Cheap Trick: «Quiero que me desees». A la mayoría de los hombres les cuesta reconocer este deseo o no están conscientes de que existe, pero es exactamente por eso que les encanta que su esposa tome la iniciativa en el sexo y participe con entusiasmo; el mensaje es: «Te deseo».

La relación sin sexo afecta a la esposa y al marido como individuos, pero también afecta al matrimonio. En lo relacional, el cuarto se convierte en un campo de batalla. La habitación principal tiene que ser un lugar de refugio del estrés y las exigencias de nuestros hijos (un lugar sagrado). Tiene que ser un lugar donde podamos estar al corriente de la vida interior de nuestro cónyuge. Y tiene que ser un área de juego para la intimidad sexual. En cambio, la falta de sexo a menudo lleva a la falta de conexión emocional y de intimidad.

La falta de sexo y el rechazo constante muchas veces se convierten en culpa, amargura y resentimiento. Con el tiempo, estas emociones profundamente dolorosas se convertirán en soledad. Las semanas y los meses pasan a ser años. Cuanto más tiempo transcurre sin sexo la relación, más difícil es revivir la vida sexual. ¡Pero se puede lograr!

Resucitar el sexo

Un automóvil en estupendas condiciones materiales y mecánicas que no se usa por un tiempo puede desarrollar toda clase de problemas. Tras largos períodos de inactividad, es posible que el automóvil no arranque o no funcione, puede empezar a oxidarse, a perder fluidos o lanzar un humo nocivo. Del mismo modo, cuanto más tiempo pases sin sexo, más problemas surgen y más difícil puede ser volver a despertar este aspecto de tu intimidad.

La evasión se convierte en un comportamiento de supervivencia profundamente arraigado en la relación, el cual es difícil de romper y puede causar otros problemas graves. Cuando tu automóvil ha estado inactivo, lo llevas a un mecánico. Las parejas sin sexo, sin embargo, no están seguras de cómo comenzar el proceso o la conversación. Es probable que, en el pasado, las discusiones sobre sexo con rapidez se hayan deteriorado hasta volverse un conflicto doloroso. El temor a que esto se repita complica más las cosas. Por eso, antes de que tener que afrontar los sentimientos dolorosos y los problemas de fondo, con frecuencia, las parejas permanecen calladas y optan por la falta de sexo.

Así como puedes devolver tu automóvil al camino después de períodos de inactividad, tu relación sexual puede volver a la vida. Siempre hay esperanza. Servimos a un Dios asombroso y apasionado por el sexo. Lo que pasa ahora en la alcoba no tiene por qué seguir siendo tu realidad. Puedes reavivar tu intimidad sexual.

Según un experto en datos en línea, la afección matrimonial más buscada en Google es «matrimonio sin sexo». Las búsquedas sobre «matrimonio sin sexo» son tres veces y media más comunes que «matrimonio infeliz» y *ocho* veces más frecuentes que «matrimonio sin amor»[17]. Muchas de dichas búsquedas encontrarán una gama de consejos para arreglar un matrimonio sin sexo: algunos buenos, algunos malos y algunos bastante desagradables. Las soluciones rápidas como: «Simplemente, hazlo», programar el sexo, dormir desnudos, planear una cita romántica erótica, probar posiciones nuevas, turnarse para iniciar el sexo y hablar sobre las fantasías, en general, no sirven. Al menos, no por mucho tiempo. Así como reorganizar las sillas de las cubiertas del Titanic, estas son soluciones temporales a un problema más profundo.

Cuando aconsejamos a una pareja sin sexo, la primera pregunta que tímidamente hacen es: «¿Qué tan seguido deberíamos tener sexo?». A las personas parece fascinarles esta pregunta. ¡Una simple búsqueda en Google revela más de 40.700.000 resultados! Lo que las parejas preguntan en realidad es: «Comparados con otras parejas, ¿somos normales?». El «número correcto» de veces para tener sexo es una pregunta complicada y capciosa.

Yo (Erin) recuerdo que participé de un grupo de estudio bíblico en el cual la líder quería que las mujeres se animaran a tomar la iniciativa en el sexo con sus maridos. Cada mujer recibió un frasco y fue alentada a meter una moneda de veinticinco centavos cada vez que tuviera relaciones sexuales. Luego, la líder nos dijo que volviéramos a llevar nuestros frascos atiborrados en dos semanas. Tímidamente, eché un vistazo alrededor de la sala. Algunas mujeres chocaron los cinco con sus amigas, mientras que otras no sabían cómo reaccionar y unas pocas parecían sumamente incómodas. Fue el momento más difícil que viví en un estudio bíblico. Aunque entendí el propósito, esta competencia amistosa me pareció muy insensible porque hay muchísimos factores que afectan a la frecuencia con la que las parejas tienen relaciones sexuales.

Ahora bien, si te mueres por saber la respuesta, esto es lo que revela la investigación. El matrimonio estadounidense promedio dice tener relaciones sexuales 1,2 veces por semana o, más o menos, 5 veces por mes[18]. Además, un estudio sobre más de 30.000 parejas determinó que quienes tenían sexo una vez por semana fueron aquellos que dijeron tener los mayores niveles de satisfacción en su matrimonio. Por lo tanto, en general, las relaciones sexuales frecuentes sí ayudan a aumentar la felicidad. Pero antes de que resaltes esto con amarillo y salgas corriendo a mostrárselo a tu cónyuge, los investigadores también descubrieron que no es necesario que sea «todos los días». Cualquier valor por encima de una vez por semana no mostró un aumento significativo en la felicidad[19]. ¡Disculpa! Si ambos se sienten sinceramente satisfechos con la frecuencia de su intimidad sexual, entonces es una vida sexual saludable para ustedes. Como explica un experto:

El deseo sexual de cada persona es diferente, cada matrimonio es diferente y su vida cotidiana es diferente. Dado que hay tantos factores en juego, en realidad es difícil saber qué es lo «normal». La mejor pregunta que se puede hacer es: ¿qué es lo normal para ti y para tu cónyuge? O ¿qué le gustaría a cada uno de ustedes que fuera lo «normal»?[20].

La conclusión es que no hay un número mágico de cuán a menudo una pareja debería tener relaciones sexuales. Pero en realidad nos gusta la pregunta de arriba: «¿Qué le gustaría a cada uno de ustedes que fuera lo "normal"?». Entonces, hablemos específicamente de cómo revivir un matrimonio sin sexo.

Creemos que el libro bíblico de Oseas tiene una aplicación sorprendente para tu vida sexual. El primer capítulo y la mitad del segundo capítulo de Oseas se enfocan en la ira de Dios hacia su novia infiel, el pueblo de Israel. Dios le dijo a Oseas que se casara con una mujer promiscua y que tuviera hijos con ella para ilustrar cómo Israel había abandonado a Dios al adorar a otros dioses. Queda claro que Dios está enojado. No quiere perdonar a su prometida. Quiere castigarla negándole su amor.

Pero luego, a mitad del capítulo dos, sucede algo extraordinario. En lugar de castigar a su novia adúltera, Dios cambia drásticamente y traza un plan para recuperarla. Dios cautiva a su novia mediante la ternura. Observa cómo se ablanda el corazón de Dios. Pasa del enojo y el juicio a la dulzura.

Es posible que te sientas enojado o humillado porque tu cónyuge te rechaza sexualmente. Quizás el sexo siempre ha estado ausente en tu matrimonio. En lugar de castigar a tu cónyuge, acércate con una compasión tierna. Pero la tierna compasión solo ocurrirá si tu corazón está *abierto*.

1. Ablanda tu corazón

Volver a encender tu intimidad sexual comienza por un corazón tierno y abierto. Pídele a tu Padre celestial que reemplace tu corazón cerrado o insensibilizado por un corazón tierno para con tu cónyuge. Dado que las emociones son la voz de tu corazón, habla con Dios sobre tus sentimientos. Piensa en tu relación sexual. Quizás, has sentido...

- *Rechazo* cuando tomaste la iniciativa en el sexo y te encontraste con una negativa
- *Manipulación* o *presión* para tener intimidad sexual

- *Crítica* por tu rendimiento
- *Que no te deseaban* o que *no eras suficientemente hermosa o atractivo*
- *Comparación* con un excónyuge
- *Juicio* por estar demasiado cansada o cansado
- *Vergüenza* por tus problemas de desempeño
- *Falta de autoestima* porque subiste de peso y tu pareja no parece atraída hacia ti
- *Humillación* cuando tu cónyuge te pide que hagas algo con lo que no te sientes a gusto
- *Falta de amor* por el egoísmo de tu cónyuge
- *Culpa* por cómo has tratado a tu cónyuge
- *Vergüenza* por ser infiel o por introducir la pornografía en tu matrimonio

O también podría ser algo totalmente diferente. Ora como el rey David: «Examíname, oh Dios, y conoce mi corazón; pruébame y conoce los pensamientos que me inquietan» (Salmo 139:23). Es sorprendente lo que le sucede a tu corazón cuando identificas la emoción dolorosa específica. Describirla en voz alta o ponerla por escrito produce un efecto poderoso. La claridad permite que tu corazón se vuelva tierno.

A medida que tu corazón se ablande, termina tu oración con las palabras de David: «Señálame cualquier cosa en mí que te ofenda y guíame por el camino de la vida eterna» (Salmo 139:24). Las dificultades sexuales pocas veces son unilaterales. Pídele a Dios que te permita entender tu parte del problema. No puedes cambiar a tu cónyuge, pero puedes resolver tu parte. Quizás han actuado por interés propio, para controlar o manipular, con indiferencia, impasibilidad o de maneras insensibles. ¿Cuál es tu parte? Pídele perdón a tu cónyuge. Y perdona también.

Por último, pídele a Dios que te dé sus ojos y su verdad para ver de nuevo a tu cónyuge. Satanás es muy astuto. Como «padre de mentiras», él quiere engañarte. Quiere que creas mentiras sobre tu cónyuge y tu matrimonio, las cuales están distorsionadas o que no son ciertas. *Mi esposo siempre trata de dominarme en la cama. Mi esposa nunca me busca sexualmente.* Ora pidiendo la verdad de Dios acerca de tu cónyuge.

2. Descubre los problemas reales

Sigamos el modelo que Dios nos propone, hablar con ternura se trata de abrir los corazones para tener una conexión real. Una vez que tu corazón está abierto, tienes la oportunidad de hablar sobre el problema real desde un lugar de dulzura y compasión.

La falta de iniciación o de receptividad sexual suele ser síntoma de un problema más profundo. Si el sexo está ausente en tu matrimonio, descubre por qué. Si no quieres tener relaciones sexuales, investiga qué está pasándote. Si el sexo siempre estuvo ausente, ¿qué ha contribuido a evitar la intimidad? ¿Cuál problema te pertenece a ti y cuál a tu matrimonio?

La única manera de restaurar tu relación sexual es llegar a la raíz del problema. Cuando el sexo desaparece del matrimonio, sin embargo, es fácil atribuir erróneamente el poco o nulo interés de tu cónyuge por el sexo a la adicción a la pornografía, la infidelidad, las prioridades mal alineadas, la debilidad por un excónyuge, la atracción por el mismo sexo o la falta de atractivo. Pero, en realidad, hay muchos motivos para un matrimonio sin sexo. Estas son las razones más comunes para los problemas sexuales en un matrimonio. A medida que revises la lista, piensa en ti. No se lo endoses a tu cónyuge; él o ella debe hacer su propio trabajo.

- Los problemas de salud como función tiroidea baja, bajo nivel de testosterona, artritis, diabetes, presión sanguínea alta, enfermedad cardiovascular o cáncer[21]

- Los problemas relacionados con el rendimiento tales como eyaculación precoz, disfunción eréctil, relaciones sexuales dolorosas (dispareunia) o una discapacidad[22]

- Los efectos secundarios de medicamentos (por ejemplo: antidepresivos, píldoras anticonceptivas, antihistamínicos de venta libre, drogas anticonvulsivas)

- El consumo de alcohol o de drogas

- Las circunstancias temporales como un parto, perder un empleo, un duelo

- La tecnología (televisión, computadoras portátiles o teléfonos celulares) en el cuarto

- El agotamiento por cuidar a hijos pequeños, a un hijo con necesidades especiales o a padres ancianos

- Miedo al embarazo

- Relacionar al sexo con cosas negativas (es decir, el sexo es sucio o pecaminoso, cómo te trató un excónyuge)

- Los cambios hormonales (por ejemplo: embarazo, lactancia materna, menopausia)

- El sexo no es placentero (es decir, coito doloroso o incómodo, nunca hay orgasmo)

- Problemas de salud mental como ansiedad o depresión

- Estrés excesivo (por ejemplo: económico, laboral, cuidado de los niños)

- Imagen negativa del cuerpo y baja autoestima

- Antecedentes de abuso sexual, un trauma sexual en el pasado

- Indiferencia sexual o actividad sexual disminuida relacionada con la edad. Es mucho más probable que las parejas mayores sean sexualmente inactivas. Es más probable que tengan problemas de salud y niveles más bajos de energía, que padezcan disfunción eréctil y sequedad vaginal y que tengan menos testosterona y estrógeno[23].

- Previsibilidad o aburrimiento en tu relación sexual

- Libido baja (deseo sexual) o épocas en las que uno de los cónyuges temporalmente no está interesado

- Conducta sexual inapropiada (por ejemplo: infidelidad, excesiva masturbación) o consumo de pornografía. Diversos estudios recientes han revelado que un incremento en la disfunción eréctil en los hombres jóvenes puede estar relacionado con el consumo de pornografía[24].

- Dificultades de la relación tales como: un conflicto no resuelto, resentimiento por la división de las tareas del hogar y el cuidado de los hijos, descuido, falta de conexión emocional, mala comunicación, problemas de confianza, falta de higiene, no sentir atracción por tu cónyuge o negarse a tener relaciones sexuales.

- Dormir en camas o en cuartos separados por particularidades como: roncar, mirar televisión por la noche, sueño intranquilo, guerras por el termostato, porque uno es «acaparador» de la cama o de la manta, debido al horario laboral, etcétera. Un estudio descubrió que hasta un 40% de las parejas duermen en camas o cuartos diferentes en algún momento[25].

Sabemos que esta es una lista larga. Pero estás buscando los problemas más profundos y la precisión es importante. ¿Qué ha estado pasando contigo que contribuyó a evitar la intimidad sexual?

Nosotros pasamos por una época frustrante en nuestra relación sexual. Hacía algunos años que estábamos casados y Greg hacía la escuela de posgrado. Yo (Erin) siempre había dado por sentado que, como hombre, Greg me buscaría sexualmente. Por lo tanto, me sentí desconcertada cuando me di cuenta de que había pasado un tiempo desde que habíamos tenido sexo. Esa noche, me puse mi lencería más erótica y esperé que Greg terminara de estudiar. Cuando Greg se metió en la cama, me acurruqué junto a él y me quedé ahí, con expectativa. Esperé… y esperé… ¡y nada!

—¿Está todo bien? —pregunté.

—Claro —replicó él con rapidez—. Estoy bien. ¿Por qué?

—¿Por qué me estás ignorando? —pregunté, sintiéndome rechazada.

—No estoy ignorándote —se defendió Greg—. En realidad estoy muy cansado. ¿Podemos intentar en la mañana?

—¿*Intentar* en la mañana? —repetí con sarcasmo—. ¡Como quieras!

Ambos nos quedamos acostados en silencio. A la mañana siguiente, Greg se había ido cuando me desperté. *Supongo que no lo intentaremos en la mañana*, me dije a mí misma. Me sentí herida y rechazada. Mi mente enseguida sacó conclusiones apresuradas. ¿Estaría interesado en una compañera de clases? ¿Estaría mirando pornografía? Después de dar a luz a nuestra hija, ¿ya no le atraía?

Pasaron varios días hasta que nuestro corazón estuvo lo suficientemente abierto como para hablar. Mentiría si dijera que la conversación comenzó bien. Al instante, nos lanzamos a nuestros típicos esquemas de conflicto. Yo lo ataqué y lo acusé. Greg se defendió y se replegó. Pero nos tomamos un breve descanso para tranquilizarnos y terminamos teniendo una conversación objetivamente productiva sobre el problema real.

—No quiero pelear —interrumpí a Greg, a la defensiva—. De verdad quiero escuchar y entender mejor qué está pasándote. Déjame volver a empezar.

Indeciso, Greg asintió con la cabeza.

—Me he dado cuenta de que no hemos tenido intimidad en varios meses —enuncié con cuidado—. Saqué algunas conclusiones apresuradas sobre el *porqué*. Pero, en lugar de estar suponiendo, me gustaría comprender mejor por qué últimamente no pareces interesado en el sexo.

Greg compartió conmigo que estaba bastante estresado por la

facultad. Sus exámenes integradores estaban muy cerca y no se sentía seguro de que los aprobaría. Luchaba con el miedo de fallar y de no graduarse. También me dijo que tenía angustia oral y había aumentado de peso por comer de más.

Es increíble lo rápido que se ablandó mi corazón cuando entendí el problema más profundo con el que Greg estaba batallando. También me sentí movida a la compasión por cómo se sentía y por el miedo que estaba sufriendo.

Además, pude compartir el rechazo que yo sentía y cómo su desinterés me hizo cuestionar mi belleza y su fidelidad. Greg se esmeró al validar mi dolor y mi confusión.

Nuestra conversación tranquila sobre los problemas reales nos permitió alcanzar una conexión e intimidad más profundas. Aunque llevó algún tiempo, pudimos reencaminar nuestra relación sexual de un modo que fue bueno para los dos.

¿Qué me dices de ti? ¿Qué problemas te afectan? Si se trata de un problema de salud, de cambios hormonales o los efectos secundarios de una medicación, consulta a tu médico. Si se trata de una adicción (es decir, pornografía, drogas, alcohol), de tu salud mental o de dificultades emocionales como un trauma sexual del pasado, el miedo a un embarazo, baja autoestima o relacionar al sexo con algo negativo, busca ayuda de un terapeuta cristiano o de un centro de tratamiento. Si es agotamiento o una circunstancia temporal, admite en voz alta esta etapa para que tu cónyuge no se lo tome a modo personal. Es posible que necesites deshacerte de la tecnología en tu cuarto, incluyendo la televisión, las computadoras portátiles o los teléfonos inteligentes. Si duermen en camas o cuartos separados por los ronquidos o por cuestiones de horarios laborales, comiencen en la misma cama para conectarse emocional y sexualmente y, luego, sepárense para ir a la otra cama.

En lugar de adivinar o sacar conclusiones apresuradas de que a tu cónyuge no le interesa el sexo, pregunta. Pero esta conversación tiene que generarles seguridad a los dos. Una charla auténtica sobre un tema con gran una carga emocional solo se dará si mantienen el corazón abierto. La culpa, la actitud defensiva, el retraimiento o el enojo harán fracasar rápidamente la discusión. Nunca hables de tu relación sexual mientras intentas tener sexo o de inmediato después del sexo. No querrás tomar por sorpresa a tu cónyuge. Más bien, busca un momento neutral y hazle saber a tu cónyuge que te gustaría hablar sobre la intimidad. Di algo como: «Sé que nos ha costado hablar de nuestra relación sexual. Las otras veces que lo intentamos, quizás te hayas sentido acusado, atacado o ignorado. Y te pido perdón por eso. No quiero discutir quién tiene la razón o quién está equivocado, ni debatir de quién es la culpa. Más bien, quiero hablar de lo que en realidad está pasando. Es como la punta de un iceberg. Hemos discutido sobre los problemas superficiales, como cada cuánto tendríamos que hacerlo o cómo ponerle más condimento a la cosa. Pero en realidad me gustaría ir más allá de lo superficial y descifrar qué es lo fundamental para los dos. Y quiero que sea una conversación segura. ¿Es algo que estarías dispuesto a hacer?».

3. Restituir tu relación sexual

Después de cautivarla con ternura, Dios *restituye* la relación con su novia. «Le devolveré sus viñedos y convertiré el valle de la Aflicción en una puerta de esperanza. Allí se me entregará como lo hizo hace mucho tiempo cuando era joven, cuando la liberé de su esclavitud en Egipto» (Oseas 2:15).

Restituir significa «volver algo a quien lo tenía antes»[26]. Dios restituye lo que quitó de su relación. Cuando Dios estaba castigando a su novia por la infidelidad, le quitó lo que era más precioso para ella. «Destruiré sus vides y sus higueras, las cuales, según ella, le dieron sus amantes» (Oseas 2:12). Pero ahora Dios le está devolviendo lo que le quitó.

¿Qué necesitas restituir dentro de tu relación? ¿Qué has estado reteniendo? Quizás sea el cariño, el romance, los besos, el juego previo, el coito, la fidelidad, el jugueteo, la comprensión, el coqueteo, la paciencia, la búsqueda, la curiosidad, las citas románticas, el deseo, la compasión, la pureza, el respeto, la prioridad, el placer, la atención o la iniciativa. Tal vez necesitas recuperar tu interés en el sexo o tu capacidad para tener relaciones sexuales cuidándote bien física, mental y emocionalmente.

Dios también le devuelve la *esperanza* a su novia. Esto es importante porque los israelitas asociaban el valle de Acor con aflicción y castigo[27]. Pero Dios está diciéndole a su prometida que él restaurará este lugar deshonroso que ha representado dolor. En lugar de desesperación, el valle ahora representará *esperanza*.

Un matrimonio sin sexo a menudo es la culminación de muchas experiencias dolorosas y malos recuerdos. Es fácil recordar, sentirnos rechazados, manipulados o traicionados. Los sentimientos de no ser deseados, feos o insuficientes son difíciles de olvidar. Pueden ser recuerdos dolorosos atados a un excónyuge. El tiempo no cura la vergüenza de haber sido obligados a hacer algo incómodo o ser humillados. Vuelve a apropiarte de estos recuerdos dolorosos. Transfórmalos en señales de esperanza. Un ritual es una forma poderosa de facilitar este tipo de sanidad. Como cuando consagras una casa nueva, te alentamos a escribir versículos de las Escrituras por toda la habitación principal, detrás de la cabecera y en las columnas de la cama para restablecer a Cristo como la piedra angular de tu matrimonio y de la relación sexual. Estos son algunos de nuestros versículos favoritos para purificar tus recuerdos y reivindicar la esperanza en tu cuarto:

Cuando entren en la casa de alguien, primero digan: «La paz de Dios sea sobre esta casa».

LUCAS 10:5

Ya que has hecho del Señor tu refugio, del Altísimo tu lugar de protección, no te sobrevendrá ningún mal ni la enfermedad llegará a tu casa.

SALMO 91:9-10, DHH

Una casa se edifica con sabiduría y se fortalece por medio del
buen juicio. Mediante el conocimiento se llenan sus cuartos de
toda clase de riquezas y objetos valiosos.

PROVERBIOS 24:3-4

Porque tú, oh Señor Dios, has hablado y con tu bendición será
bendita para siempre la casa de tu siervo.

2 SAMUEL 7:29, LBLA

Pero en cuanto a mí y a mi familia, nosotros serviremos al Señor.

JOSUÉ 24:15

La restitución de la esperanza sucede cuando te reapropias de estos
recuerdos y de las experiencias pasadas, pero es posible que el dolor y
el trauma hayan sido tan fuertes que necesitas buscar orientación. Un
buen terapeuta cristiano puede ayudarte a sanar los recuerdos dolorosos
y a reivindicarlos para avanzar positivamente. En los Estados Unidos,
Enfoque a la Familia tiene una excelente red de derivaciones de terapeutas cristianos que puedes buscar por ubicación o por especialidad
(www.ChristianCounselors.network).

4. Renueva tu relación sexual

En Oseas 2:19-20 (LBLA), Dios le dice a su prometida: «Te desposaré
conmigo para siempre; sí, te desposaré conmigo en justicia y en derecho,
en misericordia y en compasión; te desposaré conmigo en fidelidad, y tú
conocerás al Señor». Tres veces usa Dios la palabra *desposar*. Renueva su
relación regresando al comienzo de su matrimonio, retrocede hasta su
compromiso. Él está diciendo: «Empecemos de nuevo y construyamos
una relación nueva, basada en valores fundamentales como la rectitud,
la justicia, el amor incondicional, la compasión y la fidelidad».

¿Cuáles serán los cimientos de tu nueva relación sexual? Si la pornografía, la infidelidad o los recuerdos dolorosos ligados a un excónyuge

han dañado tu matrimonio, esta es tu oportunidad para construir una base nueva. ¿Qué valores importantes quieres incorporar a tus relaciones sexuales? Cosas como la pureza, la comunicación, la fidelidad, el jugueteo, la sinceridad, la curiosidad, la integridad, el disfrute mutuo, la gracia, la comprensión y la compasión. Hablen de qué es lo más importante para ambos e incorpórenlo a su relación sexual renovada.

Esposo, puede que necesites renovar tu manera de buscar a tu esposa, dentro y fuera de la alcoba. Observa de qué forma diseñó Dios el cuerpo masculino para el sexo. La forma en que el cuerpo del hombre fue creado implica «iniciación». Por el diseño perfecto de Dios, fisiológicamente, antes de que el sexo sea posible, el hombre debe iniciar una erección. La palabra *erigir* significa fundar, instituir o levantar algo[28]. De la misma manera que el hombre debe estar erecto antes de entrar sexualmente en su esposa, él debería buscarla primero en el sentido del galanteo amoroso. Si quieres que tu esposa se interese más en el sexo, sé «interesante» tú fuera del cuarto. Si ella parece indiferente o insensible a tus avances sexuales, entonces vuélvete atractivo de una forma no sexual.

Seduce a tu esposa conectándote con ella a nivel emocional: busca su corazón y su alma. Por ejemplo, tal vez tu esposa se sienta agobiada por cargar demasiadas responsabilidades teniendo muy poca ayuda y reconocimiento de tu parte. No te pongas a la defensiva diciendo: «¡Yo también tengo muchas preocupaciones!». Pregúntale si se siente sola con la crianza de los niños y las responsabilidades del hogar. Un titular reciente del *New York Post* decía: «¿Quieres tener más sexo? Lava los platos». Las investigaciones indican que las parejas que comparten equitativamente los quehaceres de la casa tienen más sexo que las parejas en las que la mujer hace la mayor parte de las tareas domésticas[29]. Cuando los quehaceres y el cuidado de los hijos se dividen por igual, la esposa se siente más honrada y apreciada, esto a menudo lleva a tener más intimidad.

No insinuamos que esto sea una fórmula «garantizada»: *corteja a tu esposa fuera del cuarto y ella te responderá sexualmente en el cuarto.* El matrimonio no funciona así. Ante todo, buscar a tu esposa de una manera no sexual tiene que ver con vivir el llamado de Dios de amarla incondicional y sacrificialmente (Efesios 5:25) y no con tener más posibilidades en el dormitorio. Jamás presiones a tu esposa a tener sexo ni uses la Palabra de Dios para forzarla. El «no» debe ser una respuesta aceptable. Si el «no» no es una opción, no estás haciendo un pedido, estás exigiendo. Ese no es el llamado de Dios para los esposos.

Esposos, que en el cuarto su meta sea el disfrute *mutuo*. El sexo no se trata solo de que llegues al clímax, ¡no se trata solo de ti! Corteja a tu esposa en el sentido sexual haciendo que los deseos y la satisfacción sexual de ella sea tan importante como la tuya; ambos tienen que ser importantes. Prioriza e «inicia» experiencias sexuales que le importen a tu esposa: hazle masajes en el cuerpo, susúrrale que es hermosa y sensual, desacelera el juego previo, asegúrate de que ella llegue al clímax y, cuando terminen, abrázala y conversen en la cama. Esto ayudará a que se sienta como tu alma gemela: una persona que es valorada y no cosificada. Si no sabes con seguridad qué le gusta sexualmente a tu esposa, ¡al final de este capítulo tenemos algunas preguntas geniales que hacerle!

Esposa, si el cuerpo de tu marido fue hecho para tomar la iniciativa, el cuerpo femenino fue hecho para abrirse y recibir a su esposo. Por el diseño perfecto de Dios, fisiológicamente, el pene erecto del hombre es recibido por la mujer abierta. No tienes el control sobre si tu esposo toma la iniciativa o cómo lo hace, pero sí puedes controlar si te abres y eres capaz de recibir de tu esposo. *Recibir* significa «aceptar» o «dar la bienvenida»[30]. La disponibilidad, entonces, se trata de que te prepares de una manera proactiva en los aspectos emocional, espiritual, mental y físico para recibir a tu esposo.

Cuando las mujeres escuchan consejos como «reserva una parte de tu energía para tu esposo, así no estás tan cansada cuando él te desea sexualmente», «toma la iniciativa en el sexo periódicamente» y «responde más a menudo», pueden tener la sensación de que *él* es el único que importa, como si las esposas fueran solo objetos para el disfrute de su marido. Cuando usamos las palabras «recibir» o «dar la bienvenida» para referirnos a que tu esposo inicia la actividad sexual (oferta de conexión), no estamos insinuando que lo hagas solo por sus necesidades sexuales. Dios le dio a tu matrimonio el regalo del sexo para que *ambos* lo disfruten. Responde sexualmente para bendecir a tu esposo y al matrimonio, pero además porque *tú* también puedes disfrutarlo. Tu experiencia sexual no es menos importante que la suya; ¡*tú* importas! ¡*Ambas* personas tienen que importar!

¿Cómo puedes renovar tu disposición en el cuarto? Yo (Erin) siempre tengo la decisión de cómo responder a Greg y cómo mostrarme dentro del componente sexual de nuestro matrimonio. Sinceramente, no quiero sentir que el sexo es solo un deber, una tarea rutinaria o una obligación. Necesitamos celebrar y deleitarnos en el acto del sexo con nuestro cónyuge con el objetivo de que sea para el disfrute *mutuo*. Sin duda, el sexo puede vincularnos en el plano emocional, pero a veces necesitamos conectarnos físicamente antes de poder conectarnos emocionalmente. Yo (Erin) suelo decirles a las esposas jóvenes: «Gana el cuerpo de tu esposo para ganar su corazón». La conexión emocional se intensifica más cuando tú físicamente *yada* (conoces) a tu esposo y experimentas el sexo de maneras que ambos disfrutan.

Como pareja, piensen cómo eran las cosas cuando estaban recién casados. ¿En qué sentido eran distintas las cosas en esa época? Quizás priorizaban las citas románticas, el romance se respiraba en el aire, se bañaban juntos, tenían buenos modales en el cuarto (nadie se cortaba las uñas ni se les escapaba un gas) y buena higiene personal, se quedaban en la cama, se acostaban temprano, no miraban la tele en la cama ni cargaban el celular sobre la mesita de luz, el juego previo duraba más que unos minutos o daban largas caminatas en las cuales hablaban de su vida interior. Sabemos que las exigencias del trabajo, el cuidado de los hijos y las responsabilidades de la casa hacen que sea casi imposible volver a esos primeros años. Pero hablen de qué era diferente en esa época y vean si hay cosas específicas que puedan recrear.

Otro aspecto de renovar tu relación sexual es priorizar la comunicación. Una marca distintiva de un matrimonio sin sexo es que la pareja evita hablar sobre el sexo. Como pareja casada, tienen que sentirse seguros para hablar juntos de su relación sexual: hablar honesta y abiertamente sobre las cosas que les gustan y no les gustan en el sexo. Los animamos, sin embargo, a encontrar un momento neutral para hablar: no justo antes ni después del sexo. Estos son algunos de nuestros temas favoritos para romper el hielo.

- ¿Cuál es la mejor manera de «coquetear» contigo? Por ejemplo: mandar mensajes de texto, correos electrónicos, llamar al celular, dejar notas, con palabras o acciones. Describe cómo es para ti que te demuestre que siento atracción por ti.
- Describe cuál es tu muestra de afecto físico no sexual ideal (por ejemplo: tomarte de la mano, abrazarte, besarte, darte masajes en los hombros, frotarte la espalda, hacerte arrumacos, hacer cucharita) y qué tan a menudo la deseas.
- ¿Cómo te gusta que te cortejen durante el día, a la expectativa del sexo?
- ¿Conectarte emocionalmente antes de tener sexo es importante para ti? Si la respuesta es afirmativa, ¿cómo te gustaría que nos conectáramos?
- ¿Qué recuerdas de la primera vez que tuvimos sexo?
- Del uno al diez, ¿qué tan fuerte es tu deseo sexual? ¿Está aumentando o disminuyendo?
- Dado el deseo sexual que tienes en la actualidad, ¿con qué frecuencia te gustaría que tuviéramos relaciones sexuales?
- Describe la noche perfecta para hacer el amor.
- ¿Cómo podría mejorar nuestra vida sexual?
- ¿Cuáles de las prendas que uso te encienden?
- ¿Tienes una posición sexual preferida? ¿Por qué es tu preferida?
- ¿Qué te desagrada sexualmente? ¿Hay algo que te parezca malo, ofensivo o del mal gusto?
- Sexualmente, ¿prefieres que yo tome la iniciativa o te gusta hacerlo a ti?

- ¿Qué cosa que hago te da más placer?
- ¿Cuáles son tus fantasías? ¿Qué clase de fantasía te parece bien?
- ¿Qué haces para manifestarme que te interesa tener relaciones sexuales?
- ¿Cuáles son tus actividades favoritas del juego previo?
- ¿En qué lugares te gustaría tener sexo fuera de nuestro cuarto?
- ¿Qué te gusta hacer apenas después de hacer el amor?

El buen sexo requiere una comunicación habitual. ¡Disfruta de redescubrir el lado sexual de tu cónyuge!

Oseas 2:20 termina con Dios diciendo: «Y tú conocerás al Señor» (LBLA). Cuando Dios le dice a su esposa «conocerás al Señor», se refiere a la palabra *yada*, como en una relación íntima. Dios promete no retenerle nada a su novia, ¡y ella lo conocerá (*yada*) profundamente!

No dejes que *Seinfeld* (ni nadie, de hecho) se apropie de tu «yada, yada, yada» y lo convierta en otra cosa que no sea lo que Dios tenía pensado. La idea de Dios sobre *yada* es que conozcas plenamente a tu cónyuge, que tu cónyuge te conozca profundamente y que disfruten el uno del otro en el sexo. Reconozcan que Dios les dio el regalo increíble del sexo. Decidan juntos qué quiere decir «normal» para ustedes en el cuarto. Hablen abiertamente de sus necesidades y negocien una relación sexual que satisfaga las necesidades de ambos de modo tal que los dos se sientan bien. Sé paciente. Resucitar la relación sexual llevará tiempo, por eso, celebra las pequeñas victorias. *Yada* es un regalo poderoso para tu matrimonio; por lo tanto, guárdalo y protégelo bien.

Los compañeros de cuarto rara vez tienen relaciones sexuales; las almas gemelas tienen relaciones sexuales a menudo, de una manera en que ambos lo disfruten.

CAPÍTULO 11

El corazón cerrado

Ámense de todo corazón los unos a los otros.

1 PEDRO 1:22, NVI

Los compañeros de cuarto dejan que su amor se enfríe; las almas gemelas mantienen abierto el corazón y desarrollan un matrimonio que se siente como el lugar más seguro del mundo.

El que se quema con leche, ve una vaca y llora

En la campaña publicitaria de su línea de joyas, la actriz y empresaria Jane Seymour anuncia: «Si tu corazón está abierto, el amor siempre encontrará su camino».

¿Cursi? Es innegable. Su frase famosa chorrea sentimentalismo.

¿Profunda? Absolutamente. Después de nuestra relación con Jesucristo, mantener el corazón abierto es la verdad relacional más importante que hemos aprendido. Un matrimonio de almas gemelas solo es posible cuando los corazones están completamente abiertos el uno al otro. Esto es exactamente lo que el apóstol Pablo les dijo a los cristianos corintios: «¡Oh, queridos amigos corintios!, les hemos hablado con toda sinceridad y nuestro corazón está abierto a ustedes. No hay falta de amor de nuestra parte, pero ustedes nos han negado su amor. Les pido que respondan como si fueran mis propios hijos. ¡Ábrannos su corazón!» (2 Corintios 6:11-13).

Ábrannos su corazón. Esta es una noción poética maravillosa, pero es mucho más fácil decirlo que hacerlo. A muchas personas les cuesta mantener abierto el corazón porque esa apertura requiere vulnerabilidad, tal como lo explican los Dres. Arch Hart y Sharon Hart May:

> Cuando el esposo y la esposa se aman, literalmente se entregan el corazón el uno al otro para resguardarlo. Es un acto de confianza tan delicado, que cualquier atentado contra la intimidad o perjuicio a esta confianza puede provocar las reacciones más dolorosas. Imagina tomar la esencia misma de tu ser (tu corazón) y ponerla en las manos de tu cónyuge. Tu corazón pasa a ser de tu pareja para que lo cuide, lo proteja, lo valore y lo ame. Para esto es necesario que seas vulnerable y des un paso valiente y arriesgado[1].

Este es el mayor dilema del matrimonio: para llegar a los niveles más profundos de conexión, tienes que darle acceso a tu cónyuge a la parte más vulnerable de ti, tu corazón. El riesgo es que no hay garantía de cómo tratará a tu corazón. Una vez que lo abras, ¿serás amado y aceptado sin condición? Después de ver tu verdadero yo (todos tus defectos, imperfecciones, historias vergonzosas y errores pasados) ¿serás amado y protegido?

Anhelamos ser amados y aceptados sin condición. Pero muchas personas se meten en el matrimonio temerosos de ser abiertos y vulnerables. Desde la infancia, pronto aprendemos que el mundo está lleno de dolor y de angustia. Todos tenemos magullones emocionales y cicatrices de relaciones del pasado. Hemos confiado en personas que nos lastimaron. Quizás en tu infancia hubo maltrato en todas sus formas insidiosas. Quizás estuviste pendiente del divorcio de tus padres. Quizás tuviste una mala experiencia en una relación sentimental anterior. Quizás un mejor amigo le puso fin inesperadamente a la amistad. Quizás fuiste atacado física o sexualmente. Quizás, antes estuviste casado. Quizás cometiste un error y crees que es imperdonable. Las experiencias traumáticas solo ratifican que las personas y las relaciones no son seguras. Este daño conjunto provoca que elaboremos todo un sinfín de estrategias para evitar la intimidad y no permitir que nos lastimen. Ten en cuenta estas defensas:

- Levantar muros emocionales
- Mantener relaciones superficiales
- Usar el humor para distraer a los demás y que no vean a la persona real
- Vegetar frente al televisor o la computadora
- Pasar infinidad de horas en las redes sociales o jugando videojuegos
- Usar el enojo para controlar que los demás no se acerquen demasiado
- Invertir demasiado en los hijos, el trabajo o los pasatiempos
- Vivir en un matrimonio sin sexo
- Recurrir a la comida como consuelo
- Priorizar el tiempo dedicado a los amigos
- Proyectar determinada imagen pública en las redes sociales
- No hablar de los sentimientos
- Aislarse y esconderse en un refugio masculino o en un espacio femenino
- Anestesiar el dolor mediante adicciones
- Involucrarse en una aventura amorosa
- Volverse independiente para evitar depender de alguien
- Desaparecer cuando las personas se acercan mucho

Es lamentable quel las estrategias que utilizamos para evitar que nos lastimen son contraproducentes porque exigen una energía cuantiosa y afectan severamente la intimidad en tu matrimonio. A tu cónyuge le resulta difícil acercarse cuando tú estás del otro lado de un muro ancho.

Esto nos mantiene trabados en un matrimonio de compañeros de cuarto.

Otros quieren abrir su corazón y conectarse profundamente con su cónyuge, pero sienten que la relación es peligrosa. Es como si el vendedor de seguros le explicara a su cliente: «Su solicitud está correctamente completa, excepto por una cosa, señor Pérez. Donde pregunta qué relación tiene la señora Pérez con usted, debería haber escrito *«esposa»*, no *«tensa»*. Es difícil abrir tu corazón cuando tu matrimonio es tenso y sientes como si todo el tiempo tuvieras que andar con pies de plomo alrededor de tu cónyuge. En lugar de sentir que tu matrimonio es como un puerto seguro, te sientes nervioso o estresado respecto a tu cónyuge.

Si bien es probable que haya cientos de maneras de ofender, frustrar y herirnos el uno al otro (haciendo que nuestro corazón se cierre), vemos varias que sistemáticamente encabezan la lista. Para tratar de entender mejor por qué las personas cierran su corazón, le hicimos la siguiente pregunta a cientos de parejas: «¿Qué los hace sentir *amenazados* en su matrimonio?». Estas son las principales respuestas y los comportamientos que causan que un matrimonio se sienta amenazante:

- Ser criticado (esta fue la número uno)
- Ser amenazado, intimidado o maltratado físicamente
- Sentirse humillado o menospreciado
- Cuando el cónyuge se repliega emocionalmente
- Cuando se hacen bromas hirientes o comentarios sarcásticos exclusivamente contra ti
- Cuando tus sentimientos, pensamientos, convicciones y opiniones son juzgados
- Ser ignorado o minimizado
- Sentirse controlado
- Sentirse atacado verbalmente
- Cuando tu cónyuge se defiende a sí mismo intensamente
- Que te grite o te hable con palabras hostiles
- Cuando se incumplen las promesas
- Ser fastidiado sin cesar

- Cuando tu cónyuge comparte información privada sin tu permiso
- Que mencione repetidamente errores pasados
- Cuando tu cónyuge no escucha
- Sentirse no amado, rechazado o abandonado
- Cuando no te dan el beneficio de la duda
- Ser engañado
- Sentir que no te respetan
- Ser avergonzado o humillado delante de otros
- Sufrir una traición o infidelidad
- Cuando se le niega el cariño o el sexo o son utilizados como un arma
- Sentir que tu opinión no es importante
- Cuando tu cónyuge no está dispuesto a reconocer que está equivocado ni pide perdón
- Ser obligado a hacer algo que te hace sentir incómodo
- Cuando tu cónyuge trata de «componerte»
- Cuando tus necesidades son desestimadas como poco importantes

Puede ser algo obvio de la lista anterior o puede ser algo sutil como el tono de voz, cierta mirada negativa, un gesto reprobatorio o una mirada con fastidio, pero cuando enfrentamos esas ofensas, nos sentimos *inseguros* y, al instante, nos ponemos en modo de «pelear o huir»: contraatacamos o nos replegamos. Entonces, ¿cómo sabes que un corazón se ha cerrado? Estas son algunas de las señales de que un corazón se ha cerrado:

- Escaso o ningún contacto visual
- Lenguaje corporal negativo (es decir, los brazos cruzados, lanzar miradas furibundas, hacer un mohín)
- El silencio o el repliegue emocional: desconectarse relacional o físicamente abandonando el lugar
- Amargura y resentimiento
- Enojo (por ejemplo: gritar, amenazar)

- Dureza o actuar con crueldad
- Negarse al contacto físico
- Insensibilidad o crueldad
- Egoísmo
- Poca disposición a perdonar
- Distanciamiento emocional o frialdad
- Desesperanza y desesperación

Un corazón cerrado nos vuelve peligrosos para la relación. Cuando mi corazón está cerrado y me vuelvo criticona (Erin), en realidad no soy una persona segura con quien estar. No solo es probable que diga o haga algo que hiera a mi esposo, también soy peligrosa porque estoy obsesionada *conmigo misma*. Trato de deshacerme de *mis* sentimientos hirientes y, en realidad, no pienso en Greg. He perdido la perspectiva. Cuando la cabeza de una tortuga está retraída o un bicho bolita se enrolla apretadamente, no puede ver más allá de sí mismo. El mundo que lo rodea se torna oscuro. El rey David habló sobre no poder ver cuando su corazón estaba afligido: «Pues me rodean las dificultades, ¡son demasiadas para contar! Es tal la acumulación de mis pecados que no puedo ver una salida. Suman más que los cabellos de mi cabeza y he perdido toda mi valentía» (Salmo 40:12).

Cuando nuestro corazón se cierra, nos confundimos. Se nos nubla el juicio. La conciencia, la perspicacia y el discernimiento no existen. En este estado cerrado, muchas veces terminamos tomando decisiones directamente cerebrales, insensibles. Es muy fácil racionalizar nuestras decisiones cuando nos falta perspectiva y solo usamos el cerebro. Por este motivo, las personas buenas son capaces de tomar decisiones terribles cuando se cierra su corazón. Todos hemos escuchado a alguien decir: «Era la última persona del mundo a quien yo consideraba capaz de hacer eso» o «Nunca pensé que pudiera hacer eso». Nos volvemos capaces de hacer casi cualquier cosa cuando nuestro corazón está cerrado. Cuanto más tiempo nuestro corazón permanezca cerrado, más probable es que se fosilice o se *endurezca*.

Una de las cosas que hemos aprendido, luego de años de trabajar con matrimonios que están en crisis, es que cada relación fallida se origina en un *corazón endurecido*. El corazón endurecido es el verdadero destructor de matrimonios. Max Lucado concuerda: «El corazón duro arruina no solo tu vida, sino la vida de los miembros de tu familia. Como ejemplo, Jesús identificó al corazón duro como la bola de demolición de un matrimonio»[2]. En Mateo 19:8, Jesús habla del divorcio en el contexto de un corazón endurecido y explica que ese no fue el plan original de Dios. Jesús dijo: «Moisés permitió el divorcio solo como una concesión ante la dureza del corazón de ustedes, pero no fue la intención original de Dios».

La buena noticia es que los corazones cerrados pueden abrirse y que los corazones endurecidos pueden ablandarse, con el tiempo. Pero esto comienza con *tu* corazón.

Sanar tu corazón

En tu matrimonio nunca pasarán de compañeros de cuarto a almas gemelas si tu corazón está cerrado o endurecido. Es precisamente lo que pudo darse cuenta el Hombre de Hojalata de *El mago de Oz*: «Fue una experiencia terrible, pero durante el año que pasé allí tuve tiempo para pensar que la pérdida que más sentía era la de mi corazón. Mientras estuve enamorado fui el hombre más feliz de la tierra; pero como es imposible amar sin corazón, estoy decidido a pedirle a Oz que me dé uno»[3].

La sanidad de tu corazón no requiere seguir el camino de baldosas amarillas en busca de Oz, el Gran y Poderoso Mago. Tu corazón lo sana el Dios que sana a los quebrantados de corazón y que venda sus heridas (Salmo 147:3).

Primero, presta atención a cómo está tu corazón hacia tu cónyuge. ¿Tu corazón está abierto o cerrado? Si tu corazón está cerrado, en el grado que sea, no te juzgues a ti mismo. La autocrítica te hará sentir peor, y tus muros emocionales se harán más altos y gruesos. Segundo, en lugar de autocondenarte, sé curioso: «¿Me pregunto por qué mi corazón está cerrado?». Anteriormente, sugerimos que podía ser porque llegaste al matrimonio con muros emocionales que surgieron a partir de experiencias traumáticas previas o porque no te sientes a salvo en tu matrimonio.

Si llegaste al matrimonio con muros emocionales, haz algo al respecto. El estado de tu corazón es *tu* responsabilidad. En Proverbios 4:23 (NVB), el rey Salomón escribe: «Sobre todas las cosas cuida tu corazón, porque de él brota la vida». Salomón dice que tu corazón es el manantial del amor de Dios que da vida. No dice que cuides tu corazón escondiéndolo detrás de un muro ancho. Dice que tengamos abierto el corazón. Nos implora que protejamos nuestro corazón para que no se cierre o, peor aún, se endurezca; porque si nuestro corazón está cerrado, el amor de Dios no puede brotar de él. Cuidar nuestro corazón para que no se cierre es nuestro trabajo.

Dios puede sanar tu corazón, no importa en qué condición esté. Solo tienes que pedirlo.

«"Ahora bien", afirma el SEÑOR, "vuélvanse a mí de todo corazón [...]. Rásguense el corazón y no las vestiduras. Vuélvanse al SEÑOR su Dios"» (Joel 2:12-13, NVI). Este pasaje de las Escrituras es sorprendente. *Rasgar* algo es despedazarlo o partirlo en pedazos. A lo largo de la Biblia, hay muchos ejemplos de personas que deliberadamente se rasgaron las vestiduras como una expresión física de dolor; literalmente, estaban diciendo: «Esto me hace pedazos»[4]. En este versículo, en lugar de nuestras vestimentas, se nos dice que rasguemos nuestro corazón para que podamos volver al Señor.

Pídele a Dios que sane tu corazón. Él es fiel. Hay veces, sin embargo, que un hueso quebrado solo puede sanar cuando vuelve a ser quebrado. De la misma manera, tu corazón tiene que partirse en dos para permitir que penetre el amor sanador de Dios. Abre tu corazón para que el Señor pueda obrar un milagro. Él promete lo siguiente: «Entonces los rociaré con agua pura y quedarán limpios. Lavaré su inmundicia y dejarán de rendir culto a ídolos. Les daré un corazón nuevo» (Ezequiel 36:25-26).

No es necesario que vivas con el corazón cerrado ni endurecido. Dios sanará tu corazón si se lo pides. Un corazón ablandado y abierto es lo único que Dios necesita para llevarlos de un matrimonio de compañeros de cuarto a uno de almas gemelas. Si Dios puede resucitar a los muertos, ciertamente puede revivir un corazón endurecido. ¡Hemos sido testigos de este milagro infinidad de veces!

Crea un matrimonio que se sienta el lugar más seguro del mundo

Como hemos mencionado, el amor es riesgoso y no hay garantía de que no nos van a lastimar. Entonces, ¿cómo creamos una conexión profunda con nuestro cónyuge, a pesar de los riesgos obvios? Es importante generar el tipo de entorno adecuado para que el corazón se abra.

La seguridad no es simplemente una lista de conductas; es un estado del ser. Estar seguro es un modo de vida. Mira, Dios te ama apasionadamente. Él quiere una relación personal contigo. Al fin y al cabo, envió a su Hijo a morir por ti para que puedas pasar la eternidad con él. Este es el amor más puro. Y una característica fundamental del amor de Dios es la *seguridad*. Él deja bien en claro este mensaje a lo largo de las Escrituras:

«El nombre del Señor es una fortaleza firme; los justos corren a él y quedan a salvo» (Proverbios 18:10).

«Mantenme a salvo, oh Dios, porque a ti he acudido en busca de refugio» (Salmo 16:1).

«En paz me acostaré y así también dormiré; porque solo tú, Señor, me haces habitar seguro» (Salmo 4:8, lbla).

«Temer a la gente es una trampa peligrosa, pero confiar en el Señor significa seguridad» (Proverbios 29:25).

Estos son apenas algunos de los muchos versículos que muestran la seguridad que tenemos en Dios. Él quiere que tu corazón esté abierto para que puedas recibir su amor eterno y amarlo con todo el corazón.

Nos gusta lo que John y Stasi Eldredge dicen sobre formar un matrimonio seguro:

El matrimonio es el santuario del corazón. Se te ha confiado el corazón de otro ser humano. Cualquier otra cosa que implique la gran misión de tu vida, amar y defender este corazón cercano a ti es parte de tu gran búsqueda. El matrimonio es el privilegio y el honor de vivir lo más cerca del corazón que dos personas pueden llegar. Nadie más, en todo el mundo, tiene la oportunidad de conocer al otro más íntimamente que el esposo y la esposa. Se nos invita a su vida secreta, a su yo más verdadero. Llegamos a conocer sus matices, sus gustos particulares, lo que le parece gracioso, lo que lo vuelve loco. Se nos confía sus esperanzas y sueños, sus heridas y sus miedos[5].

Ahora bien, ¿qué es la seguridad emocional? Definimos la seguridad emocional como sentirte libre para abrir tu corazón y darte a conocer por completo y con la confianza de que tu cónyuge te amará, te aceptará, te protegerá, te nutrirá y te estimará sin condición, como una persona imperfecta.

Y ahora, ¿cómo se consigue esto? ¿Cómo creamos un matrimonio que se sienta como el lugar más seguro del mundo? Les pedimos a las parejas que estaban en nuestro seminario para matrimonios que dieran su definición de seguridad emocional. Presta atención a algunas de sus respuestas:

- Sentirme seguro: la sensación profunda de que nuestra relación es indestructible
- Ser amado sin condición y aceptado por quién soy

- Sentirme relajado y tranquilo
- Que se preocupe por mí más que por cualquier otra persona
- Que me conozca por completo; que me vea como la persona que soy
- Ser libre para expresar quién soy en realidad
- Sentirme respetado
- Sentirme valorado y querido
- No ser juzgado
- Que acepte mis defectos como parte del paquete completo

Es una lista bastante sorprendente, ¿verdad? ¿No sería maravilloso contar con estas cosas como la base de tu relación matrimonial?

Cuando tu esposa se siente segura, naturalmente está dispuesta a relajarse y a abrir su corazón. En ese estado de apertura, la conexión sucede sin esfuerzo. Cuando te sientes a salvo, no tienes que forzar la cercanía ni hacer cosas para generar intimidad. Exige mucho más esfuerzo y energía mantenerse cerrado o guardado detrás de un muro emocional. Piensa en alguna ocasión reciente en la que tu cónyuge te haya herido o frustrado. ¿Recuerdas con cuánta rapidez se cerró tu corazón y cómo te desconectaste de tu cónyuge? Tu corazón no fue diseñado para permanecer cerrado. Mantener cerrado el corazón es como tratar de guardar una pelota de playa llena de aire debajo del agua. Debes presionar y aguantar para mantenerla bajo el agua. Tienes que esforzarte mucho para mantener cerrado un corazón lleno del amor de Dios. ¿Has notado alguna vez, cuando tu cónyuge asume la responsabilidad de sus actos y te pide perdón, con qué rapidez tu corazón se abre de nuevo? Al igual que esa pelota de playa debajo del agua, una vez que te sientas seguro, tu corazón volverá a abrirse como por una explosión. Puedes pasar de sentirte cerrado a, al instante, sentirte abierto y conectado.

Lo diremos una vez más: para que haya cercanía y conexión profundas, los corazones deben estar abiertos. Por consiguiente, la base de un matrimonio de almas gemelas es sentirse seguro: física, intelectual, espiritual y emocionalmente. Entonces, ¿cómo construimos, en la práctica, un matrimonio que nos haga sentir en el lugar más seguro del mundo? Es más fácil de lo que piensas.

Generar seguridad en tu matrimonio

Nos encantan estas características de Dios: misericordioso, compasivo, lento para enojarse y lleno de amor inagotable (Joel 2:12-13). No son solo comportamientos; estos atributos definen quién es Dios: su manera de vivir. En el matrimonio, no faltarán oportunidades para mostrar estos comportamientos ante tu cónyuge.

Hace poco, yo (Greg) estaba ayudando a Erin a preparar una comida familiar. Mi tarea era cocinar el pollo rebozado sin gluten. Estaba usando el utensilio de cocina favorito de Erin: una sartén con tapa de vidrio que había tenido por años. Una vez que el pollo estuvo dorado y sabroso, retiré la sartén y la tapa del horno y dejé ambas en el fregadero.

De inmediato, desde el otro lado de la cocina, Erin gritó:

—¡Asegúrate de no echar agua fría sobre la tapa!

No soy idiota, pensé para mí mismo. *¡Sé lavar los platos sin instrucciones!*

Y, de pronto, todo se volvió un caos. En un instante estaba mirando para arriba en un gesto de fastidio hacia Erin por el descaro de decirme cómo limpiar y, a continuación, solo sé que recibí un disparo.

Ni bien hice correr el agua fría (ajá, eso fue lo que hice) sobre la tapa caliente de vidrio, la cosa entera explotó. Lo único que recuerdo es haber escuchado un estallido seco y, luego, vidrio lloviendo por todas partes. Sonó como un disparo, pero en lugar de lanzarme de cabeza al piso, me quedé congelado. Me quedé ahí, como un tonto, mirando incrédulamente la catástrofe. Lo único que quedó fue el mango (que todavía sostenía yo en la mano) y un aro metálico de veinticinco centímetros que rodó hasta detenerse en el fondo del fregadero.

Miré a Erin, quien ahora tenía las manos sobre las caderas y negaba con la cabeza.

—Creo que no tendría que haber usado el agua fría —dije con una sonrisa avergonzada.

Entonces ¿cómo generamos la seguridad en medio de nuestras frustraciones matrimoniales como la que experimentamos cocinando juntos? Desentrañemos estos cuatro atributos de Dios que se encuentran en Joel 2:12-13 y veamos cómo generan seguridad.

1. La seguridad es lenta para enojarse. «Regresen al SEÑOR su Dios, porque él es [...] lento para enojarse». La frase «lento para enojarse» aparece no menos de catorce veces a lo largo de las Escrituras. Ser lento para enojarse significa ser sufrido. Y sufrido significa ejercitar la «paciencia», paciencia con las personas difíciles. Después de veintisiete años de matrimonio, comprendemos lo importante que es la paciencia. Es fácil que tu cónyuge te hiera, te haga enojar o te cause frustración. Parte de la reacción amorosa de Erin después de que destruí su sartén fue la paciencia. En lugar de reaccionar a mi error, fue lenta para enojarse.

Paciencia es la capacidad de aceptar o tolerar las molestias, las demoras, los problemas o el sufrimiento, sin enojarse ni ponerse ansioso[6]. Piensa en las incontables molestias que enfrentamos en el matrimonio: esperar que ella termine de vestirse cuando ya están saliendo quince minutos tarde, sus calcetines sucios en el piso, las luces de la casa que quedan encendidas toda la noche, los cargos por mora de cuentas impagas, los ronquidos, que revise el celular mientras se dedican un tiempo para los dos, el asiento del inodoro que queda levantado, los papeles y la correspondencia apilados en la mesada de la cocina, las batallas por el termostato, los eructos o flatulencias, el tanque de combustible vacío después de haber usado el auto, comerse tu comida sin preguntar.

La paciencia es darle a tu cónyuge la libertad de ser humano. Pero hay una advertencia. ¿Cómo discernimos cuáles comportamientos tolerar y cuáles confrontar? Proverbios 19:11 expresa: «Las personas sensatas no pierden los estribos; se ganan el respeto pasando por alto las ofensas». En el matrimonio, la paciencia incluye ser capaces de discernir entre lo que Dios espera y nuestros propios deseos y expectativas. En realidad nos gusta el punto de vista de Ashleigh Slater sobre la paciencia en el matrimonio:

> Entonces, nos preguntamos a nosotros mismos: ¿Este comportamiento pierde de vista el objetivo de Dios? ¿O simplemente estoy fallándole al mío? ¿Es una manía que me resulta irritante o es ofensivo para Dios y le hace daño a nuestra relación? Si es una cuestión de irritación, no de destructividad, dejémoslo pasar. A veces, sencillamente, no vale la pena luchar por las cosas irritantes. A menudo, cuando decidimos traer algo irritante al primer plano de la conversación, no mejora nuestro matrimonio, simplemente es para dejar conformes a nuestras necesidades de que las cosas sean de determinada manera[7].

Aquí es a donde quería llegar el rey Salomón en Proverbios 19:11. La sabiduría sabe cuándo elegir una batalla y cuándo dejarla pasar. Si el comportamiento de tu cónyuge transgrede directamente la Palabra de Dios o es nocivo para nosotros en lo personal o para nuestro matrimonio, vale la pena confrontarlo. Aunque a veces molesta, la tendencia de Erin a llegar tarde no pierde de vista el objetivo de Dios. De la misma manera, por lo introvertido que es, la resistencia habitual de Greg a salir de casa es irritante, pero no transgrede la Palabra de Dios. Hacer estallar mi cacharro de cocina preferido, aunque frustrante, no es una batalla que tenga que pelear. Estas molestias quedan abarcadas dentro del concepto de «darle a tu cónyuge la libertad de ser humano».

La paciencia también implica discernir cuándo confrontar los patrones destructivos por el bien de tu matrimonio. Comportamientos tales como la violencia doméstica, la pornografía, la infidelidad, la adicción, la conducta criminal, la ira perversa no deben ser tolerados. En este espíritu, confrontamos los comportamientos destructivos porque amamos a la persona, pero odiamos el pecado. Tener paciencia no quiere decir que toleramos los problemas que están dañando al individuo o al matrimonio. Cuando estos tipos de comportamientos destructivos están presentes, la paciencia significa que pones un límite claro. Un límite amoroso y que honra a Dios es aquel que estableces y que mantiene tu corazón *abierto* hacia tu cónyuge. Te alentamos a consultar a un terapeuta cristiano que te ayude a pensar bien cómo sería un límite piadoso dentro de tu situación específica.

2. La seguridad es misericordiosa. Además de casi ser asesinado por la tapa de vidrio, la parte más increíble de nuestra historia fue que Erin no dijo ni una palabra. Tenía todo el derecho a estar molesta y a sentirse frustrada conmigo; después de todo, yo había ignorado su advertencia y había hecho desaparecer su cacerola favorita. Hubiera estado justificada para sermonearme o exigirme que limpiara el desastre que había causado.

Pero no hizo nada de eso. En cambio, se acercó con calma y revisó mi cara para ver si había heridas de las esquirlas de la tapa explotada y me ayudó a barrer los miles de pedacitos diminutos de vidrio que estaban esparcidos por el piso de la cocina. ¿Por qué reaccionó así? Se me ocurre una palabra: *gracia*.

Teológicamente hablando, la gracia es una manera esencial en que Dios expresa su amor por nosotros. De hecho, la palabra *gracia* se usa más de ciento setenta veces, y eso solo en el Nuevo Testamento[8]. El *Oxford English Dictionary* define a la gracia como «el favor gratuito e inmerecido de Dios, que se manifiesta en la salvación de los pecadores y en el otorgamiento de bendiciones»[9].

La gracia encuentra la manera de recalibrar nuestras relaciones. No es que ignores ni minimices los problemas serios; más bien, decides cómo quieres relacionarte en tu matrimonio. Recuerda: la gracia es la bondad que no hemos ganado y el otorgamiento de bendiciones.

Entonces, ¿cómo podemos emular a Dios y aplicar este don asombroso dentro de nuestro matrimonio? En términos simples, extender gracia a nuestro cónyuge quiere decir amarlo exactamente donde él está.

Greg no es perfecto. La gracia significa pasar por alto las cosas que hace Greg que me frustran para ver lo que es cierto sobre él. Tiene que ver con recordar quién es Greg en realidad en su interior, no solo cuánto me molesta en el momento. Gracia es creer lo mejor sobre tu cónyuge. Supera el lío de un momento o un comportamiento particular y recuerda que tu cónyuge es hijo o hija del Dios Altísimo. Él o ella está hecho a la imagen de Dios y es valioso; ¡esto *siempre* es verdad!

Esto es exactamente lo que Erin hizo por mí (Greg) después de que hice añicos la tapa de vidrio. En ese momento, Erin me dio el beneficio de la duda. Esto es un atributo poderoso de la gracia. En lugar de hacer conjeturas sobre las intenciones de tu cónyuge, la gracia trata de entender de qué lugar viene. Dar el beneficio de la duda nos obliga a verificar la verdad: «Yo conozco tu corazón, a pesar de que tus hechos actuales sean desconcertantes. Ayúdame a entender qué está pasando».

En lugar de exigir venganza, Erin practicó Efesios 4:32: «Sean amables unos con otros, sean de buen corazón, y perdónense unos a otros, tal como Dios los ha perdonado a ustedes por medio de Cristo».

3. La seguridad es compasiva. Más enérgico que la empatía, el sentimiento de misericordia comúnmente da origen a un «deseo activo por aliviar el sufrimiento de otro»[10]. Otra palabra para misericordia es compasión[11]. Según la enciclopedia en línea Wikipedia, la compasión se define como una «emoción humana profunda motivada por el sufrimiento de otros».

Compasión es que te importen los sentimientos de tu cónyuge. «Como escogidos de Dios, santos y amados, revestíos de tierna compasión, bondad, humildad, mansedumbre y paciencia» (Colosenses 3:12, LBLA). Esto marca un tono increíble para profundizar el recorrido hacia la conexión y la intimidad. Cuando Erin está herida, no quiere que yo la ignore y simule que no pasa nada. No quiere que diga: «¡Tranquilízate!». No quiere que compare su situación con la de los menos afortunados. En cambio, Erin quiere que me duela con ella, que experimente sus emociones, que sienta su dolor, que me ponga en su lugar y vea las cosas desde su perspectiva. El corazón se abrirá cuando se sienta seguro. La compasión genera seguridad.

Esa noche, acostados en la cama después de que yo (Greg) hice añicos la estimada sartén de Erin, me lamenté:

—Qué locura, ¿no? Podría haber resultado gravemente herido por el vidrio que explotó.

—Exactamente —dijo Erin—. Por eso te dije que no usaras agua fría.

Sintiendo que la energía emocional se hacía más intensa, traté de calmar la situación.

—No te preocupes —me disculpé—. Te compraré una tapa de vidrio nueva.

¡Ya entendiste!, pensé para mí mismo. *¡Problema resuelto!*

—¿Por qué contigo todo necesita una solución o tiene que arreglarse? —respondió Erin, frustrada—. ¿Por qué no puedes interesarte en cómo me siento yo?

—¿Cómo te sientes *tú*? —contraargumenté—. Soy yo el que pudo haberse quedado ciego por todos esos vidrios que volaron. ¿Qué te parece un poquito de compasión?

—¡Exactamente! —replicó Erin.

El silencio que siguió hizo que me preguntara si estaba pasando por alto algo importante.

Cada persona que lee este libro ahora está gritando: «¿En serio? ¿Qué te parece?».

Aunque tengas una respuesta increíble para un problema, a tu cónyuge no le interesará tu genialidad hasta que sepa que te *importa*. De esto fue modelo Jesús luego de que su íntimo amigo, Lázaro, murió. Cuando Jesús encontró a la familia de Lázaro profundamente afligida, se tomó el tiempo para ser compasivo con ellos. Juan 11:35 (NVI) dice: «Jesús lloró». Esto siempre nos ha fascinado. ¿Por qué Jesús «perdió» el tiempo llorando con los miembros de la familia? Esperábamos que él fuera directo a la solución. Para resolver el problema de la muerte de Lázaro, Jesús lo resucita de la muerte. No sé qué te parece, ¡pero es una solución asombrosa! Entonces, provisto por la mejor solución del mundo de todos los tiempos, ¿por qué primero empatizó con la familia? Nos preguntamos si parte de su enseñanza fue la compasión: la importancia de conectar *con* el corazón de alguien. En lugar de ofrecer una forma de solucionar la tapa rota de Erin, perdí la oportunidad de ser compasivo.

Después de que Erin se quedara callada, me pregunté qué era lo que en realidad le molestaba (supuse que no era la tapa de quince dólares).

—No entiendes mi frustración —explicó Erin—. No me importa la tapa. Eso se arregla fácil. Me molesta que no hayas aceptado mi consejo. Yo sabía que el agua fría rompería la tapa. Pero pasaste por alto mi advertencia. Me sentí ignorada.

Quería defenderme con cada parte de mi ser, pero opté por la compasión.

—Tienes razón —respondí—. Ignoré tu advertencia. Estoy seguro de que no te cayó bien. A mí tampoco me agradaría si te advirtiera sobre cómo manejar algo mío solo para ver cómo lo rompes.

—Gracias —respondió Erin.

—Te pido perdón por ignorarte y por romper tu tapa —me disculpé con cuidado.

—Está bien —respondió Erin y, en broma, siguió—. Puedes comprarme el nuevo juego de cocina Alessi que estuve mirando en línea.

—Parece justo —concedí—. Quiero decir, ¿cuánto puede costar?

Aunque estábamos acostados a oscuras, pude sentir que sus labios se enrollaban formando una sonrisa malvada como la del Grinch.

—¡Son apenas cuatro mil quinientos dólares por el juego de veintitrés piezas!

Menos mal que estaba bromeando (espero).

Esa noche terminamos teniendo una conversación agradable. Me permití sentir cómo debió haber sido sentirse ignorada. Sostener la mano de mi esposa mientras hablábamos en la cama creó un tipo de conexión especial que agradezco mucho haber experimentado.

Ahora entiendo de qué manera la compasión puede generar seguridad en nuestro matrimonio. Cuando abras tu corazón a los sentimientos de tu cónyuge, recibirás una respuesta más amable a cambio. Nos encanta la versión de Proverbios 25:15 de la Biblia *Dios Habla Hoy*: «La paciencia calma el enojo; las palabras suaves rompen la resistencia». La preocupación y la compasión rompen la oposición y crean dos corazones abiertos.

4. La seguridad está llena de amor. El corazón de Dios rebosa de amor inagotable por ti. Él está comprometido contigo para siempre por amor, como deja claro en Jeremías 31:3 (NVI): «Con amor eterno te he amado». Un compromiso de amor para toda la vida genera seguridad. Cuando las personas se sienten seguras de que su cónyuge está comprometido de por vida y en amor, son libres para abrir su corazón de par en par.

Cuando la Biblia habla de «uno solo» en el matrimonio, se trata de la relación de pacto que esposo y esposa hacen con Dios. Una vez que nos comprometemos para toda la vida a amar, quedamos «pegados» o «unidos» uno al otro. La pareja casada se convierte en «uno solo» mediante la unión sexual, pero hay algo más que el sexo. Convertirse en uno solo tiene que ver con el profundo vínculo emocional; ser un equipo conectado y unido para toda la vida.

El ser uno solo se da cuando el esposo y la esposa se unen en una relación íntima e inseparable. Ahora bien, comprometerse es más que solo decir que estaremos juntos para siempre. Malaquías 2:15 dice algo interesante sobre el compromiso: «¿No te hizo uno el Señor con tu esposa? En cuerpo y espíritu ustedes son de él. [...] Por eso, guarda tu corazón y permanece fiel a la esposa de tu juventud». La frase «por eso guarda tu corazón y permanece fiel» puede causar un impacto profundo en tu matrimonio. El compromiso no es una experiencia de «una vez y listo»: algo que prometiste el día de tu boda, pero luego descuidaste a medida que avanzabas en los aspectos más atractivos de tu relación, como compartir la fe espiritual, desarrollar la comunicación, resolver conflictos, pasar tiempo juntos, tomar decisiones conjuntas, etcétera. Nuestro compromiso es algo que debemos guardar activamente.

Nosotros definimos el compromiso como una promesa apasionada en la que decides estar con tu cónyuge para toda la vida y, de manera proactiva, construir un futuro juntos. Con esta definición en mente, creemos que hay tres maneras específicas de guardar tu corazón y la fidelidad dentro de ti, de proteger tu compromiso.

Primero, el compromiso es una decisión. Esposo y esposa deben «decidir» amarse el uno al otro de por vida. Para ser exactos, la palabra *decidir* proviene de una raíz que significa «cortar»[12]. En otras palabras, el compromiso es la decisión de cortar todas las otras opciones que compitan contra tu matrimonio. Nosotros hemos eliminado la palabra *divorcio* de nuestro vocabulario. El concepto no existe para nosotros.

Cuando el divorcio deja de ser una opción, en lugar de «barrer los problemas bajo la alfombra», nuestro compromiso para toda la vida nos obliga a resolver los problemas. No queremos vivir en matrimonio con pena ni insatisfacción (qué idea escalofriante). Por eso, cuando tenemos problemas o tenemos un conflicto, trabajamos para resolverlos. Replegarse es fácil si existe esa opción.

Segundo, el compromiso es un sentimiento. No creemos que el compromiso sea solo tomar la decisión de permanecer casados de por vida. También creemos que el compromiso conlleva pasión y emoción. Una forma en la que puede manifestarse el aspecto emocional del compromiso es valorando sumamente tu matrimonio. Hebreos 13:4 dice: «Honren el matrimonio». Honrar el matrimonio significa que reconocemos su valor inmenso. En el pasado, podíamos escribir páginas enteras sobre el increíble valor de cada uno, pero en realidad nunca pensamos en el valor de nuestro matrimonio. No es que evitáramos el pensamiento; es que nunca se nos había ocurrido pensar en este sentido. Recientemente, hicimos una lista de lo que nos encanta de nuestro matrimonio:

- Buscar juntos a Dios
- Desafiarme a ser una mejor persona
- Divertirnos y reír juntos

- Luchar por nuestros sueños compartidos
- Criar juntos a nuestros hijos (equipo de relevos)
- Tener relaciones sexuales a la manera en que ambos nos sentimos bien
- Conocer y ser conocidos en profundidad
- Servir juntos
- Vivir con mi mejor amigo, amiga
- Tener una ayuda idónea, alguien con quien compartir las responsabilidades de la vida
- Embarcarnos juntos en una aventura maravillosa
- Ser parte de un equipo
- Sentirnos a salvo y seguros

¿Qué me dices de ti? ¿Qué aspectos valoras de tu matrimonio? Cuando reconoces con claridad el tesoro que es tu matrimonio, este sentido de valor impacta de manera contundente en tu compromiso. En otras palabras, tu corazón se compromete de lleno con lo que consideras valioso.

El elemento final del compromiso implica acción. No se trata de «decidir» mantenerte casado (decisión) o que te «guste» la relación (pasión), sino que darás pasos activos para mantener un matrimonio fuerte. Es lo que 1 Juan 3:18 también nos implora que hagamos: «No amemos de palabra ni de labios para afuera, sino con hechos y de verdad» (NVI).

La mejor acción se llama «grit». *Grit* es la perseverancia para objetivos a largo plazo, a pesar de afrontar obstáculos y distracciones importantes[13]. En el matrimonio, *grit* es el compromiso a hacer lo que sea necesario para permanecer casados para toda la vida. Significa perseverar cuando sería más fácil rendirse.

Recuerda: para que haya cercanía y conexión profundas, los corazones deben estar abiertos. Es por este motivo que el apóstol Pedro nos ruega: «Ámense de todo corazón los unos a los otros» (1 Pedro 1:22,

NVI). El corazón se abrirá solo cuando se sienta seguro. Por eso, desarrolla una relación que se sienta como el lugar más seguro del mundo. Sigue el ejemplo de Dios y concéntrate en afirmar la gracia, la paciencia, la compasión y el compromiso para toda la vida en tu matrimonio.

Los compañeros de cuarto dejan que su amor se enfríe; las almas gemelas mantienen abierto el corazón y desarrollan un matrimonio que se siente como el lugar más seguro del mundo.

Ni en nuestros mejores sueños

La vida nos ha enseñado que el amor no consiste en mirarnos el uno al otro, sino en mirar juntos hacia afuera, en la misma dirección.

ANTOINE DE SAINTEXUPÉRY

Los compañeros de cuarto no tienen planes a largo plazo;

las almas gemelas persiguen juntas sus sueños compartidos.

UN DÍA, YO (ERIN) ESTABA EN UN ESTUDIO BÍBLICO de mujeres cuando la líder hizo una pregunta fascinante: «¿Cuáles eran tus sueños cuando eras niña?».

Me reanimé pensando: *Ah, me encanta hablar de los sueños.*

Durante la siguiente hora, aprendí más sobre estas mujeres que lo que sabía de algunas de mis amigas más íntimas. Las mujeres hablaron de sus sueños de casarse con un granjero; de llegar a ser costureras, maestras o enfermeras; una mujer incluso dijo que había querido ser astronauta.

Entre lágrimas y risas, cada mujer reveló su proceso único, recordando los momentos decisivos y las circunstancias que la llevaron a alejarse de sus primeras ambiciones. Fue desgarrador escuchar los arrepentimientos, la sensación de fracaso, las frustraciones y las desilusiones de los sueños no realizados. Pero fue poderoso escuchar de la fidelidad de Dios y de qué manera él puso deseos nuevos en cada corazón, nos dio oportunidades diferentes, abrió puertas nuevas y repartió bendiciones inesperadas a cada mujer.

Es probable que, en la infancia, también hayas tenido grandes sueños. Cuando éramos jóvenes, nuestros sueños no tenían límites y el mundo parecía una oleada interminable de posibilidades. De niña, yo soñaba con ser azafata, ser la primera estrella femenina de la NBA (mucho antes de que existiera la WNBA, es decir, la Asociación Nacional de Baloncesto Femenino), escribir libros y, algún día, adoptar a una niña. Greg soñaba con jugar al fútbol en los Dallas Cowboys, ser piloto y abogado. Nacimos para soñar.

Dios ha sembrado deseos en nuestro corazón y nos ha dado dones y talentos únicos para que hagamos realidad *sus* propósitos aquí, en la tierra. Luego, conoces a tu cónyuge y entra en escena otro conjunto de aspiraciones únicas. Entonces, tus sueños individuales se unen con los de otro corazón y empiezan a soñar infinidad de posibilidades *juntos*.

Haz memoria de la época cuando eran novios o cuando se comprometieron. La mayoría de las parejas jóvenes sueñan locamente y sin límites con lo que pueden lograr juntos. Sueñan cómo será su vida: cuántos hijos tendrán, dónde vivirán, qué orientación profesional seguirán, qué destinos exóticos visitarán y qué incluirá su boda de cuento de hadas. Pero, entonces, algo pasa. Para muchas parejas, los sueños terminan cuando el ritmo veloz de la vida toma el mando y las responsabilidades aumentan. Casi inmediatamente después de la boda, la vida se vuelve frenética. Lo entendemos. Haciendo malabares en el matrimonio, dirigiendo una casa, manteniendo el equilibrio profesional, criando a los hijos y encarando miles de desafíos más, ¿quién tiene tiempo para soñar en grande cuando estás atascado en el modo supervivencia?

Una vez que las rutinas abrumadoras y las responsabilidades toman el mando, nuestros grandes sueños suelen quedar a un lado. Lo triste es que la mayoría de las parejas ni siquiera se dan cuenta de que han dejado de soñar juntos. Pero empiezan a sentir la distancia emocional y a sentirse como compañeros de cuarto casados. Recientemente, en un seminario para matrimonios, planteamos esta pregunta: «¿Cómo es soñar juntos en su matrimonio?». Después de la sesión, pareja tras pareja se nos acercaron con los rostros llenos de lágrimas reconociendo que, en algún momento, ellos también habían dejado de soñar. Y esto es trágico. Soñar juntos tiene un impacto profundo en el matrimonio. Algo mágico sucede cuando soñamos juntos. Aporta una profundidad única a la cercanía y a la conexión. Soñar juntos:

- Fortalece el compromiso. Las parejas que comparten una visión a futuro *quieren* permanecer juntas. Soñar implica que prevén un futuro optimista en común.
- Alimenta su *relación de pareja* y los ayuda a afianzar su unidad y su trabajo en equipo.
- Desarrolla la intimidad al permitirte vislumbrar el corazón de tu cónyuge: sus pensamientos y sentimientos más íntimos.
- Le da un rumbo claro a tu matrimonio.
- Te ayuda a vivir con intención al aclarar qué es bastante importante para ustedes como pareja.
- Inspira el romance. Busca una pareja que sueña con su futuro juntos y encontrarás una pareja locamente enamorada.
- Reaviva la pasión. Es emocionante y energizante pensar en lo que se puede lograr juntos.

El beneficio más poderoso de soñar juntos es la sinergia que produce. La *Real Academia Española* define la sinergia como la «acción de dos o más causas cuyo efecto es superior a la suma de los efectos individuales»[1]. Lo que pueden hacer juntos es mucho más grande que lo que pueden hacer cada uno por separado. Sus capacidades, experiencias, dones, talentos y pasiones combinados crean una increíble sinergia bendecida por Dios: los dos se convierten en uno. Esta unidad es un superpoder. Cuando una pareja está unida, puede realizar hazañas asombrosas. Dios quiere que usemos nuestro superpoder, nuestra unión, para bendecir a otros.

Hebreos 13:16 dice: «Y no se olviden de hacer el bien ni de compartir lo que tienen con quienes pasan necesidad. Estos son los sacrificios que le agradan a Dios». Sacrificio es dar algo que *poseemos* y que *valoramos*. Es el acto más elevado de amor. Dios nos da muchas bendiciones. Dado que nuestro corazón está lleno en abundancia, él quiere que compartamos su amor con los demás: que los bendigamos. No quiere que seamos receptores; quiere que seamos dadores sacrificiales. Charles y Esther Mully demuestran preciosamente el sacrificio verdadero y el poder de una pareja que usa su matrimonio para bendecir a otros.

La película *Mully* es la historia real de Charles Mully, quien a los seis años y viviendo en Kenia, fue abandonado y debió crecer solo en la calle. Contra todos los pronósticos, Charles progresó y, como adulto, parecía tener todo lo que el mundo considera propio de alguien exitoso. Tenía una esposa hermosa, ocho hijos maravillosos, una casa espléndida y un negocio próspero. Pero, luego de que unos niños de la calle le robaran el auto, Charles comenzó a preguntarse si Dios tenía otra cosa en mente para él.

Contradiciendo el sentido común de su familia y sus amigos, Charles vendió su empresa y salió a ayudar a los niños huérfanos de todo Kenia, a chicos que vivían en la calle como él había vivido. Fundó Mully Children's Family, la mayor organización de rescate, rehabilitación y desarrollo infantil de África. Hoy es venerado como el «padre de los huérfanos».

Mientras mirábamos la película, uno de los mensajes que más nos impresionó fue cómo la esposa de Charles, Esther, manejó su nuevo llamado. Solo podemos imaginar el golpe y la desconfianza que sintió cuando su esposo anunció que iba a vender todo para ocuparse de los huérfanos. Esther no solo debió vislumbrar cómo sería la vida sin riqueza ni lujos, sino que apenas Charles notificó a su familia sobre sus intenciones, llevó a casa a tres huérfanos para que Esther los cuidara. Con el tiempo, sin embargo, el sueño de Charles se convirtió en el sueño de *ambos* como pareja.

Nosotros tuvimos un momento «Mully» en nuestro matrimonio.

Un sueño no correspondido

Yo (Erin) fui adoptada de bebé por una familia maravillosa. Cuando era niña, soñaba con el día en que pudiera adoptar una hija. Quería «devolver el favor»: hacer por otra niña lo que habían hecho por mí. Nunca olvidaré cuando compartí este sueño con Greg antes de casarnos.

—Oye, amor —le dije a Greg durante nuestro viaje desde Phoenix a Colorado, el mismo viaje en el que Greg cortó todas las líneas telefónicas del sórdido motel en Colorado Springs—. ¿Estarías dispuesto a adoptar algún día? —Y, sin dudarlo, con entusiasmo me dijo que lo haría. Posteriormente, me di cuenta de que Greg hubiera aceptado casi cualquier cosa con tal de convencerme de que me casara con él. Debería haber pedido más... ¡quizás, un anillo con un diamante más grande!

Pero «algún día» tardó mucho tiempo en llegar.

Nos comprometimos poco después de aquella conversación y, una vez que nos casamos, la vida se puso ajetreada. Greg se dedicaba a obtener su doctorado en Psicología. Yo trabajaba en el turno noche como enfermera de sala de partos. Tuvimos a nuestra primera hija, Taylor, un mes antes de nuestro segundo aniversario de casados. Pocos años después, añadimos al combo a nuestra segunda hija, Murphy. A poco del nacimiento de Murphy, regresé a la escuela de posgrado y cumplí mi sueño de obtener una maestría en consejería. Luego, llegó nuestro hijo Garrison. Nuestra vida estaba llena de cosas. Por consiguiente, mi sueño de adoptar quedó postergado.

Sin embargo, nunca perdí la pasión por adoptar. Aunque a estas alturas Greg no se resistía abiertamente a la idea, tampoco estaba entusiasmado. Le costaba la idea de sumar un cuarto hijo a nuestra familia ajetreada. Además, estábamos detrás del nuevo sueño de servir juntos en el ministerio para matrimonios.

Varios consejeros sabios me dijeron que, si uno de los cónyuges no está de acuerdo con un sueño por completo, tienes que dejarlo al lado hasta que alcancen la unidad. Entonces, hicimos eso. Pero yo seguía orando que, si estábamos «equivocados» y le cerrábamos la puerta a la adopción por causa de nuestros propios deseos o comodidad, el Señor se nos revelara de una manera que no pudiéramos negarnos a aceptarlo. Básicamente, oraba: «Señor, deja un bebé en nuestro porche», ¡a pesar de que nuestra casa no tenía porche!

Varios años después, estábamos enseñando en una conferencia para matrimonios en Wisconsin y motivamos a las parejas a que dedicaran un tiempo a orar por una visión en común. Como buenos maestros, nosotros también participamos del ejercicio.

Nunca olvidaré aquel día. El cielo estaba un poco nublado mientras caminábamos alrededor del lago pintoresco. Grandes árboles ondulaban sobre el agua y las risas de las familias en sus juegos llenaban el aire. Era como estar en un cuadro de Norman Rockwell. Nos sentamos en un viejo banco de madera y oramos juntos: «Señor, ¿qué deseas que hagamos *juntos* para bendecir a otros?». Oramos y luego hablamos. Luego oramos un poco más. Entonces, sucedió. Ambos tuvimos la innegable paz de que era momento de adoptar. Junto a la orilla bonita de ese lago, mi sueño se convirtió en «nuestro» sueño. Incluso decidimos llamar a nuestra hija adoptiva Antoinette Rose, por mi madre. Ese día, empezamos a orar activamente por nuestra «Annie».

Pasaron siete años y no había novedades de ninguna Annie.

Un día, nuestro buen amigo Kelly nos contaba sobre su viaje reciente a China. Deslizando el dedo por las fotos de su celular, se detuvo en una en la que él sostenía a la niñita china más hermosa del mundo.

—Qué preciosa —le dije mientras tomaba su teléfono para mirarla más de cerca.

—Es una pequeñita increíble —dijo Kelly, sonriendo—. Está en un orfanato en Pekín. Necesita cirugía en una mano, espero poder conectar al director del orfanato con un médico que conozco.

¿Tienes de esos momentos en los que queda claro que Dios te impulsa a orar?

—Oremos por su cirugía —se metió Greg—. ¿Recuerdas cómo se llama?

—No —respondió Kelly mientras trataba de pensar—. Pero era un nombre inglés.

Así que nos pusimos a orar por esta pequeña huérfana.

—Annie —Kelly interrumpió la oración de Greg—. Acabo de recordar que se llama Annie.

Greg y yo nos quedamos mudos. Nos miramos el uno al otro sin poder creerlo. *Annie.* ¿Podría ser ella? Al fin y al cabo, habíamos estado orando por una Annie. Pero siempre habíamos supuesto que adoptaríamos a una bebé y cambiaríamos su nombre por el de Annie. Nunca pensamos que el nombre mismo sería la conexión.

Mientras las lágrimas caían por mis mejillas, le sonreí a Kelly.

—Creo que acabas de presentarnos a nuestra hija. —Sentí que nuestra oración por fin había sido respondida.

Mientras Greg y yo proseguimos con la adopción de Annie, Dios siguió confirmando y guiándonos a través de las circunstancias, de su Palabra y de consejos piadosos. Comencé a llamar a las agencias de adopciones y escuché una y otra vez: «No puede elegir a dedo a una niña de China. Una vez que haya completado la documentación, el gobierno le asignará una niña». ¡Pero nosotros servimos a un Dios que es más grande que las regulaciones del gobierno!

Llamé a todas las agencias de adopciones publicadas en Internet. Finalmente, Holt International respondió. Me dijeron que les diera toda la información de Annie, y ellos investigarían su situación. Tenían una sola estipulación: no podían prometer ni garantizar nada. Mientras tanto, nosotros comenzamos a preparar nuestra documentación. Y por «documentación» nos referimos a una interminable cantidad de documentos, cuestionarios, formularios, encuestas y certificados. ¡Greg jura que completar la documentación de Annie le llevó más tiempo que la mayoría de los libros que ha escrito!

Nos encanta recordar cuán fiel fue el Señor mientras avanzábamos. Un día, casi me quedo sin aliento cuando encontré una foto de Annie en el sitio web del orfanatorio. Su fecha de nacimiento estaba publicada al pie de la fotografía: 23 de julio. Puede que te preguntes: «¿Qué tenía de importante la fecha?». A lo largo de los años hicimos el mismo chiste con nuestros hijos biológicos: como todos han nacido en días 23 o 30, el cumpleaños de Annie tenía que ser un 23 o un 30. Esta fue la primera de muchas confirmaciones que nos dio el Señor. También nos enteramos de que la niñera de Annie era una mujer china preciosa llamada Rose. Recuerda que, siete años antes, llamamos a la niña que íbamos a adoptar «Antoniette Rose». ¡Una vez más, el Señor nos deslumbró!

Los meses de espera para ser compatibles con Annie fueron emocionalmente extenuantes. Aun entre las dulces confirmaciones de Dios, yo seguía teniendo dudas. A veces, el temor se apoderaba de mi corazón. A la noche, me quedaba despierta y pensaba: *¿Cómo puedo hacer esto? Tengo tres hijos más grandes, y Annie tiene necesidades especiales. Nunca llegaré a suplir las necesidades de todos.* Cada vez que los temores me abrumaban, sin embargo, Greg era como una roca. Estaba absolutamente seguro de que teníamos todo lo necesario para cuidar a Annie y a nuestros otros hijos. Y cuando Greg se agobiaba por el aspecto económico de este periplo, yo tenía la paz de que Dios proveería. Fue sorprendente cuánto pudimos animarnos el uno al otro durante este recorrido difícil. Cuando uno de los dos estaba agobiado, el otro estaba fuerte. Y viceversa. ¡Así es el poder de dos! «Es mejor ser dos que uno [...]. Si uno cae, el otro puede darle la mano y ayudarlo» (Eclesiastés 4:9-10).

Y, entonces, una fría noche de enero mientras mirábamos una película, recibí una llamada a mi celular. La voz que estaba al otro lado cambió nuestra vida para siempre.

—¡Tenemos el expediente de Annie! —dijo con entusiasmo nuestra trabajadora social de Holt—. Oficialmente, Annie es su hija.

Greg y yo nos pusimos a llorar. Nuestras lágrimas pronto se convirtieron en gritos de alegría. ¡Los niños vinieron corriendo desde sus camas, creyendo que nuestra casa se incendiaba! La escena de nuestra sala de estar parecía el juego de la ronda: todos tomados de la mano, saltando alrededor de un gran círculo, gritando y riendo. Finalmente, todos caímos de rodillas y alabamos a Dios.

El sueño que se había formado en mi corazón de niña a los ocho años, el mismo que se había convertido en un sueño compartido con mi esposo y nuestros tres hijos biológicos, ¡por fin florecía, treinta y cuatro años después! «En cambio, los que confían en el Señor encontrarán nuevas fuerzas; volarán alto, como con alas de águila. Correrán y no se cansarán; caminarán y no desmayarán» (Isaías 40:31). Lo único que restaba era traer a Annie a casa, pero deberíamos haber anticipado que, una vez que estuviéramos en China, nos recibirían con la ley de Murphy: *¡Todo lo que pueda salir mal, saldrá mal!*

Cuando los sueños no salen según lo planeado

En junio del 2010, los cinco miembros de la familia Smalley tomamos un avión hacia Pekín para traer a nuestra Annie a casa.

La expectativa era enorme. Pasamos la primera semana en China, en el orfanato de Annie, sirviendo a los niños y al personal. Era claro como el agua que Annie no estaba feliz de que estuviéramos ahí. Tenía casi tres años y había visto cómo gente desconocida se había llevado a muchos de sus amigos. No quería tener nada que ver con nosotros.

Viajamos a la provincia natal de Annie para finalizar la adopción. Estábamos en el hotel en Jiangxi, Nanchang, China, cuando llamaron a la puerta. ¡Por fin estaba sucediendo! Abrimos lentamente la puerta y saludamos a Annie, quien con una mano estaba tomada de la mano de una trabajadora social y con la otra sostenía una bolsa plástica con todas sus pertenencias.

—¡Bienvenida a casa! —gritamos los cinco con regocijo.

Annie nos miró una vez, se liberó de la mano de la trabajadora social y salió corriendo y gritando por el pasillo. Nuestro hijo Garrison, quien tenía nueve años a esas alturas, preguntó inocentemente:

—Bueno... ¿nos traerán otra?

Nos reímos, nerviosos, sin saber bien qué se suponía que debíamos hacer. Enseguida nos dimos cuenta de que la trabajadora social estaba esperando que persiguiéramos a Annie. Así empezaron los desafíos del vínculo emocional y el apego.

Encontramos a Annie escondida detrás de una planta, en el pasillo. Durante las horas siguientes, tratamos de consolarla mientras ella gritaba. Nunca viví semejante sufrimiento, era desgarrador. En un sentido psicológicamente sano, Annie se había encariñado mucho con su niñera. Todavía no estaba lista para despedirse de ella y abrirnos el corazón a nosotros. Estaba haciendo el duelo por perder a su «mamá». Aunque lo habíamos estudiado en la teoría, fue despiadado vivirlo en persona. Y, entonces, sucedió algo para lo cual no estábamos preparados.

Al día siguiente, cuando Annie se despertó, ¡no quería saber nada de *mí*! Yo (Erin) estaba estupefacta. ¿No entendía Annie que ella había sido *mi* sueño primero? Por supuesto que la adopción se había convertido en un sueño compartido con Greg, pero había nacido en mí corazón. ¿Cómo podía rechazarme?

Más tarde, entendí que a Annie no le costó nada abrirle su corazón a Greg y a mis otros hijos porque no hubo hombres importantes en su vida mientras vivió en el orfanato y porque estaba acostumbrada a tener muchos niños alrededor. Amaba tanto a Rose, sin embargo, que amarme a mí le costaría todo lo que más quería. En mi mente lo entendía, pero vivir el rechazo en persona era tan descorazonador. Annie adoraba a todos los otros miembros de la familia Smalley. Les daba besos en la cara y se reía con alegría con ellos. Por otro lado, yo no podía acercarme a ella. Annie me golpeaba y me pateaba cada vez que yo estaba cerca. Y, a pesar del rechazo, me negaba a creer otra cosa que no fuera que ella era mi hija. Hubo días en los que no manejé muy bien mis emociones.

Greg y yo tuvimos la pelea más terrible en el vestíbulo de ese hotel. ¡Te ahorraremos los detalles desagradables!

Seguí pidiéndole al Señor que me diera su fuerza y que Annie me aceptara. Después de tres largas semanas en China, recuerdo cuando embarcamos el avión en Pekín para regresar a Estados Unidos. Todos estábamos agotados y listos para irnos a casa. Annie aún no me dejaba estar cerca de ella. Alcé mis ojos al cielo brumoso y oré: «Señor, confío en ti. Esto es algo que no entiendo. ¡Trajiste a toda mi familia para que pudieran presenciar cómo una niña de tres años me golpea! ¿En serio? Pero yo sé que esta es tu voluntad para nosotros. Sin ninguna duda, tú trajiste a Annie a nuestra familia. Seguiré confiando en ti, sabiendo que quizás ese rechazo nunca cambiará».

En mi corazón, creía que Annie y yo estableceríamos un vínculo en algún momento. Como consejera, sin embargo, entendía el desorden de apego reactivo y sabía racionalmente que algunos niños adoptados nunca se apegan. Aquel día neblinoso en Pekín, embarqué ese vuelo entregándole mi corazón al Señor, confiando en que él tenía cosas buenas para nuestra nueva familia de seis.

El rechazo continuó en casa. Empezamos a reconocer la batalla espiritual que estaba sucediendo bajo la superficie, también. Cosas locas siguieron pasando en nuestro hogar, pero Dios fue fiel al darnos el tiempo y la energía para continuar buscando la nueva «normalidad» como familia. En lo personal, nunca me he esforzado tanto para que suceda algo sin que yo tenga absolutamente ninguna capacidad para controlar la reacción, como lo hice tratando de generar seguridad en mi relación con Annie.

Finalmente, Greg tuvo que volver al trabajo, así que solo éramos Annie y yo. Todavía no se entusiasmaba conmigo y toleraba más o menos que yo le diera de comer o la cambiara. Seguía prefiriendo a Greg y a las niñas. ¡Pero yo no me daba por vencida!

Nunca olvidaré el día que llevé a Annie al doctor. El pediatra me miró con compasión y dijo:

—No te juzgaré si sientes que has cometido un error.

—¡No! —respondí de inmediato—. ¡Esto no fue un error! ¡Esto fue lo que Dios tenía para todos nosotros! —Mi naturaleza feroz actuaba con todo su potencial: ¡Yo no perdería la esperanza con Annie!

Durante aquellas primeras semanas en casa, nadamos un montón. No solo porque los veranos de Arkansas eran calurosos y pegajosos, sino porque además me habían dicho que nadar era una actividad estupenda para fomentar el apego. Por eso, en especial después de que nuestro aire acondicionado dejó de funcionar a mediados de julio, pasábamos tanto tiempo como podíamos en el agua.

Cada día se desarrollaba la misma rutina. Annie se paraba al borde de la piscina, lista para saltar al agua fría. Yo me ponía ahí, con los brazos extendidos, y le rogaba: «¡Salta hacia mamá! ¡Salta hacia mamá!». Nada. En lugar de eso, Annie saltaba hacia Taylor o hacia Murphy. Cada día, el Señor me daba la fuerza para levantar mis brazos y suplicarle a Annie que saltara hacia mí. Había días en los que perdía la esperanza; entonces, de alguna manera, Dios me daba las fuerzas para soportar otra vez el rechazo. Casi como si él supiera algo sobre el rechazo.

Y, entonces, ¡por fin llegó el día!

Era el final de la tarde y estábamos nadando en la piscina por segunda vez aquel día. Annie y yo jugamos nuestro «jueguito» una vez más. Ella se paró con sus deditos en el borde de la piscina. Las niñas mayores pensaron que estaba loca por volver a intentar que Annie viniera a mis brazos. Pero, una vez más, le di la oportunidad. Las chicas me miraron y dijeron:

—Mamá, ya déjala saltar hacia nosotras.

Y entonces, sucedió. Annie miró directo hacia ellas y dijo:

—¡No! ¡Yo quiero a mamá!

Annie saltó de inmediato a mis brazos anhelantes. Desde ese día en adelante, hemos sido inseparables: carne y uña. ¡Mi segundo milagro al fin había sucedido!

Así como el Señor siguió trayendo paz, certeza y gozo mientras esperábamos a nuestra Annie, él te encontrará en tu proceso de búsqueda de los deseos que puso en tu corazón. Que él guíe y traiga las confirmaciones sobre la marcha. Él sabe qué les dirá íntimamente, y ustedes *sentirán* su presencia.

Volver al futuro

No hay palabras suficientes para animarlos a que vuelvan a soñar como pareja. Dios los juntó en unidad para que hagan algo increíble. Su matrimonio debería apuntar a algo más importante que la satisfacción individual, las discusiones insignificantes y la búsqueda del placer. Los matrimonios que miran hacia adentro no son satisfactorios. Hay otras personas que necesitan ser bendecidas por ustedes como pareja. Un sueño compartido los ayudará a seguir produciendo fruto en su matrimonio. Nuestro sueño era aumentar nuestra familia a través de la adopción. Quizás, ustedes sueñan algo diferente. Cuando les hemos preguntado a las parejas sobre sus sueños compartidos, hemos recibido distintas respuestas a lo largo de los años:

- Criar hijos devotos
- Salir de las deudas para poder sostener económicamente un ministerio
- Entrenar juntos a un equipo deportivo de jóvenes
- Hornear galletas para un hogar de ancianos
- Ofrecernos como familia de acogida
- Servir a los veteranos
- Adoptar un niño
- Hacer viajes misioneros cortos
- Ser voluntarios en un banco de alimentos o en un refugio para personas sin hogar
- Trabajar con jóvenes conflictivos
- Aconsejar a un matrimonio joven
- Servir a los padres solteros de nuestra iglesia
- Ayudar a matrimonios con problemas

- Ser voluntarios en refugios para mujeres o en centros de ayuda en el embarazo
- Brindar relevos temporales para padres de familias de acogida para menores
- Dar clases para inmigrantes que están estudiando para su examen de ciudadanía
- Convertirnos en abuelos adoptivos
- Comenzar un negocio nuevo juntos
- Construir viviendas para Hábitat para la Humanidad
- Servir en el campo misionero en África
- Comenzar un ministerio para las personas sin hogar de nuestra ciudad
- Ser pastores de jóvenes
- Escribir un libro juntos
- Ministrar a los patinadores olímpicos sobre hielo

Las posibilidades son ilimitadas. En realidad no importa qué se propongan. El verdadero impacto es que están unidos en una visión y buscan juntos algo que bendecirá a otros. Igual que Aquila y Priscila.

Una de las primeras parejas de misioneros, Priscila y Aquila, tuvieron el poderoso sueño marital de propagar el evangelio y servir a la iglesia primitiva. Vivieron, trabajaron y viajaron con el apóstol Pablo. Priscila y Aquila trabajaban juntos como fabricantes de carpas, pero su ministerio compartido era predicar el evangelio, abrir su casa para la reunión de la iglesia local y ser hospitalarios con los predicadores itinerantes. Pablo muchas veces los reconoció por su nombre y les expresó su gratitud. Como pareja casada, se les atribuye haber instruido a Apolos, uno de los grandes evangelistas del siglo I. Sus nombres aparecen juntos seis veces en el Nuevo Testamento, donde se describe cómo ayudan a afianzar las primeras iglesias cristianas. Lo fascinante es que cada vez que aparecen mencionados en las Escrituras, *siempre* son mencionados juntos, nunca por separado. ¡Eran inseparables! Esto muestra el poder de un matrimonio que persigue activamente el sueño compartido de servir a Dios y de bendecir a otros.

También nos preguntamos si otro aspecto de su sueño compartido fue demostrar la igualdad en el matrimonio: maridos y esposas como herederos *juntamente* en la fe (1 Pedro 3:7). Cuando se mencionan sus nombres, el nombre de Aquila aparece primero tres veces y el nombre de Priscila se menciona primero en tres ocasiones. Esto habla de su condición de igualdad. En una época en la que las esposas no eran consideradas más que propiedad de su marido, Pablo deja en claro que Priscila y Aquila eran socios en partes iguales en el ministerio y en el matrimonio. Incluso, algunos piensan que Priscila es la autora anónima de Hebreos[2].

Como Priscila y Aquila, creemos que cada pareja tiene un gran llamado para su matrimonio, no solo llamados individuales. Estamos seguros de que Dios conoce el potencial que tienen como pareja. Así como hicimos mientras caminábamos alrededor del hermoso lago en Wisconsin, tómense un tiempo y hablen de estas preguntas:

- ¿Qué puede estar llamándonos Dios a hacer juntos para servirlo y bendecir a otros?
- ¿Cuáles son algunos de los objetivos, esperanzas y sueños que podemos buscar juntos?
- ¿Cómo queremos que sea nuestra vida juntos en cinco años? ¿En diez años? ¿Veinte años? ¿Cincuenta años?
- Al final de nuestra vida juntos, ¿qué logros queremos poder recordar y celebrar?
- ¿Qué cualidades queremos que las personas recuerden de nosotros?
- ¿Qué valores queremos conferirles a nuestros hijos y nietos?
- ¿De qué maneras específicas estamos construyendo un matrimonio que valga la pena repetir para nuestros hijos?
- ¿Qué clase de legado queremos dejar?

Comprométanse a orar por cualquier cosa que el Señor empiece a revelarles a ti y a tu cónyuge. Es posible que esperen la respuesta durante años. O quizás Dios les responda mucho más rápido de lo que esperan. Mateo 7:7 (NVI) dice: «Pidan y se les dará». Y luego confíen en los tiempos de Dios. Él sabe qué es lo mejor para su matrimonio y a quienes influirán ustedes a través de su sueño.

Sabemos que algunos están pensando: *Sí, claro... para ustedes es fácil decir que el Señor cubrirá todas nuestras necesidades. Todo resultó bien para ustedes, pero nosotros no somos Greg y Erin Smalley.* La verdad es que nosotros no teníamos idea de cómo avanzaría todo este sueño de la adopción, pero siempre estuvimos llenos de confianza en la fidelidad del Señor. Él confirmó que Annie era nuestra hija a través de su nombre, el nombre de su niñera, su fecha de nacimiento y hasta por cómo él nos la reveló. A Dios le importan los deseos de tu corazón: él los puso allí. Entréguenle las riendas y déjenlo guiarlos. Él conoce el resultado.

Estamos convencidos de que soñar se trata menos del resultado final y mucho más del recorrido en el que estás con tu cónyuge y con el Señor. Perseguir un sueño compartido crea un profundo nivel de intimidad y de conexión en tu relación, tanto con Dios como con tu cónyuge.

Nunca dejen de soñar juntos. Cuando un sueño dé frutos o se termine de repente, pónganse a orar por lo próximo que el Señor tiene para ustedes como pareja. Una vez que Annie estuvo en casa y nos sentimos cómodos, empezamos a orar y a preguntarle a Dios: «¿Qué es lo próximo, Señor?». Creíamos que el Señor estaba llamándonos a ministrar juntos a los matrimonios, lo cual ni siquiera tenía sentido porque, después de traer a Annie a casa, nos habíamos comprometido a no viajar durante un año. A los pocos meses, sin embargo, Greg coincidió con Jim Daly, el presidente y director ejecutivo de Enfoque a la Familia, en el aeropuerto Dallas-Forth Worth. Greg llegó a casa y me dijo: «Jim quiere conversar acerca de una oportunidad». A la mañana siguiente, Greg se reunió a desayunar con Jim y, en efecto, él compartió con Greg la visión de incorporar a una pareja que dirigiera la recién formada división para matrimonios. Oramos y buscamos sabiduría y terminamos mudándonos a Colorado Springs y comenzamos nuestro recorrido con Enfoque a la Familia. Nos encanta ayudar a las parejas para que aprendan cómo tener un matrimonio con el que ambos estén entusiasmados. Y cuando trabajamos lado a lado, experimentamos un tipo de intimidad y conexión que es difícil de expresar con palabras. En verdad, la comunicación entre nosotros es increíble, ¡y el sexo es mejor aún! Simplemente, estoy siendo honesta.

Estamos convencidos de que Dios bendice su relación de maneras increíbles mientras trabajan en pos de sus sueños compartidos. Hay algo hermoso en que dos almas imaginen un futuro juntos y, luego, trabajen cada día para lograr esta visión compartida. ¡Esta es la esencia de que «dos se conviertan en uno solo» en el matrimonio!

Cuando sueñes en tu matrimonio, sigue permitiendo que el Señor los dirija. Es como la canción «Nothing I Hold On To» («A nada me aferro»), de Will Reagan y United Pursuit. En la canción, hay un verso poderoso que dice: «Te lo entrego todo a ti, Dios, confiando en que harás algo hermoso de mí». Confía que el Señor está haciendo algo hermoso de tu matrimonio. Recuerda que esto tiene mucho más que ver con el recorrido juntos que con el resultado final. Él usará las dificultades, las curvas del camino y las experiencias más encumbradas para moldearlos a ti y a tu matrimonio a su imagen. En medio de las dificultades, búscalo y ten la certeza de que él te hablará en lo íntimo de tu corazón, como nadie más puede hacerlo. Cubrirá sus necesidades siempre que ambos sigan clamando a él. ¡Los beneficios de soñar juntos son demasiado grandes para no permitir que su matrimonio tenga sueños! ¡Por eso, «vayan al futuro» y sueñen juntos!

Los compañeros de cuarto no tienen planes a largo plazo; las almas gemelas persiguen juntas sus sueños compartidos.

CAPÍTULO 13

Nuestra historia

El matrimonio es un mosaico que haces con tu cónyuge.
Millones de pequeños momentos que crean tu historia de amor.
JENNIFER SMITH

Los compañeros de cuarto son un arreglo temporal;

las almas gemelas perseveran en los momentos difíciles y reconocen

el poder de su historia de amor.

NOS FASCINA UNA BUENA HISTORIA DE AMOR. Pero lo que es más importante, estamos convencidos de que contar nuestra historia de amor es una de las formas más poderosas en la que podemos mantener fuerte nuestro matrimonio. La buena noticia es que lo más valioso no son los datos de nuestra historia en sí mismos, sino «cómo» la contamos. El investigador matrimonial, Dr. John Gottman, afirma que puede predecir con una precisión del 94% si una pareja triunfará basándose solo en cómo cuenta su historia[1]. Eso es impresionante. En el estudio de Gottman, las parejas que veían de manera positiva su historia en común tenían más posibilidades de seguir juntos. Las parejas felices hablaban sobre su relación de un modo positivo y filtraban los primeros tiempos a través de un cristal que teñía todo de color de rosa, una relación llena de buenos momentos. Tenían la capacidad de ver sus desafíos tanto como algo doloroso, como así también experiencias que los hicieron crecer como pareja. Las parejas infelices, en cambio, se enfocaban más en los momentos difíciles: el dolor y las luchas. Lamentablemente, suprimían los buenos tiempos como anomalías y alteraban su historia para reflejar su estado actual de infelicidad.

Estamos constantemente contando nuestras historias. En lo personal, yo (Greg) tengo una lista de más de quinientas cincuenta anécdotas sobre nuestro matrimonio y nuestra familia. Erin y yo las usamos en los seminarios para matrimonios que brindamos, pero también se las contamos a nuestros hijos y amigos. El autor Jerry Jenkins tiene un enfoque maravilloso sobre compartir tu historia:

> Cuenten la historia de su matrimonio. Cuéntesela a sus hijos, a sus amigos, a sus hermanos y hermanas, pero, en especial, cuéntensela el uno al otro. Cuanto más incorporada esté su historia en su cerebro, más sirve como una cerca que los protege contra las infinitas fuerzas que procuran destruir su matrimonio. Hagan que su historia les sea tan conocida, que se transforme en parte del tejido de su ser. Debe convertirse en una leyenda que se comparta a lo largo de las generaciones mientras crece el árbol familiar que desafía todas las probabilidades y proyecta, matrimonio tras matrimonio, estabilidad, fuerza y larga duración[2].

Queremos que nuestra historia de amor inspire a nuestros hijos. ¡Deseamos forjar un matrimonio que valga la pena ser retransmitido! Después de todo, nuestro matrimonio es modelo para las futuras relaciones. Necesitan escucharnos hablar de los momentos divertidos, de los buenos tiempos, de los momentos difíciles; de todos los momentos, pero desde un punto de vista positivo. Queremos que recuerden que Dios nos ha llevado lejos.

Greg y Erin Smalley: establecido el 30 de mayo de 1992

En la antigua Roma, se consideraba de mala suerte salir de la cama por el lado izquierdo. Por lo tanto, si salías de la cama por el lado «equivocado» (el izquierdo), se suponía que tendrías un día muy malo[3].

En el segundo año de casados, ¡sufrimos este tipo de mal día romano! Ambos nos despertamos sintiéndonos irritables y todo lo que hacíamos o decíamos parecía molestar al otro. Era como si los dos nos hubiéramos levantado del lado equivocado de la cama.

Esa mañana, en algún momento estábamos discutiendo por algo trivial, cuando Erin intervino:

—¡Tenemos que dejar de hablar! No estoy segura de por qué estamos peleando. Si en realidad hay un problema, hablémoslo esta noche, luego de que tengamos tiempo para tranquilizarnos y ser objetivos.

Yo (Greg) me quedé aturdido, con la boca abierta. Previamente, Erin había dicho algo que yo me moría por rebatir, pero ahora había puesto un límite bastante sano, así que dejé de hablar a mitad de la frase.

—Está bien —le respondí poniendo los ojos en blanco.

Pasamos el resto de la mañana en un silencio pacífico.

Cuando Erin terminó de prepararse, caminó hacia la puerta de nuestro diminuto apartamento en el cuarto piso.

Nos despedimos con un beso (fue más como un picoteo entre gallinas que entre dos amantes apasionados) y Erin se fue.

De pronto, la puerta delantera se abrió de golpe, Erin asomó la cabeza, hizo hincapié en algo perteneciente a nuestra conversación previa y, con rapidez, cerró la puerta.

Me quedé atónito de nuevo. ¿Qué acababa de pasar? Erin había violado el límite de «no hablar» que ella misma había establecido. Yo había respetado su pedido, a pesar de que tenía mucho más que quería «compartir». Peor aún: ella acababa de quedarse con la última palabra. ¿Qué clase de precedencia impondría eso en nuestro joven matrimonio?

Quise perseguirla por el pasillo y corregir la injusticia que acababa de tener lugar. Abrí la puerta, pero descubrí que Erin ya se había ido.

—Pero ¡qué bien! —murmuré en voz baja.

Después de unos minutos de enfurruñamiento, empecé a juntar mis cosas para irme del apartamento. Mientras estaba saliendo, recordé que me tocaba a mí llevar nuestra ropa sucia al lavadero y poner en marcha el lavarropas.

Permíteme hacer una pausa para explicar un detalle importante. En esa época, Erin y yo lavábamos la ropa de una manera muy distinta. Ella usaba el canastito antiguo de su bisabuela. Pero el canasto era tan pequeño, que tenía que hacer varios viajes subiendo y bajando los cuatro pisos por escaleras. ¡Agotador!

A mí, en cambio, me gusta hacer las cosas de la manera fácil. En lugar de usar el antiguo canasto miniatura que se remontaba a cuatro generaciones atrás, compré una gigantesca bolsa de red en la tienda Dollar General. Como el lavadero estaba directamente debajo de nuestro apartamento, en el primer piso, metía toda la ropa sucia en la bolsa enorme, la arrastraba hasta el pasamanos y la dejaba caer al estilo bombardero. Dejaba que la gravedad hiciera todo el trabajo. Era un plan brillante, ¡a menos que recién terminaras de tener una pelea con tu esposa, en la que ella se quedó con la última palabra!

Luego del gran esfuerzo de levantar la bolsa descomunal hasta la parte superior de la baranda del balcón, estaba a punto de soltarla cuando observé que Erin caminaba por la planta baja. Estaba confundido. Se había ido hacía quince minutos. Es probable que hubiera parado a visitar a alguna amiga. ¡Ay, esta gente extrovertida!

En cualquier caso, ahí estaba ella. Yo todavía forcejeaba con la enorme bolsa de red, haciendo equilibrio a duras penas sobre la pequeña baranda. Ese fue el momento exacto en que un plan espectacularmente imprudente comenzó a formarse en mi mente agitada.

Decidí enseñarle a mi esposa incauta lo que es quedarse en verdad con «la última palabra».

Así que, mientras Erin pasaba sin preocupación debajo de nuestro apartamento, solté la bolsa.

Antes de que analicemos mi objetivo, juro sobre una pila de Biblias que de verdad nunca quise golpear a mi esposa. Solo quería sobresaltarla. Simplemente, trataba de dejar en claro mi punto y quedarme con la «última palabra» dejando caer nuestra ropa *cerca* de ella. Luego, fingiría: «Ah, disculpa. Solo estaba lanzando la ropa sucia». Lo sé, ¡un clásico comportamiento pasivo-agresivo!

Por desgracia, mi bomba torpe la golpeó. No le quebró el cuello ni nada tan desastroso, pero sí la hizo caer al suelo. Mientras yacía despatarrada, miró hacia arriba y me vio todavía mirándola sobre la baranda, sin poder creerlo.

En ese instante, caí en la cuenta: *Estoy en un gran problema.*

Aunque sabía que Erin había practicado atletismo en la universidad, nunca me percaté en realidad de lo rápido que podía subir escaleras. Tenía apenas segundos para decidir qué hacer. Erin es fuerte y yo no sabía si me aporrearía o me lanzaría por encima de la baranda para que le hiciera compañía a la bolsa de la ropa sucia.

Así que hice lo que haría cualquier hombre frente a un dilema similar. Rápidamente, me replegué a nuestro apartamento y cerré con llave. Segundos después, escuché que Erin golpeaba furiosamente la puerta. Me escabullí contra la pared con cuidado de no hacer ningún sonido, esperando como un loco que ella pensara que había huido. Una cosa sabía: ¡Pasara lo que pasara, yo *no* iba a abrir esa puerta!

Nuestros vecinos preocupados oyeron la conmoción y empezaron a salir de sus apartamentos; su curiosidad me salvó, literalmente. Enervada por todos los ojos que la miraban, Erin se vio obligada a bajar las escaleras y se alejó en el auto en medio de una nube de polvo.

Para cuando yo (Erin) regresé a casa esa noche, Greg había lavado y doblado cada puntada de ropa de nuestro apartamento para arreglar las cosas. Las decenas de pilas de ropa estaban estratégicamente puestas por toda la sala de estar. Greg incluso había lavado las fundas de los almohadones de nuestro sofá. Lamentablemente, también las había secado. Entonces, cuando volví aquella noche, nuestros almohadones se veían como pirámides deformes por las fundas encogidas.

De alguna manera, tranquilizamos las cosas a lo largo de esa noche. El nuevo sofá de seguro ayudó.

Esta historia «La debacle de la ropa sucia» como la llamamos afectuosamente, representa una de las muchas historias locas que han sucedido a lo largo de nuestros veintisiete años de matrimonio.

A mí (Greg) me encanta esta historia porque describe a la perfección los primeros años de nuestro matrimonio: increíbles, apasionados, divertidos, salvajes, conflictivos, idiotas, deprimentes y milagrosos.

En un evento reciente para matrimonios, contamos esta historia y, luego, una mujer se me acercó durante un receso.

—Es una historia terrible —explicó con una sonrisa a medias—. No puedo creer que Erin haya seguido casada con usted.

Pero justamente eso es lo que hace que esta historia sea tan sorprendente: ella se *quedó* conmigo. Erin todavía me ama y yo estoy locamente enamorado de ella. La debacle de la ropa sucia representa lo bueno, lo malo y lo feo de nuestro matrimonio primitivo. Ahora podemos reírnos de eso.

No cambiaría esta historia (ni ninguna de las quinientas cincuenta que tengo en mi computadora) porque, en conjunto, definen nuestra relación: hemos vivido momentos asombrosos y hemos pasado por épocas difíciles en nuestro matrimonio, pero por la gracia y la misericordia de Dios somos más que vencedores (Romanos 8:37).

Entendemos de qué manera Dios usó esos primeros años para moldearnos, como individuos y como pareja, en el matrimonio que ahora tenemos. Nos encanta nuestro matrimonio, pero hoy no sería la misma relación si no hubiéramos pasado por aquellas dificultades y aprendido de ellas. ¡Aunque todavía no se me volvió a permitir usar mi bolsa de red para la ropa sucia!

Volver a contar tu historia

Recuerda la capacidad del Dr. John Gottman para predecir con un 94% de exactitud las parejas que triunfarán y cuáles no lo lograrán basado solo en cómo cuentan su historia. Eso es increíble. Las parejas felices hablan de su relación de una manera positiva. Tienen un punto de vista positivo sobre su historia juntos. Ven una relación llena de buenos momentos y redención. Las parejas infelices, sin embargo, se enfocan más en los momentos difíciles: las desilusiones, las luchas y el dolor.

La buena noticia es que no son los datos de tu historia lo importante: es cómo la cuentas. La narrativa, las palabras que usas y los detalles que compartes es lo que importa.

Atendía (Erin) a una pareja en terapia y nunca olvidaré cómo ella, Stacy, retrató su historia durante nuestra primera sesión.

—Nos conocimos en una cita a ciegas en la universidad —comenzó Stacy—. En realidad, al principio, no me sentí atraída por Brian. En definitiva, no fue «amor a primera vista». Él era más bien fortachón e introvertido. A mí por lo general me atraían los hombres atractivos y extrovertidos.

»Los meses siguientes, no salimos mucho. Una noche, sin embargo, me sentía muy sola. Mis compañeras de apartamento estaban todas felizmente de novias, y yo las envidiaba. Después de estar de malhumor por varias horas, llamé a Brian. No quería estar sola, y él era el único chico que conocía que no era un completo idiota.

»Bueno, esa noche nos pasamos de la raya y terminé embarazada. ¡Fui tan estúpida! En realidad, no me sentía atraída por él. ¿Cómo pudo pasar esto después de tener sexo una sola vez...? ¡Ni siquiera el sexo fue espectacular! Pero ahí estaba yo: joven, soltera y embarazada. Obviamente, tuve que dejar la universidad cuando decidí tener a mi bebé.

»Brian es un hombre decente y estuvo cuando lo necesité a lo largo de mi embarazo. Seguimos viéndonos durante los siguientes nueve meses. Pero no estábamos de novios. Así que puede imaginar cuánto me sorprendí cuando Brian me propuso matrimonio en la habitación del hospital. Él sabía que mis padres eran muy religiosos y cómo se sentían porque yo tendría a mi bebé fuera del matrimonio. Para ser exactos, Brian llevó al capellán del hospital para casarnos antes de que empezara el trabajo de parto. ¡No fue precisamente la boda de cuento de hadas que yo había soñado toda mi vida!

»Nuestro matrimonio es muy diferente a lo que imaginé. Creí que me casaría con alguien de quien estaría perdidamente enamorada y que tendríamos una relación apasionada. Brian es más como un amigo confiable, un compañero de cuarto. Lo respeto por casarse conmigo, y tenemos en común a nuestros hijos. Pero el amor y la pasión siempre han faltado. No estoy segura de que alguna vez haya amado a Brian. Acepté su propuesta matrimonial porque me sentía culpable y quería que nuestro hijo creciera con su padre. Por desgracia, es probable que esa no fuera la mejor razón para casarse.

»Otra parte del problema es que siempre estuve resentida con Brian porque tuve que abandonar la universidad. Tenía grandes sueños: quería ser maestra y trabajar fuera del país. Una vez que quedé embarazada, tuve que renunciar a mis sueños.

Después de una pausa llorosa, Stacy terminó su historia diciendo:

—No estoy segura de que nuestro matrimonio pueda rescatarse.

Durante todo el tiempo que Stacy desentrañó su versión de su historia de amor, Brian se quedó en silencio total. Fue desgarrador escuchar la percepción de Stacy de su matrimonio de ocho años. Ambos parecían muy desesperanzados.

Según la investigación del Dr. Gottman, Brian y Stacy deberían estar entre las estadísticas de divorcios. Pero servimos al Dios Todopoderoso, al Dios apasionado por el matrimonio. Brian y Stacy tienen al Dios de este universo de su lado, peleando por su matrimonio. Y Dios es experto en recuperaciones. Nunca olvidaré cuando Stacy dijo: «No estoy segura de que nuestro matrimonio pueda rescatarse». Me encanta cómo eligió sus palabras. En nuestra cultura, el rescate suele equivaler a porquería o a basura. La frase «basural» suele ser sinónimo de «depósito de chatarra». Pero el rescate no significa que es una basura. Rescatar es que algo es extraído (como de la basura) por ser valioso o util[4]. Cuando rescatas un barco, estás salvando algo valioso (por ejemplo, su cargamento) de los peligros de los mares. Cuando un matrimonio es rescatado, Dios está salvando de la ruina algo de alto valor. Incluso cuando un matrimonio parece estar en ruinas, siempre hay esperanza de que Dios rescatará esta relación valiosa.

Pasé meses aconsejando a esta pareja herida. Y no fue fácil. Su proceso fue una montaña rusa llena de altibajos, de idas y vueltas. Había momentos en los que pensaba que habíamos superado lo más difícil, pero volvía a encontrarlos desanimados a la semana siguiente. Su progreso parecía dos pasitos adelante, un paso gigante hacia atrás. Constantemente les recordaba que la lucha era solo una *parte* de su historia, pero no era *toda* su historia. El final aún no estaba escrito.

La fuerza nunca viene de ganar. Cuando soportas la adversidad y no te rindes, esa es la verdadera fuerza. Fue exactamente lo que observé que les pasó a Brian y a Stacy.

Años después de que terminamos nuestra terapia de pareja, Brian y Stacy se incorporaron al equipo del ministerio de matrimonios de su iglesia. Tiempo después nos recomendaron a Greg y a mí como oradores para su conferencia anual para matrimonios y allí pudimos escucharlos compartir su testimonio desde la plataforma. ¡Quedé alucinada!

Tomados de la mano, Brian y Stacy compartieron la historia de su matrimonio: una versión muy diferente de la que yo había escuchado cinco años antes.

—Brian y yo nos conocimos en una cita a ciegas. Nunca olvidaré sus ojos dulces. Su naturaleza amable me atrajo desde el primer momento. Salíamos esporádicamente y terminamos embarazados. Yo tenía mucho miedo. Los hombres de mi vida solían abandonarme. Pero Brian fue diferente. En el acto, se acercó y me apoyó durante el embarazo. Fue un gran amigo.

Mirando a Brian, dijo:

—Estoy segura de que te traté mal. Estaba resentida por haber tenido que abandonar la universidad...

Brian interrumpió a su esposa:

—Yo sabía que esa no eras tú. —Brian rodeó a Stacy con su brazo—. Tenías miedo y estabas herida. Además, no te ibas a librar de mí con tanta facilidad.

El público se rio por lo bajo.

—Amaba a Stacy con todo mi corazón —continuó Brian mientras a su esposa se le llenaban los ojos de lágrimas—. Quería que fuera mi esposa. Pero quería que supiera que no era solo porque tendríamos un hijo juntos. Unas semanas antes de su fecha de parto, le pedí a su padre permiso para casarme con ella. Una vez que tuve la bendición de su padre, le pregunté al capellán del hospital si nos casaría en la sala de partos. Sé que fue un pedido raro, pero en realidad quería sorprender a Stacy. Le pedí a su mamá si ella podía decorar nuestro cuarto del hospital con las flores favoritas de Stacy. A ella le encantaban...

—Espera —interrumpió Stacy—. ¿Las calas fueron tu idea?

—Sí. —Brian sonrió.

Una vez más, las lágrimas dominaron a la normalmente parlanchina Stacy.

—Stacy amaba las calas —explicó Brian—. Por eso, le pedí a su mamá que llenara nuestra habitación del hospital con docenas de ellas. El capellán nos declaró «marido y mujer» minutos antes de que entraras en el trabajo de parto, ¿recuerdas?

—Lo recuerdo —respondió dulcemente Stacy, con la voz quebrada—. Aunque no fue la boda con la que había soñado, no le cambiaría nada. Me encanta ese detalle único de nuestra historia. La mayoría de las personas se casan en una iglesia. Yo me casé en una cama de hospital completamente regulable, con botón de pánico incluido.

—Tendría que haber presionado el botón de pánico —bromeó Brian, provocando a su esposa.

La multitud se rio estruendosamente.

—Para ser sincera —explicó Stacy—, el recorrido de nuestro matrimonio no ha sido fácil. Por favor, no me malinterpreten. Hubo momentos grandiosos como el nacimiento de nuestros dos hijos, la luna de miel en Hawái que por fin pudimos tener, el apoyo de Brian mientras yo obtenía mi título de profesora, las vacaciones familiares, las citas románticas y el involucrarnos aquí, en la iglesia. Pero también hubo épocas bastante difíciles. Más o menos a los ocho años de casados, llegué a un punto límite. Ya no quería seguir casada. Mis fantasías sobre el amor y el matrimonio eran totalmente distintas a la realidad. Mi corazón se endureció, y estaba harta. Pero el amor de Brian nunca flaqueó. Aunque no podía verlo en ese momento, su naturaleza amable fue como una roca fuerte. Esos ojos dulces nunca se endurecieron...

La voz de Stacy fue apagándose mientras las lágrimas caían por sus mejillas.

—No fui yo —contraargumentó Brian—. Fue Dios. Esos fueron años difíciles. Cuando el corazón de Stacy se endureció, me sentí desamparado y solo. Hubo muchos momentos en los que me sentía tan desanimado que quería darme por vencido. Pero sabía que Dios era más grande que nuestros problemas. Oré mucho durante ese tiempo difícil. Y Dios fue fiel. Dios nos llevó a Erin Smalley. Pasamos meses haciendo terapia. Dios usó a Erin para ayudarnos a restaurar nuestro matrimonio.

Stacy intervino:

—Erin, eres un regalo del cielo. Eres una terapeuta increíble. Aunque me llevó un tiempo darme cuenta, yo amaba a este hombre... a este hombre guapísimo.

Brian sonrió mientras su esposa coqueteaba con él.

—Por eso, es un honor muy grande para nosotros presentar a nuestros oradores invitados especiales: Erin y su esposo, Greg.

¡Así es como cuentas una historia de amor!

Hemos hablado juntos durante quince años, y esa sigue siendo mi presentación favorita. No porque encabecé el reparto por encima de mi esposo (aunque eso fue lindo), sino porque pude ver de cerca a una pareja que parecía perdida cuando los conocí y, a pesar de sus circunstancias, fue transformada por medio de Cristo. Antes de escuchar su testimonio matrimonial, solía decirles a otras parejas en terapia: «Por lo menos, su historia no es como la de esta pareja con la que trabajé hace años... eso sí que fue desolador». Hablando en serio, la interpretación que tenía Stacy sobre la historia de su matrimonio era tan negativa que yo estaba segura de que no serían más que una de las estadísticas de Gottman: una pareja más de los que no lo lograron.

El testimonio de Brian y Stacy es exactamente lo que descubrió el Dr. Gottman a través de su investigación. Cuando las parejas tienen un punto de vista positivo sobre su historia marital, es más probable que sigan juntos. Las parejas felices presumen de sus buenos momentos. Pero más que hablar de los buenos momentos, las parejas felices se jactan de los tiempos difíciles. Hablan habitualmente de cómo los desafíos dolorosos los hicieron crecer como individuos y como pareja.

Cuando cuentan su historia, las parejas felices prestan atención a los «momentos culminantes», a los «peores momentos» y a los «momentos decisivos». Hablan de sus puntos fuertes. Pero también hablan con honestidad sobre sus caídas: el dolor y el sufrimiento. Revelan lo que les molesta, los conflictos desagradables, las aflicciones, las pérdidas, la confianza quebrantada, los desafíos de la crianza, la insolvencia, los trabajos perdidos, los hijos pródigos, las batallas con la familia política, las amistades perdidas, las decepciones espirituales, etcétera. Siempre terminan, sin embargo, con los momentos decisivos: las enseñanzas que aprendieron, el crecimiento personal, los beneficios ganados, las perspectivas terapéuticas, los momentos de redención y cómo son parte del relato más amplio de Dios.

El autor Dave Willis explica: «Tu historia es importante, pero sobre todo, debería estar involucrada en la Historia más grande que tú»[5]. No podríamos estar más de acuerdo. Tu matrimonio es mucho más que una simple colección de fechas, datos y anécdotas. Hay un propósito mayor detrás de tu historia conyugal. Tu matrimonio es parte de la trama de Dios. El relato más grande para tu matrimonio es que el amor que se tienen el uno por el otro debe ser la evidencia de que ustedes son seguidores de Cristo. De esto precisamente fueron modelo Brian y Stacy: Cristo marca la diferencia en un matrimonio.

Otro aspecto importante de contar su historia es reconocer la ayuda y la presencia constantes de Dios. Las parejas felices se jactan de la verdad de Romanos 8:28: «Y sabemos que Dios hace que todas las cosas cooperen para el bien de quienes lo aman y son llamados según el propósito que él tiene para ellos». A pesar de que Dios parezca lejano, siempre está con nosotros, protegiéndonos y haciéndonos crecer. Las parejas felices reconocen que *todos* tenemos ejemplos claros de Dios haciendo cosas asombrosas en nuestro matrimonio y en nuestras familias. Tu matrimonio tiene un enemigo declarado. Satanás odia tu matrimonio porque sabe lo que una pareja unida es capaz de hacer por el reino. Satanás le teme a tu matrimonio. Es por eso que sigue atacando sin fin a tu relación.

Cuando te vuelves a Dios y le pides ayuda para tu matrimonio, es de esperar que Satanás reúna todas sus fuerzas para batallar contra ti. Pero siempre hay esperanza en Dios. Uno de los ejemplos más preciosos que tenemos sobre esto fue cuando nuestros mentores, Gary y Carrie Oliver, entraron en nuestro matrimonio.

Llevábamos apenas algunos años de casados. En realidad teníamos dificultades en la relación. Es probable que haya sido durante la época de la debacle de la ropa sucia. ¡Pero no nos enredemos otra vez con eso!

Un día, Erin había salido a mirar las tiendas de nuestro centro comercial local. Yo estaba en nuestro apartamento cuando sonó el teléfono. Levanté el receptor (esto fue mucho antes de los teléfonos celulares) y escuché al otro lado la voz alegre de Carrie Oliver.

—Hola, Greg —me saludó Carrie—. ¿Puedo hablar con tu bella esposa?

—Lo siento —expliqué—, no está aquí.

—¿Cuándo crees que regresará? —preguntó Carrie.

—No tengo la menor idea —respondí.

—Oh —la voz de Carrie ahora parecía preocupada—. ¿Está todo bien?

En algunos momentos, mi propensión al humor y a bromear puede meterme en problemas.

—Erin se fue —dije en broma—. Me dejó.

Me quedé con el teléfono en la mano, sonriendo ante mi ingenio y pensando: *Me paso de gracioso*.

Al parecer, sin embargo, Carrie no se dio cuenta de que yo estaba bromeando. Luego de varios segundos de un silencio largo e incómodo, Carrie por fin respondió:

—Greg, lo lamento tanto. A Gary y a mí nos preocupaba que esto pudiera suceder.

—Ja, ja —chacoteé con sarcasmo—. Tenían razón. Por suerte, hay muchos peces en el mar.

—¡Qué terrible! —me regañó Carrie—. ¿Por qué dirías eso?

—¿Qué? —respondí rápidamente. De pronto, me sentí muy confundido y dudé si *ambos* estábamos intercambiando bromas—. Sabes que estoy bromeando, ¿verdad?

Otra vez, luego de una larga pausa, Carrie habló:

—En realidad, pensé que hablabas en serio. Si soy sincera, Greg, Gary y yo estamos preocupados por ustedes desde hace un tiempo. Creo que necesitamos conversar seriamente. ¿Erin y tú pueden venir a casa esta noche?

Te aseguro que no lo estamos inventando. Greg y Carrie de verdad tuvieron esta charla por teléfono. Pero gracias a Dios. En realidad, nosotros no estábamos bien. Por supuesto, aunque no hubiera dejado a Greg por alguien que conocí ese día en el centro comercial, en realidad teníamos problemas en nuestro matrimonio. Creemos que Dios provocó a Carrie en medio de la broma «no tan graciosa» de Greg. Efectivamente, esa noche fuimos a la casa de los Oliver. Y fue poderoso. Por primera vez, fuimos sinceros sobre nuestros problemas matrimoniales. Lloramos mucho al contar nuestra historia. Pero también nos fuimos esperanzados. Durante los años siguientes, Gary y Carrie invirtieron en nuestro matrimonio e intercedieron por nosotros. Hoy, nuestro matrimonio es lo que es por todo lo que ellos invirtieron y por la fidelidad de Dios. Las parejas felices otorgan el reconocimiento a Dios como el Autor de la historia de amor.

Historias como la debacle de la ropa sucia nos recuerdan que hemos recorrido un largo camino y que estamos bastante bien juntos. Gracias a la risa, podemos recordar por qué nos casamos en primer lugar. Pero, sobre todo, hacer memoria nos ayuda a anticipar un futuro agradable juntos.

¡Despiértate, tú que duermes!

La principal antagonista del libro de C. S. Lewis, *El león, la bruja y el ropero*, es una hechicera poderosa: la Bruja Blanca. Las almas desafortunadas que la contrariaban o la desafiaban, no solo eran encarceladas, sino también congeladas: convertía a todos en estatuas de piedra[6].

Satanás usa este mismo tema argumentativo en nuestro matrimonio. Él odia la bella unión de esposo y esposa que Dios ha creado. Satanás entiende el poder que tiene un matrimonio completamente vivo. ¡Sabe de qué son capaces tú y tu cónyuge juntos y le tiene miedo a tu matrimonio! Por esta razón, él intenta destruir el matrimonio con un zorro pequeño a la vez. A lo largo de este libro, hemos tratado de enfatizar que, en general, no son los grandes problemas (por ejemplo, la infidelidad, la pornografía, el maltrato, las adicciones) los que destruyen al matrimonio. La mayoría de los matrimonios mueren al deteriorase poco a poco cuando las parejas se distancian poco a poco con el paso de los años. Hace poco, (Greg) estaba leyendo sobre una pareja de celebridades que se está divorciando. La razón citada fue: «Supongo que nos quedamos sin amor»[7].

No permitas que los zorros pequeños destruyan el fruto delicioso de tu matrimonio. No te «quedes sin amor». Dios no solo quiere que disfrutemos esta relación misteriosa entre esposo y esposa, en la que podemos llegar a los niveles más profundos de intimidad y conexión, sino que además quiere que nuestro matrimonio lo refleje a él: su amor, su pasión, su intimidad, su gracia, su conexión, su placer, su humildad y su perdón. Quiere que nuestro matrimonio actúe como un faro en un mundo oscuro. Nuestro matrimonio debería ser la mejor herramienta evangelística que demuestre que Cristo cambia las cosas en nuestra vida y en nuestras relaciones.

Durante aquella primera ceremonia de boda entre Adán y Eva, Dios les ordenó: «Sean fructíferos y multiplíquense» (Génesis 1:28). Ser fructíferos implica algo más que poblar la tierra. El matrimonio plenamente vivo te bendice. Te beneficias de lo que Dios creó para llevarte a los niveles más profundos de intimidad y de conexión. El matrimonio vivo, sin embargo, no es solo para ustedes. Hay mucho más en juego que su disfrute. Es un testimonio vivo del amor de Dios por el mundo caído. Es un modelo para sus hijos. Para una generación temerosa, es la evidencia de que un matrimonio floreciente es posible. Las personas deberían ser bendecidas por tu matrimonio. Nuestros hijos deberían querer casarse a partir de lo que han visto en nuestro matrimonio. Los matrimonios de compañeros de cuarto nunca serán fructíferos ni multiplicarán lo que Dios nos ha confiado.

Como la Bruja Blanca, Satanás quiere encarcelarnos en un matrimonio ocupado, exhausto, sin sexo, aburrido, formal, descuidado y desconectado, donde la pasión se congele y los corazones se conviertan en piedra. ¡Debemos contraatacar!

Como los animales de Narnia, tenemos que despertarnos y darnos cuenta de que el deterioro lento es real. Al comienzo del capítulo dieciséis de *El león, la bruja y el ropero*, tres de los personajes principales (Aslan, Susana y Lucy) están en el patio del palacio de la Bruja, cuando algo asombroso les ocurre a las estatuas congeladas y a los corazones endurecidos. Aslan literalmente le infunde vida a Narnia de nuevo, revirtiendo el hechizo y liberando a las criaturas de la maldición de la Bruja. Una por una, las estatuas comienzan a despertar; la vida es restaurada.

Como Aslan en «Las crónicas de Narnia», Cristo puede infundir vida de nuevo a tu matrimonio congelado. Si estás viviendo en un matrimonio de compañeros de cuarto, toma la decisión de recuperar lo que Dios originalmente diseñó para tu matrimonio.

Pasar de compañeros de cuarto a almas gemelas requiere que te involucres de forma proactiva en comportamientos de alma gemela, como hemos hablado a través de las páginas de este libro.

Pasar de compañeros de cuarto a almas gemelas también requiere tiempo. Los compañeros de cuarto se sienten como dos barcos que se cruzan de casualidad a la noche. Siguiendo con esta analogía, un barco grande necesita frenar hasta las cinco millas náuticas y cerca de un tercio de milla para dar la vuelta y revertir el rumbo[8]. Sin duda hay algunas soluciones rápidas que marcarán una diferencia, pero necesitas comprometerte a largo plazo. Una vez que un barco grande se compromete a girar, no duda. De la misma manera, ustedes necesitarán un esfuerzo persistente para reconectarse proactivamente como pareja y seguir adelante para ser almas gemelas.

Quizás no has llegado a ese punto crítico en tu matrimonio, pero sientes la desconexión de vivir como compañeros de cuarto. Dondequiera que te encuentres hoy, ¡puedes redescubrir a tu alma gemela y reanimar a tu matrimonio durmiente!

Los compañeros de cuarto son un arreglo temporal;

las almas gemelas perseveran en los momentos difíciles y reconocen

el poder de su historia de amor.

NOTAS

CAPÍTULO 1: VIVIENDO CON UN DESCONOCIDO

1. Nell Frizzell, «Why Do Relationships End? You Asked Google—Here's the Answer» [¿Por qué terminan las relaciones? Le has preguntado a Google: Aquí está la respuesta], *The Guardian*, 9 de agosto del 2017, https://www.theguardian.com/commentisfree/2017/aug/09/why-relationships-end-ask-google.

2. Frizzell, «Why Do Relationships End?».

3. Marriage and Divorce [Matrimonio y divorcio], *American Psychological Association*, http://www.apa.org/topics/divorce/.

4. Paul R. Amato y Denise Previti, «People's Reasons for Divorcing» [Las razones de las personas para divorciarse], *Journal of Family Issues*, 24 (2003): 602–626.

5. Xenia P. Montenegro, *The Divorce Experience: A Study of Divorce at Midlife and Beyond* [La experiencia del divorcio: Un estudio sobre el divorcio en la mediana edad y después] (2004). Realizado para *AARP The Magazine*; http://assets.aarp.org/rgcenter/general/divorce.pdf.

6. Paul M. de Graaf y Matthijs Kalmijn, «Divorce Motives in a Period of Rising Divorce» [Motivos de divorcio en el período en que aumentan los divorcios], *Journal of Family Issues*, vol 27, Cuarta edición (2006): 483–505.

7. Alan Hawkins, Brian J. Willoughby y William J. Doherty, «Reasons for Divorce and Openness to Marital Reconciliation» [Motivos para divorciarse y apertura a la reconciliación marital], *Journal of Divorce and Remarriage*, 53 (2012): 453–463; ver también W. J. Doherty, S. M. Harris y K. Wickel Didericksen, A typology of attitudes toward proceeding with divorce among parents in the divorce process [Tipología de actitudes respecto al proceder con el divorcio entre los padres en proceso de divorciarse], *Journal of Divorce & Remarriage*, 57 (2016): 1–11.

8. «30 Odd Sexless Marriage Statistics» [30 estadísticas curiosas sobre el matrimonio sin relaciones sexuales], http://healthresearchfunding.org/sexless-marriage-statistics/.

9. Carmen Harra, «The 10 Elements of a Soulmate» [Los 10 elementos de un alma gemela], *Huffington Post* (23 de diciembre del 2013), http://www.huffingtonpost.com/dr-carmen-harra/elements-of-a-soulmate_b_3595992.html.

CAPÍTULO 2: COMPLETAMENTE VIVO

1. Geraldine Harris y Kristen Maddox, «Satan's Agenda» [La agenda de Satanás]. Todos los derechos reservados. Usado con permiso.

2. «What's the Point of Using a Metronome?» [¿De qué sirve usar un metrónomo?], *Musical U* (20 de julio del 2014), https://www.musical-u.com/learn/whats-the-point-of-using-a-metronome/.

3. John Ortberg, *The Life You've Always Wanted* (Grand Rapids, MI: Zondervan, 2015). Publicado en español como *La vida que siempre has querido*.

4. *Real Academia Española*, s.v. «descanso», consultado en mayo del 2024, https://dle.rae.es/descanso?m=form.

5. Matthew J. Edlund, «Why We Don't 'Get' Rest» [¿Por qué no «logramos» descansar?], *Psychology Today*, 6 de octubre del 2011, https://www.psychologytoday.com/blog/the-power-rest/201110/why-we-dont-get-rest.

6. «Sleep Needs» [Necesidades de sueño], *HelpGuide*, http://www.helpguide.org/articles/sleep/how-much-sleep-do-you-need.htm.

7. Yasmin Anwar, «Poor Sleep Can Leave Romantic Partners Feeling Unappreciated» [La falta de sueño puede causar que las parejas se sientan poco valoradas], *Berkeley News*, 19 de enero del 2013, http://news.berkeley.edu/2013/01/19/sleep-couples/.

8. «Laughter Is the Best Medicine» [La risa es el mejor remedio], *HelpGuide*, https://www.helpguide.org/articles/mental-health/laughter-is-the-best-medicine.htm.

9. Kalah Siegel, «The Ten Best Foods to Help Fight Stress» [Los mejores diez alimentos para combatir el estrés], Everyday Health, 6 de marzo del 2019, https://www.everydayhealth.com/diet-nutrition-pictures/how-to-reduce-stress-with-diet.aspx.

CAPÍTULO 3: DEL AJETREO A LA CONEXIÓN

1. John Gottman, *Why Marriages Succeed or Fail* [Por qué los matrimonios son exitosos o fracasan] (Simon & Schuster, 1995), 104.

2. Zach Brittle, «Turn Towards Instead of Away» [Regresa en lugar de alejarte], *The Gottman Institute*, 1 de abril del 2015, https://www.gottman.com/blog/turn-toward-instead-of-away/.

3. John Gottman y Nan Silver, *The Seven Principles for Making Marriage Work* [Siete reglas de oro para vivir en pareja] (Harmony, 2015), 88.

4. Kyle Benson, «3 Steps to Reconnect When You Feel Disconnected from Your Partner» [3 pasos para reconectarse cuando te sientes desconectado de tu pareja], *The Gottman Institute*, 26 de agosto del 2016, https://www.gottman.com/blog/3-steps-reconnect-feel-disconnected-partner/.

5. Ellie Lisitsa, «An Introduction to Emotional Bids and Trust» [Introducción a las pujas emocionales y a la confianza], *The Gottman Institute*, 31 de agosto del 2012, https://www.gottman.com/blog/an-introduction-to-emotional-bids-and-trust/.

6. Jenna Jonaitis, «5 Long-Time Married Couples Share Their Secrets to a Happy Marriage» [5 parejas duraderas comparten sus secretos para tener un matrimonio feliz], *Verily*, 7 de julio del 2017, https://verilymag.com/2017/07/secret-to-a-happy-marriage-long-time-married-couples.

CAPÍTULO 4: LA COMUNICACIÓN VIVIFICANTE

1. Amy Bellows, «Good Communication in Marriage Starts with Respect» [La buena comunicación comienza con el respeto], *PsychCentral*, 8 de octubre del 2018, https://psychcentral.com/lib/good-communication-in-marriage-starts-with-respect/.

2. Gabrielle Frank, «What American Marriages Are Really Like in 2017» [Cómo son en realidad los matrimonios estadounidenses en el año 2017], *Today*, 26 de junio del 2017, http://www.today.com/health/what-it-s-be-married-2017-t112961.

3. *Real Academia Española*, s.v. «pasar», consultado en mayo del 2024, https://dle.rae .es/pasar?m=form.

4. El dicho está adaptado de un verso de «To a Mouse», de Robert Burns. Publicado en español como *A un ratón*.

5. «Why Silence Is Golden After a Happy Marriage: Couples Only Speak for 3 Minutes at Dinner» [Por qué el silencio es oro después de un matrimonio feliz: Las parejas hablan apenas 3 minutos durante la cena], *DailyMail*, 9 de abril del 2019, http://www.dailymail.co.uk/femail/article-1264868/Why-silence-golden -happy-marriage-Couples-speak-3-minutes-dinner.html.

6. Sari Harrar y Rita DeMaria, *7 Stages of Marriage: Laughter, Intimacy and Passion Today, Tomorrow, Forever* [Las 7 etapas del matrimonio: Risa, intimidad y pasión, hoy, mañana y para siempre] (Pleasantville, NY: The Reader's Digest Association, 2006), 8.

7. Matthias R. Mehl, Simine Vazire, Shannon E. Holleran y C. Shelby Clark, «Eavesdropping on Happiness: Well-Being Is Related to Having Less Small Talk and More Substantive Conversations» [Espiando la felicidad: El bienestar tiene menos que ver con las charlas triviales y más con las conversaciones sustanciales], *Psychological Science*. Vol 21. Cuarta edición, 18 de febrero del 2010, 539–541, https://doi.org/10.1177/0956797610362675.

8. Marcia Naomi Berger, *Marriage Meetings for Lasting Love: 30 Minutes a Week to the Relationship You've Always Wanted* [30 minutos para salvar tu matrimonio: Reuniones matrimoniales para conseguir la relación de tus sueños] (New World Library, 2014), https://www.amazon.com/Reclaiming-Conversation-Power-Talk -Digital/dp1608682234ie=UTF8&camp=1789&creative=390957&creativeASIN =1608682234&linkCode=as2&linkId=FSXA3GZUT5SFDAZ4&redirect=true &ref_=as_li_tl&tag=stucosuccess.

9. Nan Schoenberg, «Can We Talk?» [¿Podemos hablar?], *Chicago Tribune*, 14 de enero del 2011, http://articles.chicagotribune.com/2011-01-14/features/sc-fam -0111-talk-relationship-20110111_1_happy-marriages-couples-marital-therapy.

10. Se trata de un estudio a largo plazo en curso, financiado por los Institutos Nacionales de Salud. Desde 1986, la Dra. Terri Orbuch le dio un seguimiento a las mismas 373 parejas que se habían casado ese año.

11. Terri Orbuch, «4 Ways the Happiest Couples Stay Happy» [4 maneras en que las parejas más felices siguen siendo felices], *Psychology Today*, 13 de febrero del 2010, https://www.psychologytoday.com/blog/the-love-doctor/201002/4-ways-the -happiest-couples-stay-happy.

CAPÍTULO 5: EL DESCUIDO GRADUAL

1. Amy Novotney, «Is 'Technoference' Hurting Your Partner?» [¿La tecnointerferencia le hace daño a su pareja?], *American Psychological Association*, Vol. 47, n.º 2, febrero del 2016, https://apa.org/monitor/2016/02/smartphone-sidebar.aspx.

2. Brandon T. McDaniel y Sarah Coyne, «Technoference: The Interference of Technology in Couple Relationships and Implications for Women's Personal and Relational Well-Being» [Tecnointerferencia: La interferencia de la tecnología en las relaciones de pareja y las implicancias que tiene en el bienestar personal y relacional de las mujeres], *Psychology of Popular Media Culture*, 2014, http://psycnet.apa.org/doi/10.1037/ppm0000065.

3. «Cuidar»: Poner diligencia, atención, solicitud en algo; y «descuidar»: No cuidar de alguien o de algo, no atenderlo con la diligencia debida. Ver *Real Academia Española*, s.v. «cuidar» y «descuidar», consultado en mayo del 2024, https://dle.rae.es/descuidar?m=form.

4. James A. Roberts y Meredith E. David, «My life has become a major distraction from my cell phone: Partner phubbing and relationship satisfaction among romantic partners» [Mi vida se ha convertido en la principal distracción de mi celular: Ningufonear al cónyuge y la satisfacción de la relación en la pareja], *Computers in Human Behavior*, vol. 54, enero del 2016, 134–141.

5. «Too Much Texting Can Disconnect Couples, Research Finds» [Demasiados mensajes de texto pueden desconectar a las parejas, según la investigación], *BYU News*, 29 de octubre del 2013, https://news.byu.edu/news/too-much-texting-can-disconnect-couples-research-finds.

6. Wikipedia, s.v. «Sirena», última modificación 4 de mayo del 2024, https://es.wikipedia.org/wiki/Sirena.

7. *GreekMythology.com*, «Sirens» [Sirenas], https://www.greekmythology.com/Myths/Creatures/Sirens/sirens.html

8. *Dictionary.com*, «Sacred» [Sagrado], http://www.dictionary.com/browse/sacred.

9. «Does Kissing Your Spouse Extend Your Lifespan?» [¿Besar a su cónyuge prolonga su esperanza de vida?] *SiOWfa15: Science in Our World: Certainty and Controversy*, https://sites.psu.edu/siowfa15/2015/12/04/does-kissing-your-spouse-extend-your-lifespan/.

10. Joshua Foer, «The Kiss of a Lifetime» [El beso de la vida], *The New York Times*, 14 de febrero del 2016, http://www.nytimes.com/2006/02/14/opinion/the-kiss-of-life.html.

11. Eliza Murphy, «Anniversary Surprise for Husband at Airport: Wife Wearing Wedding Dress» [Sorpresa de aniversario para un esposo: Su esposa llevaba puesto el vestido de novia], *ABC News*, 5 de octubre del 2012, https://abcnews.go.com/blogs/headlines/2012/10/anniversary-surprise-for-husband-at-airport-wife-wearing-wedding-dress/.

CAPÍTULO 6: VIVIR VIDAS INDEPENDIENTES

1. Lars Tornstam, «Loneliness in marriage» [Soledad en el matrimonio], *Journal of Relationships*, 9, n.º 2 (mayo de 1992): 197–217.

2. C. M. Perissinotto, I. Stijacic Cenzer I y K. E. Covinsky, «Loneliness in Older Persons a Predictor of Functional Decline and Death» [La soledad en los adultos mayores, un indicador de debilitamiento funcional y muerte], *Arch Intern Med.* 2012; 172 (14): 1078–1084. doi:10.1001/archinternmed.2012.1993.

3. Darlene Lancer, «Are You Lonely in Your Marriage?» [¿Se siente solo en su matrimonio?], *Psychology Today*, 29 de octubre del 2017, https://www .psychologytoday.com/us/blog/toxic-relationships/201710/are-you-lonely -in-your-marriage.

4. Dennis Rainey y Barbara Rainey, «Are You Married and Lonely?» [¿Casado y solo?]. Adaptado de *Starting Your Marriage Right* [Empezar bien su matrimonio], Thomas Nelson Publishers, 2000, publicado en *Family Life*, http://www .familylife.com/articles/topics/marriage/staying-married/commitment/married -and-lonely.

5. *Wiktionary*, «Monkey Trap» [Trampa para monos], https://en.wiktionary.org/wiki /monkey_trap.

6. Chris Weller, «How Stress Divides the Sexes: Why Do Men Withdraw While Women Become More Social?» [Cómo el estrés divide a los sexos: Por qué los hombres se retraen, mientras que las mujeres socializan más], *Medical Daily*, 18 de marzo del 2014, https://www.medicaldaily.com/how-stress-divides-sexes-why -do-men-withdraw-while-women-become-more-social-271488.

7. Sarah Treleaven, «The Science Behind Happy Relationships» [La ciencia detrás de las relaciones felices], *Time*, 26 de junio del 2018, http://time.com/5321262 /science-behind-happy-healthy-relationships/.

8. Sue Johnson, *Hold Me Tight: Seven Conversations for a Lifetime of Love* (Little, Brown Spark, 2008), 49–50. Publicado en español como *Abrázame fuerte: Siete conversaciones para un amor duradero*.

9. *Bible Hub*, «Baros», https://biblehub.com/greek/922.htm.

10. Sue Johnson, *Hold Me Tight: Seven Conversations for a Lifetime of Love* (Little, Brown Spark, 2008), 50. Publicado en español como *Abrázame fuerte: Siete conversaciones para un amor duradero*.

11. Lizette Borreli, «Why Couples Engage in Pillow Talk after Sex: Orgasms Increase Oxytocin Levels, Leading to Feelings of Trust» [Por qué las parejas conversan en la cama después de tener relaciones sexuales: Los orgasmos aumentan los niveles de oxitocina, favoreciendo la sensación de confianza], *Medical Daily*, 27 de diciembre del 2013, https://www.medicaldaily.com/why-couples-engage-pillow-talk-after-sex -orgasms-increase-oxytocin-levels-leading-feelings-trust.

CAPÍTULO 7: REAVIVAR EL ROMANCE Y LA PASIÓN

1. Tara Parker-Pope, «Reinventing Date Nights for LongMarried Couples» [Reinventar las noches de salidas en pareja con muchos años de matrimonio], *The New York Times*, 12 de febrero del 2018, https://www.nytimes.com/2008/02/12/health /12well.html.

2. M. F. Lorber, A. C. Erlanger, R. E. Heyman y K. D. O'Leary, «The Honeymoon

Effect: Does It Exist and Can It Be Predicted?» [El efecto luna de miel: ¿Existe y puede predecirse?], *The National Center for Biotechnology*, mayo del 2015, https://www.ncbi.nlm.nih.gov/pubmed/24643282?report=abstract.

3. «Two Years, Six Months and 25 Days: The Length of Time It Takes Before Romance Is Dead» [Dos años, seis meses y veinticinco días: El tiempo que tarda en morir el romanticismo], *Daily Mail*, 29 de octubre del 2008, http://www.dailymail.co.uk/news/article-1081193/Two-years-months-25-days-The-length-time-takes-romance-dead.html?ITO=1490.

4. M. F. Lorber, A. C. Erlanger, R. E. Heyman y K. D. O'Leary, «The Honeymoon Effect: Does It Exist and Can It Be Predicted?» [El efecto luna de miel: ¿Existe y puede predecirse?], *The National Center for Biotechnology*, mayo del 2015, https://www.ncbi.nlm.nih.gov/pubmed/24643282?report=abstract.

5. Samantha Joel, «Could You Live Apart, Together?» [¿Pueden vivir separados, estando juntos?], *Psychology Today*, 31 de octubre del 2013, https://www.psychologytoday.com/us/blog/dating-decisions/201310/could-you-live-apart-together.

6. Terri Orbuch, «Relationship Rescue: Bringing Back the Passion» [Al rescate de la relación: Recuperar la pasión], *Huffington Post*, 25 de julio del 2012, https://www.huffingtonpost.com/2012/07/25/marriage-counseling-bring-back-passion_n_1695175.html.

7. *Bible Hub*, «Proskollao», http://biblehub.com/greek/4347.htm.

8. *Bible Hub*, «Dabaq», http://biblehub.com/hebrew/1692.htm.

9. W. B. Swann y M. J. Gill, «Confidence and Accuracy in Person Perception: Do We Know What We Think We Know about Our Relationship Partners?» [Seguridad y precisión en la percepción personal: ¿Sabemos lo que creemos conocer sobre nuestras relaciones de pareja?], *The National Center for Biotechnology*, octubre de 1997, https://www.ncbi.nlm.nih.gov/pubmed/9325592.

10. *Wiktionary*, s.v. «Woo» [Cortejar], https://en.wiktionary.org/wiki/woo.

11. *Dictionary.com*, s.v. «Allured» [Atractivo], http://www.dictionary.com/browse/allured.

12. A. Aron, C. C. Norman, E. N. Aron, C. McKenna y R. E. Heyman, «Couples Shared Participation in Novel and Arousing Activities and Experienced Relationship Quality» [Parejas participaron de actividades novedosas y estimulantes y experimentaron la calidad en la relación], *Journal of Personality and Social Psychology*, 78, 2000: 273–284.

13. Vance Fry, «Keep Up the Chase» [Mantén la búsqueda], *Focus on the Family*, 22 de diciembre del 2016, http://www.focusonthefamily.com/marriage/strengthening-your-marriage/keep-up-the-chase.

CAPÍTULO 8: LA DESCONEXIÓN ESPIRITUAL

1. Amanda Green, «10 Monogamous Animals That Just Want to Settle Down» [10 animales monógamos que solo quieren establecerse], *Mental Floss*, 4 de febrero del 2016, http://mentalfloss.com/article/55019/10-monogamous-animals-just-want-settle-down.

2. Matt Soniak, «The Horrors of Anglerfish Mating» [Los horrores del apareamiento del rape], *Mental Floss*, 22 de julio del 2014, http://mentalfloss.com/article/57800/horrors-anglerfish-mating.

3. *Wikipedia*, s.v. «Alma gemela», https://en.wikipedia.org/wiki/Soulmate.

4. K. G. Kusner, A. Mahoney, K. I. Pargament y A. DeMaris, «Sanctification of Marriage and Spiritual Intimacy Predicting Observed Marital Interactions across the Transition to Parenthood» [La santificación del matrimonio y la intimidad espiritual pronosticaron las interacciones maritales observadas a lo largo de la transición a la paternidad], *Journal of Family Psychology*, 28 (5), (2014): 604–614.

5. Kusner, Mahoney, Pargament y DeMaris, «Sanctification of Marriage», 604–614.

6. Les y Leslie Parrot, «The Importance of Spiritual Intimacy: Choosing to Believe Together in 2016» [La importancia de la intimidad espiritual: La elección de creer juntos en el año 2016], *Symbis Assessment*, 5 de enero del 2016, https://www.symbis.com/blog/importance-of-spiritual-intimacy/.

7. Christopher G. Ellison, Amy M. Burdette y W. Bradford Wilcox, «The Couple That Prays Together: Race and Ethnicity, Religion, and Relationship Quality among WorkingAge Adults» [La pareja que ora juntos: Raza y etnia, religión y calidad de las relaciones entre adultos en edad laboral], *Journal of Marriage and Family*, 72 (agosto del 2010): 963–975, http://www.baylorisr.org/wp-content/uploads/wilcox_couplespray.pdf.

8. N. Lambert, F. D. Fincham, N. C. DeWall, R. Pond y S. R. Beach, «Shifting toward Cooperative Tendencies and Forgiveness: How Partner-Focused Prayer Transforms Motivation» [La transición hacia las inclinaciones a cooperar y el perdón: De qué manera la oración enfocada en el cónyuge transforma la motivación], *Personal Relationships*, 20 (1), (2013), 184–197.

9. W. Bradford Wilcox, «Faith and Marriage: Better Together?» [Fe y matrimonio: ¿Es mejor juntos?], *Institute for Family Studies*, 6 de julio del 2017, https://ifstudies.org/blog/faith-and-marriage-better-together.

10. P. R. Amato y S. J. Rogers, «A Longitudinal Study of Marital Problems and Subsequent Divorce» [Estudio longitudinal sobre los problemas maritales y el divorcio subsiguiente], *Journal of Marriage and Family*, 59 (1997): 612–624. Ver también: W. J. Strawbridge, S. J. Shema, R. D. Cohen y G. A. Kaplan, «Religious Attendance Increases Survival by Improving and Maintaining Good Health Behaviors, Mental Health, and Social Relationships» [La participación religiosa incrementa la supervivencia, mejorando y manteniendo las buenas conductas de salud, la salud mental y las relaciones sociales], *Annals of Behavioral Medicine* 23, n.º 1 (2001): 68–74. Ver también: W. Bradford Wilcox y Nicholas H. Wolfinger, *Soul Mates: Religion, Sex, Love, and Marriage among African Americans and Latinos* [Almas gemelas: Religión, sexo, amor y matrimonio entre afroamericanos y latinos] (Nueva York: Oxford University Press, 2016).

11. Tyler J. VanderWeele, «Religious Service Attendance, Marriage, and Health» [La asistencia a los servicios religiosos, el matrimonio y la salud], *Institute for Family*

Studies, 29 de noviembre del 2016, https://ifstudies.org/blog/religious-service
-attendance-marriage-and-health/.

12. John Skinner, «Marriage and Health Tied to Religious Service Attendance»
[El matrimonio y la salud ligados a la concurrencia a los servicios religiosos],
Christian Today, https://christiantoday.com.au/news/marriage-and-health-tied-to
-religious-service-attendance.html.

13. *Real Academia Española*, s.v. «sinergia», consultado en mayo del 2024, https://dle
.rae.es/sinergia?m=form.

14. Susan Mathis, «Serving Together as a Couple» [Servir juntos como pareja], *Focus
in the family*, 1 de enero del 2011, https://www.focusonthefamily.com/marriage
/serving-together-as-a-couple/.

15. Stormie Omartian, *The Power of a Praying Wife* (Harvest House, 2007). Publicado
en español como *El poder de la esposa que ora*.

CAPÍTULO 9: LUCHA POR NOSOTROS

1. Valerie Peterson, «What You Need to Know about Romance Fiction Genre»
[Lo que tiene que saber sobre el género ficción romántica], *The Balance Careers*,
25 de junio del 2019, https://www.thebalancecareers.com/romance-novels
-about-the-romance-fiction-genre-2799896.

2. «Romantic Comedy» [La comedia romántica], *Box Office Mojo*, http://www
.boxofficemojo.com/genres/chart/?id=romanticcomedy.htm.

3. Howard J. Markman, Scott M. Stanley y Susan L. Blumberg, *Fighting for Your
Marriage* [Luche por su matrimonio] (JosseyBass, 2010), 38.

4. Kyle Benson, «The #1 Thing Couples Fight About» [Lo principal por lo que pelean
las parejas], *The Gottman Institute*, 5 de agosto del 2016, https://www.gottman
.com/blog/one-thing-couples-fight-about/.

5. *Merriam-Webster*, s.v. «Oppose» [Oponerse], https://www.merriam-webster
.com/dictionary/oppose

6. *Biblehub*, s.v. «Eritheia», http://biblehub.com/greek/2052.htm.

7. *Biblehub*, s.v. «Kenodoxia», http://biblehub.com/greek/2754.htm.

8. *Merriam-Webster*, s.v. «Antidote» [Antídoto], http://www.merriam-webster
.com/dictionary/antidote.

9. *Biblehub*, s.v. «Tapeinoo», http://biblehub.com/greek/5013.htm.

10. *Wikipedia*, s.v. «Sesgo confirmatorio», https://en.wikipedia.org/wiki/Confirmation
_bias.

CAPÍTULO 10: EL MATRIMONIO SIN SEXO

1. *Wikipedia*, s.v. «El yada yada», https://en.wikipedia.org/wiki/The_Yada_Yada.

2. *Biblehub*, s.v. «Blablá», http://biblehub.com/hebrew/3045.htm.

3. Diana Appleyard, «How Important Is Sex to a Marriage?» [¿Qué tan importante
es el sexo para el matrimonio?], *Daily Mail*, 23 de junio del 2011, http://www
.dailymail.co.uk/femail/article 2007065/How important sex marriage-Passion
-marriage-wane-So-YOU-making-priority.html.

4. «Clitoris—The Only Organ Designed for Pleasure» [El clítoris: el único órgano

diseñado para el placer], *How Stuff Works*, https://health.howstuffworks.com
/sexual-health/female-reproductive-system/clitoris-dictionary1.htm.

6. «Modern Marriage» [Matrimonio moderno], Centro de Investigaciones Pew,
18 de julio del 2007, http://www.pewsocialtrends.org/2007/07/18/modern
-marriage/.

7. Michele Weiner Davis, *The Sex-Starved Marriage: Boosting Your Marriage Libido*
[El matrimonio hambriento de sexo: Estimula la libido de tu matrimonio],
(Simon & Schuster, 2003), 4.

8. Denise A. Donnelly y Elisabeth O. Burgess, «The Decision to Remain in an
Involuntarily Celibate Relationship» [La decisión de permanecer en una relación
involuntariamente célibe], *Journal of Marriage and Family*, vol. 70, n.º 2, (mayo
del 2008): 519–535.

9. Sharon Jayson, «Sex Survey: What's 'Normal' for Couples?» [Encuesta sobre
las relaciones sexuales: ¿Qué es lo «normal» para las parejas?], *USA Today*, 22
de enero del 2013, https://www.usatoday.com/story/news/nation/2013/01/21
/couples-love-sex-relationships/1851965/.

10. Gina Jacobs, «Americans Are Having Sex Less Often, New Study Shows» [Los
estadounidenses tienen relaciones sexuales con menos frecuencia, muestra un
nuevo estudio], *Science Daily*, 7 de marzo del 2017, https://www.sciencedaily
.com/releases/2017/03/170307112903.htm.

11. Michael Sytsma, «When She Has the Stronger Drive» [Cuando el deseo de ella es
más fuerte], Building Intimate Marriages, https://intimatemarriage.org/when-she
-has-the-stronger-drive/.

12. Sharon Jayson, «Sex Survey: What's 'Normal' for Couples?» [Encuesta sobre las
relaciones sexuales: ¿Qué es «normal» para las parejas?], *USA Today*, 22 de enero
del 2013, https://www.usatoday.com/story/news/nation/2013/01/21/couples
-love-sex-relationships/1851965/.

13. Stacey Feintuch y Jacquelyn Cafasso, «Low Sex Drive: Common Causes and
Treatment» [Poco deseo sexual: Causas comunes y tratamiento], *Healthline*,
https://www.healthline.com/health/low-testosterone/conditions-that-cause
-low-libido#sleep.

14. Julie Sprankles, «Are You in a Sexless Marriage? Ways to Tell and How to Fix
It, According to an Expert» [¿Estás en un matrimonio sin sexo? Cómo saberlo y
cómo solucionarlo, según un experto], *ScaryMommy*, http://www.scarymommy
.com/sexless-marriage/.

15. Shaunti Feldhahn, *For Women Only: What You Need to Know about the Inner Lives
of Men* (Sisters, OR: Multnomah, 2004), 100. Publicado en español como *Solo
para mujeres: Lo que necesitas saber sobre la vida íntima de los hombres*.

16. Feldhahn, *For Women Only*, 100.

17. Seth Stephens-Davidowitz, «Searching for Sex» [En busca de relaciones sexuales],
New York Times, 24 de enero del 2015, https://www.nytimes.com/2015/01/25
/opinion/sunday/seth-stephens-davidowitz-searching-for-sex.html?_r=0.

18. «How Often Do Americans Have Sex?» [¿Con qué frecuencia tienen relaciones

sexuales los estadounidenses?], *Relationships in America Survey*, The Austin Institute for the Study of Family and Culture, 2014, http://relationshipsinamerica .com/relationships-and-sex/how-often-do-americans-have-sex.

19. «Couples Who Have Sex Weekly Are Happiest» [Las parejas que tienen relaciones sexuales semanalmente son las más felices], Society for Personality and Social Psychology, 17 de noviembre del 2015, http://www.spsp.org/news-center/press -releases/sex-frequency-study.

20. «How Often Do Married Couples Have Sex?» [¿Con qué frecuencia tienen sexo las parejas casadas?], Marriage.com, https://www.marriage.com/advice/physical -intimacy/how-often-do-married-couples-have-sex/.

21. «Low Sex Drive in Women» [Poco deseo sexual en mujeres], Clínica Mayo, https://www.mayoclinic.org/diseases-conditions/low-sex-drive-in-women /symptoms-causes/syc-20374554.

22. «Painful Intercourse (Dyspareunia)» [El coito doloroso (dispareunia)], Clínica Mayo, https://www.mayoclinic.org/diseases-conditions/painful-intercourse /symptoms-causes/syc-20375967.

23. Cathy Greenblat, «The Salience of Sexuality in the Early Years of Marriage» [La prominencia de la sexualidad en los primeros años del matrimonio], *Journal of Marriage and the Family*, 45 (1983): 277–288.

24. Joseph Nordqvist, «Erectile Dysfunction Much More Common among Young Men Than Previously Thought» [La disfunción eréctil es mucho más común entre los hombres jóvenes que lo que se pensaba antes], *Medical News Today*, 9 de junio del 2013, https://www.medicalnewstoday.com/articles/261673.php.

25. «More Couples Opting to Sleep in Separate Beds, Study Suggests» [Más parejas optan por dormir en camas separadas, sugiere un estudio], CBC, 6 de agosto del 2013, http://www.cbc.ca/news/health/more-couples-opting-to-sleep-in-separate -beds-study-suggests-1.1316019.

26. *Real Academia Española*, s.v. «restituir», consultado en mayo del 2024, https://dle.rae.es/restituir?m=form.

27. *Biblestudytools.com*, s.v. «Achor» [Ancla], https://www.biblestudytools .com/dictionary/achor/.

28. *Dictionary.com*, s.v. «Erect» [Erecto], https://www.dictionary.com/browse/erect.

29. Daniel L. Carlson y otros, «The Gendered Division of Housework and Couples' Sexual Relationships: A Reexamination» [Reevaluación de la división por género de los quehaceres domésticos y las relaciones sexuales de pareja], *Journal of Marriage and Family* (2016), https://onlinelibrary.wiley.com/doi/abs/10.1111/jomf.12313.

30. *MerriamWebster*, s.v. «Receive» [Recibir], https://www.merriam-webster .com/dictionary/receive.

CAPÍTULO 11: EL CORAZÓN CERRADO

1. Archibald D. Hart y Sharon Hart May, *Safe Haven Marriage: Building a Relationship You Want to Come Home To* [El matrimonio como refugio seguro: Construya la relación que le haga desear ir a casa] (Thomas Nelson, 2003), 28.

2. «Hard Hearted» [Duro de corazón], *Thoughts about God*, 27 de noviembre del 2017, http://thoughtsaboutgod.com/blog/2011/02/19/ml_hard-hearted/.

3. L. Frank Baum, *The Wonderful Wizard of Oz*, 14. Publicado en español como *El maravilloso mago de Oz*.

4. Wayne Blank, «Tearing of Garments» [Rasgarse las vestiduras], *Daily Bible Study*, http://www.keyway.ca/htm2007/20070313.htm.

5. John Eldredge y Stasi Eldredge, *Love and War: Find Your Way to Something Beautiful in Your Marriage* (Colorado Springs, CO: WaterBrook, 2011), 37. Publicado en español como *Amor y guerra: Busca el camino hacia algo hermoso en tu matrimonio*.

6. *Oxford English Dictionary*, s.v. «Patience» [Paciencia], https://en.oxforddictionaries.com/definition/patience.

7. Ashleigh Slater, «4 Proven Ways to Develop Patience with Your Spouse» [4 formas comprobadas para desarrollar la paciencia con su cónyuge], Crosswalk.com, 27 de enero del 2016, https://www.crosswalk.com/family/marriage/engagement-newlyweds/4-proven-ways-to-develop-patience-with-your-spouse.html.

8. Billy Graham, «The Unmerited Favor of God» [El favor inmerecido de Dios], Billy Graham Evangelistic Association, https://billygraham.org/devotion/gods-unmerited-favor/.

9. *Oxford English Dictionary*, s.v. «Grace» [Gracia], https://en.oxforddictionaries.com/definition/grace.

10. *Merriam-Webster*, s.v. «Gracious» [Misericordioso], https://www.merriamwebster.com/dictionary/gracious.

11. *Wikipedia*, s.v. «Compassion» [Compasión], http://en.wikipedia.org/wiki/Compassion.

12. *Merriam-Webster*, s.v. «Decide» [Decidir], https://www.merriamwebster.com/dictionary/decide.

13. Angela Duckworth, Christopher Peterson, Michael D. Matthews y Dennis R. Kelly, «Grit: Perseverance and Passion for LongTerm Goals» [Grit: La perseverancia y la pasión en la consecución de objetivos], *Journal of Personality and Social Psychology*, 92(6): 1087–1101, julio del 2007, https://www.researchgate.net/publication/6290064_Grit_Perseverance_and_Passion_for_Long-Term_Goals.

CAPÍTULO 12: NI EN NUESTROS MEJORES SUEÑOS

1. *Real Academia Española*, s.v. «sinergia», consultado en mayo del 2024, https://dle.rae.es/sinergia?m=form

2. *Wikipedia*, «Priscila y Aquila», https://en.wikipedia.org/wiki/Priscilla_and_Aquila.

CAPÍTULO 13: NUESTRA HISTORIA

1. Kim T. Buehlman, John M. Gottman y Lynn F. Katz, «How a Couple Views Their Past Predicts Their Future: Predicting Divorce from an Oral History Interview» [El punto de vista de una pareja sobre su pasado augura su futuro: Predecir el divorcio a partir de la historia de una entrevista oral], *Journal of Family*

Psychology, vol. 5 (3–4), marzo-junio de 1992: 295–318, https://psycnet.apa .org/doiLanding?doi=10.1037%2F0893-3200.5.3-4.295.

2. Jerry B. Jenkins, *Hedges: Loving Your Marriage Enough to Protect It* (Crossway, 2005), 142. Publicado en español como *Cercas: Ama tu matrimonio lo suficiente como para protegerlo.*

3. «Levantarse con el pie izquierdo», Expresiones idiomáticas en línea, https://www .idioms.online/get-up-on-the-wrong-side-of-the-bed/.

4. *Merriam-Webster*, s.v. «Salvage» [Rescatar], https://www.merriam-webster .com/dictionary/salvage.

5. Dave Willis, «The Bigger Story Behind the Story of Your Marriage» [La historia más grande detrás de la historia de tu matrimonio], *Patheos*, 30 de octubre del 2015, http://sixseeds.patheos.com/davewillis/the-bigger-story-behind-the -story-of-your-marriage/.

6. *Wikipedia*, s.v. «Bruja blanca», https://en.wikipedia.org/wiki/White_Witch.

7. «After Year of Marriage, Cardi B 'Grew Out of Love'» [Tras un año de matrimonio, a Cardi B «se le terminó el amor»], *Newser*, 5 de diciembre del 2018. https:// newser.com/s268195.

8. Larry Golkin, «20 Taker Tips» [20 consejos para el beneficiario], United States Power Squadrons, https://www.usps.org/ventura/art-03-3tankertips.html.